エリア・スタディーズ 61

グアテマラを知るための67章【第2版】

桜井三枝子（編著）

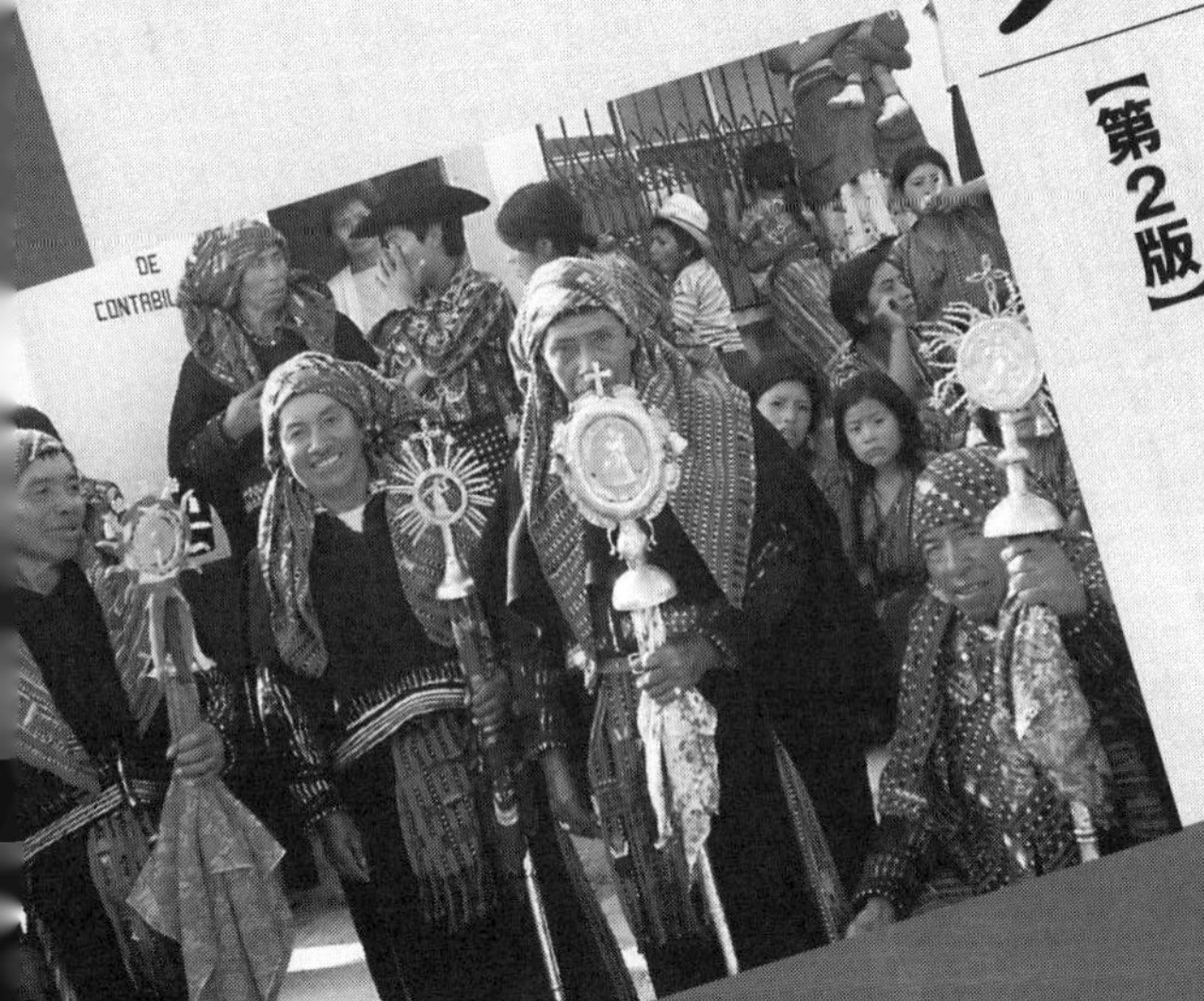

明石書店

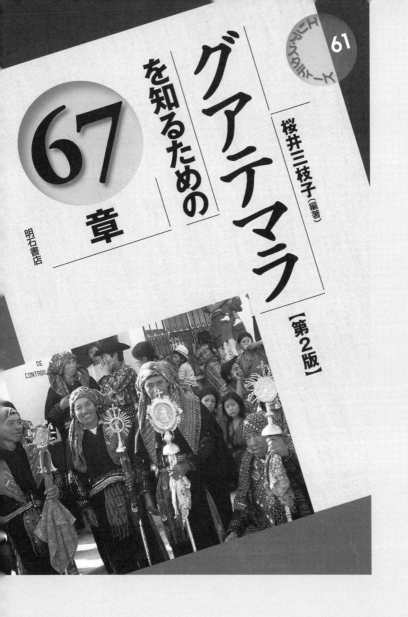

はじめに

　グアテマラは緑豊かな森林と霊鳥ケツァル、世界遺産マヤ文明のティカル遺跡の国として知られてきた。美しい刺繍の民族服をまとう先住民マヤ人は、遺跡とともに旅行社の観光案内の広告塔として登場する。本書はマヤの国と言われているグアテマラの現実を知ってもらうために、考古学年代から本書刊行の2018年という現代に至るまで、自然、文化・言語、歴史、政治・経済、社会・人権・教育、芸術・観光などについて総合的に理解できるように9部67章で構成されている。

　グアテマラでは、36年間におよぶ陰惨な内戦がアレバロ・アルスー大統領とゲリラ側最高司令官ロランド・モランの間で締結された1996年の和平協定で終わりを告げ、それから22年間が過ぎた。2006年に旧版『グアテマラを知るための65章』が上梓されてから12年が経ち、内戦終了後の混乱を経て急激な変貌を遂げる現状を見ると、旧版を改訂する必要が生じた。したがって、本書では旧版の執筆者を主体として現状の追加補足を行った。専門分野で活躍し、すでにグアテマラに関する優れた専門書や論文を出版したベテラン研究者、新進気鋭のグアテマラ人と邦人の若手研究者たち、さらにグアテマラ在住の「グアテマラ通」の各氏が筆を競っている。読者はどの章から読み始めてもよく、本書内でテーマや視点が重なる場合には、その章へ誘導されるように工夫がなされている。また、巻末に掲載した執筆者各氏が提供した内外の参考文献こそが、さらに奥深く調査研究を進めたい読者には最強の知的宝庫として役立つであろう。

以下に加筆修正を迫られた主な内容を紹介しておきたい。米国への移民の増加や韓国資本によるマキラドーラの発展とそれに伴う労働問題、高まる中国経済のプレゼンスなど、国内外情勢の変貌の速度が速く政治・経済状況に関する追加説明や補足が求められ、同時に治安の悪化と犯罪の実態に関する現状報告が不可欠となった（第7、8、26、38、42、43、44章、および第V部）。また、国内の民族紛争を乗り越え、多文化主義への道を開き、先住民女性の権利を求める声に耳を傾け、大統領の不正が発覚すると大衆抗議運動で遂に時の大統領と副大統領を退陣させるにいたったグアテマラ市民の自覚と市民運動の経過を知って欲しい（第27章、第VI部）。さらに、コルテスのアステカ王国征服とピサロのインカ帝国征服期から植民初期にかけて、パナマ地峡と両大洋を擁する中米地峡は、征服者たちの通過および寄港地点として機能した。初代グアテマラ総督アルバラードがペルー遠征に赴き、ニカラグアの初代総督ベラルカサルはやがて南米エクアドル建国者のひとりに数えられるなど黄金希求へのあくなき征服者の足跡がうかがえる（第15、16、20章）。今日、中米5カ国が成立する歴史的背景には、現在のグアテマラ、ホンジュラス、エルサルバドル、ニカラグア、コスタリカを包含するグアテマラ総監領時代があったことも無視できない（第2、21章）。また、日本とグアテマラの外交関係樹立80周年（第9章）、グアテマラの仮面（第51章）、第IX部「文化と芸術」では新たに映画・演劇・音楽および切手コレクションの執筆者に恵まれた（コラム6、第64、65章）。

1991年、たばこと塩の博物館（当時、半田昌之総括ディレクター）を主体とするJT中南米学術プロジェクトが京都外国語大学・故大井邦明教授（考古学）により編成され、私は文化人類学調査者として現地に赴いた。内戦終結前のまだ不穏な時期にあって当プロジェクトの民俗学担当・村上忠喜氏の下で、当時デルジジェ大学人類学科の学部生であったロメロ氏、ラミレス氏、マルティネス氏がフィールド調査に協力した。先住民言語を学習したロメロ氏は長じてテキサス大学教官に、ラミレス氏はイエズス会司祭となり、米国、ホンジュラスを経て現在はコロンビアで青少年教育に情熱を傾け、マルティネス氏は米国に移民として渡った同胞人の調査で博士号を取得し母校で教えている。学部生だった杉山立志氏もサンティアゴ・アティトランの復活祭儀礼を撮影記録し、企業研究所を経て現在は教壇に立っている。一方、博物館学を志したテロン氏は後に来日し、総合研究大学院大学（国立民族学博物館）に留学し、帰国後はポポル・ヴフ博物館の学芸員を経て母校大学の教壇に立つ。プロジェクト協力者が、研究者として活躍していることはとても喜ばしい。

グアテマラの人物名や地名は日本の読者に馴染みのないものが多く、悩んだ結果、用語統一にあたって『新版ラテンアメリカを知る事典』（平凡社、２０１３年）の凡例に準じた。グアテマラの地名は主にグアテマラ国立地理学院発行の『グアテマラ地理事典』(Gall, Francis (compilación), *Diccionario Geográfico de Guatemala*, Tomo I, II, III, IV, Instituto Geográfico Nacional, Guatemala, 1978.) を参考にした。なお、以下のように人名・地名などの統一をはかった。すなわち、テクン・ウマン（テクム・ウマンでなく）、ウビコ（ウビーコではなく）、セラノ（セラーノではなく）、メシカ（メシーカでなく）、キチェ（キチェーでなく）、チチカステナンゴ（チチカッテナンゴではなく）、大学名はデルバジェ大学とサンカルロス大学に統一した。しかし、章によっては旧来の「ポポル・ヴフ」ではなく「ポポル・ウーフ」、「モクテスマ」ではなく「モテクソマ」と執筆者の主張を尊重し、あえて統一していない箇所があることを断っておきたい。

本書刊行目前の２０１８年6月3日に、首都から40キロメートル、エスクィントラ市南部に位置するフエゴ火山が噴火し、死者・行方不明者の数が日ごとに増え、執筆者一同、憂慮している。迅速な救助活動を願い、一日でも早く平穏な日が戻ってくるよう願っている。

グアテマラの文化・スポーツ省、ポポル・ヴフ博物館、イシュチェル博物館、デルヴァジェ大学、サンカルロス大学、メソアメリカ地域調査研究所（ＣＩＲＭＡ）の関係者、人権団体および各調査地の人々に世話になっている。編者も含め深く感謝する次第である。最後に編集部の兼子千亜紀さんには拙著『グローバル化時代を生きるマヤの人々』（桜井三枝子・中原篤史編著）『ホンジュラスを知るための60章』および本書と3回にわたり忍耐強くまた手際よく編集作業をしていただいた。心からお礼を申しあげておきたい。

２０１８年6月

編者　桜井三枝子

グアテマラを知るための67章【第2版】

目次

Ⅱ マヤ文明の時代

Ⅲ スペインの征服と植民

Ⅶ　宗教と伝統

Ⅷ　言葉と人々

※本文中、特に出所の記載のない写真については、執筆者の撮影・提供による。

N
ベリーズ
ワシャクトゥン
ティカル
エル・ナランホ
ペテン・イツァ湖
ウスマシンタ川
フローレス
ムンド・マヤ国際空港
メキシコ
パシオン川
セイバル遺跡
アグアテカ遺跡
サント・トマス・デ・カスティージャ
トドス・サントス・クチュマタン
リビングストン
ドゥルセ川
リオ・ドゥルセ
プエルト・バリオス
ラ・メシージャ
ネバフ
コバン
イサバル湖
ウエウエテナンゴ
キリグア
サカプラス
タフムルコ火山
サンタ・クルス・デル・キチェ
モタグア川
エル・カルメン
チチカステナンゴ
サカパ
ケツァルテナンゴ
ソロラ
ミシュコ・ビエホ遺跡
テクン・ウマン
ナワラ
パナハチェル
チキムラ
アティトラン湖
チマルテナンゴ
グアテマラ市
エスキプラス
サンタ・マリア火山
アンティグア
イパラ火山
ラ・アウロラ国際空港
ホンジュラス
バル火山
サンティアゴ・アティトラン
パカヤ火山
フエゴ火山
エスクィントラ
アグア火山
太平洋
プエルト・ケツァル
エルサルバドル
プエルト・サンホセ

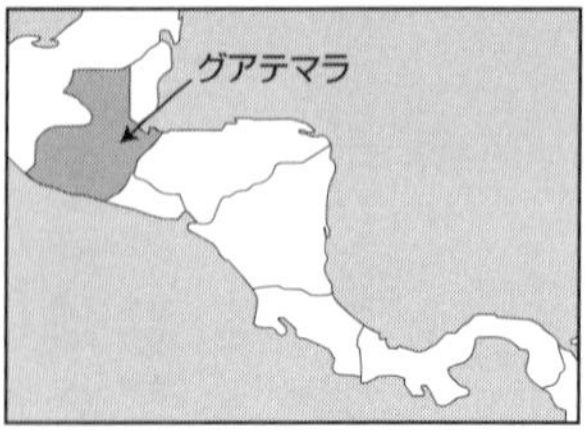
グアテマラ

【グアテマラ共和国全図】

I

グアテマラへの誘い

1

「薪になる木の豊かな場所」

★多様な自然環境★

北緯14度から18度にかけて位置するグアテマラの気候は基本的に亜熱帯型である。しかし、標高2000メートルを超す山岳地帯もあり、年平均気温を基準に、ティエラ・カリエンテ（暑い土地、24度以上、海抜600メートル以下）、ティエラ・テンプラーダ（温暖な土地、16～24度、海抜600～1800メートル）、ティエラ・フリア（冷涼な土地、16度以下、海抜1800メートル以上）と区分されることもある。地形的には北緯16度以南の太平洋海岸と山岳高原、北緯16度以北の北部平原に区分できる。

太平洋海岸地帯は標高を基準に三つに区分でき、標高が高くなるほど雨量は増加し、乾季は短くなる。標高300メートル以下のコスタは、年間雨量は1000～2000ミリメートルで、乾季（5～6カ月）が明瞭なサバンナ気候となっている。標高300メートルから1400メートルまでの斜面はボカコスタとよばれ、標高500～600メートルを境に低地ボカコスタと高地ボカコスタに分かれる。低地ボカコスタの年間雨量は2000～3000ミリメートル、高地ボカコスタには年間雨量3000ミリメートルを超す地域もある。乾季が顕著なコスタや低地ボカコスタでは、サトウキビ、綿花、煙草、米などが

グアテマラの自然環境

年間雨量

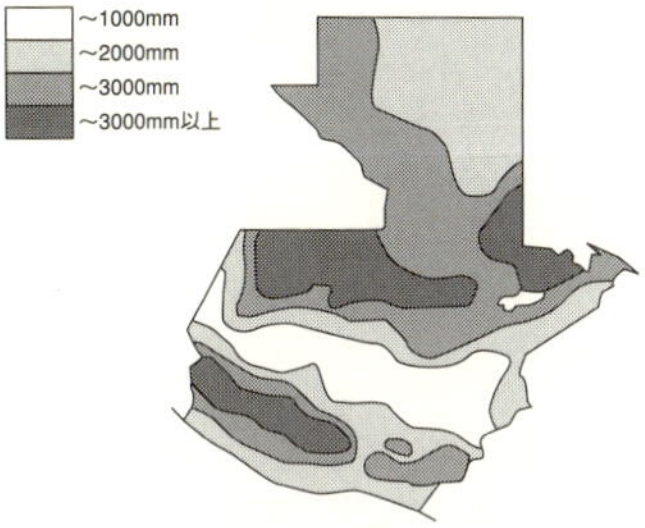

1940年以降の森林消失

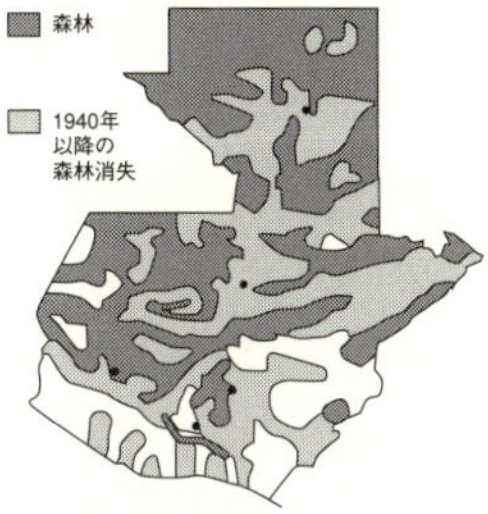

栽培される大農園が分布する。雲霧林や地味豊かな火山性土壌の広がる高地ボカコスタにはコーヒー農園が多く分布している。両者の境界線上にマサテンナンゴやエスクィントラの都市が立地し、農産物を輸送する鉄道や国際道路が走る。植民地期は未開発地域だった太平洋海岸地帯は、現在では最も人口が多く分布している。

第三紀の火山活動で形成された山岳高原地帯（アルティプラーノ）は、北米環太平洋造山帯の一部を構成し、カリブ・プレートに属するシエラ・マドレ山系と北米プレートに属するクチュマタネス山系に二分される。シエラ・マドレ山系には多くの火山が分布し、メキシコ国境部にはタフムルコ、タカナなど4000メートルを超える火山もある。アティトラン湖（126平方キロメートル）畔や世界遺産指定のアンティグア市などから、コニーデ型の火山を眺望できる。シエラ・マドレ山系の支脈ラス・ミナス山地は生物多様性に富む自然保護区で、その南側をホンジュラス湾に向かって流れるモタグア川（全長480キロメートル）は国内最長の河川である。クチュマタネス山系の西部は標高3000メートルを超すが、カリブ海側に行くにつれて標高は低くなる。二つの山系の間に位置する地溝帯を流れるポロチック川は汽船航行可能な内水路となっており、下流域には国内最大のイサバル湖（590平方キロメートル）がある。

山岳高原地帯の西部はロス・アルトスとよばれ、ティエラ・エラーダ（冬季氷点下）とよばれる海抜3000メートルを超す山岳高地やティエラ・フリアに属する高原盆地が存在する。西部から中部にかけて松林が広がり、先住民人口が濃密に分布している。首都グアテマラ市からエルサルバドルにいたる東部（オリエンテ）では標高1000メートルを超す山地は少なくなる。山岳高原地帯から北部平原地帯に移行する北部横断地帯は、石油やニッケルなど鉱産資源の埋蔵地とされ、外国資本による大規模開発を見据えた軍や国家の介入も顕著だった。1970年代以降、この地域においては、土地不足に悩む山岳高原地帯から多くの先住民・農民が移住し、入植活動が展開されてきた。1980年代初頭に起こった軍部による先住民の大量殺害の犠牲者の約4割はこの地域に集中していた。

北部横断地帯北縁からユカタン半島基部まで広がる北部平原地帯は、一般にペテン地方とよばれている。中生代白亜紀から新生代第三紀にかけての古い基層の上に堆積岩がほぼ水平に載っており、ユカタン半島と同じようにカルスト地形が卓越し、地表を流れる河川は少ない。標高300メートルに満たない平原の南部は乾季の短い亜熱帯型雨林気候、北部は乾季があるサバンナ型気候となっている。ほぼ中央にペテン湖（99平方キロメートル）があり、西部ほど低平となっており、大部分はメキシコ湾側に注ぐウスマシンタ川流域に属する。東部のベリーズ国境沿いにあるマヤ山地でも標高1000メートルに満たない。ペテン地方には、ティカル遺跡など8世紀前後までに栄えた古典期のマヤ遺跡が数多く存在している。ペテン地方は、1980年代初頭までは、粗放的焼畑農業や牧畜、南部での石油採掘を除くと、目立った経済活動がない未開発地域だった。

グアテマラの国名は「薪になる木の豊かな場所」を意味するナワトル語のクアウテマランに由来すると言われることが多い。1980年代以降、ペテン地方中南部や北部横断地帯の森林は伐採され、肉牛生産用の牧場が急速に拡大し、緑の森が広がる国土というグアテマラのイメージは薄れている。1950年に64％もあった森林面積率は、1991年には47％、2012年には34％となり、60年で半減してしまった。自然保護区面積率は28％（1997年）から31％（2011年）に増加し、21世紀初頭発足のプエブラ・パナマ計画（現プロジェクト・メソアメリカ）では、自然保護区や生物回廊の開発は厳しく制限されている。

しかし、20世紀後半からの自然破壊は予測された以上に激しいものとなっている。１９９０年代の森林消失面積は、年間約9万ヘクタールだったが、２００６〜２０１１年の5年間には年間約13万ヘクタールと増加している。ペテン地方北部のマヤ生物保護区（２１０平方キロメートル）内に設定された自然保護区（36％）でも、森林消失は顕著なものとなっている。背景には、入植者の農業活動だけでなく、エネルギー・鉱産資源や水資源（ダム建設による電力）、生物資源（医薬品特許）に触手を伸ばしている多国籍企業の存在があることは否定できない。小説家ジョージ・オーウェルが「世界一美しい」と評したことのあるアティトラン湖も水面低下や水質汚染が進行し、ポックとよばれるカイツブリの一種は１９８７年に絶滅した。国鳥ケツァルの生息地である山地の雲霧林も減少し、ケツァルの個体数はラス・ミナス自然保護区内のケツァル・ビオトープなどでわずか３００羽前後とされ、絶滅の危機に瀕している。

（小林致広）

2

歴史的変遷

★行政区分と経済構造★

現在の国土は植民地期のグアテマラ総監領の一部である。経緯線という直線国境の存在は、現国境画定までの紆余曲折を物語る。スペイン人到来時の高原地域には、ウタトランを本拠とするキチェ王国、イシムチェを本拠とするカクチケル王国、チヤを本拠とするツトゥヒル王国などマヤ民族の王国があり、マム、ケクチ、チョルティなどのマヤ系民族の首長国も存在した。ペテン地方には17世紀末までスペイン人に抵抗したイツァ王国、南東部には現エルサルバドルのクスカトランを本拠とするピピルの小王国があった。

植民地期の行政制度や管轄区域は何度も変更された。司法に関しては、１５４３年にサンティアゴ・デ・グアテマラ（現アンティグア市）にアウディエンシア（聴訴院）本部が置かれ、ロス・コンフィネスとよばれる管轄区が誕生した。現在のグアテマラに相当する領域は、一時期メキシコのアウディエンシア管轄下にあったが、１５７０年代以降はグアテマラ・アウディエンシア管轄に属することになった。当初、グアテマラ総監領はセビーリャ大司教区やサント・ドミンゴ大司教区に属していたが、１７４３年にサンティアゴ・デ・グアテマラを本拠とする

I
グアテマラへの誘い

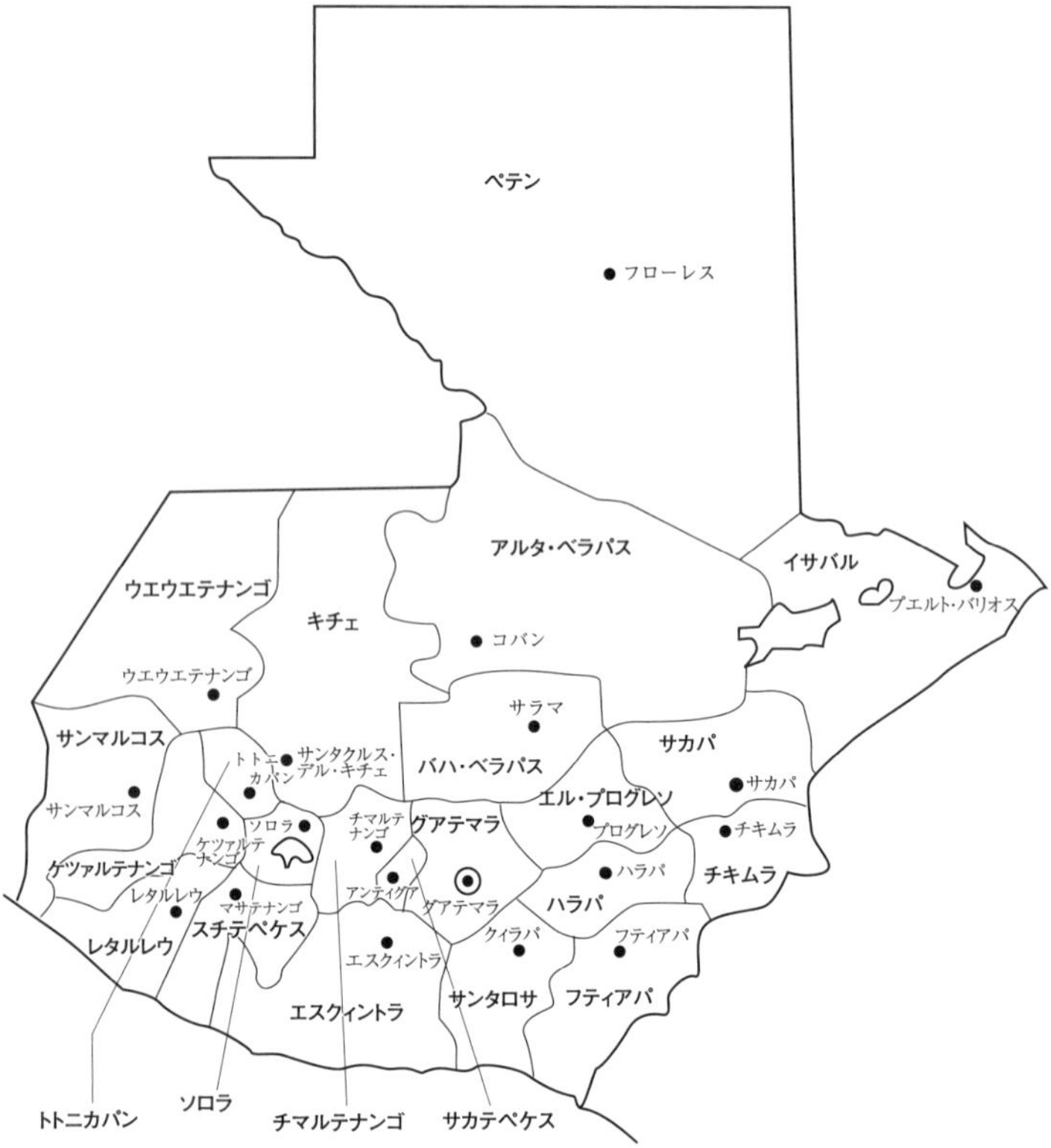

植民地末期（1785年）　独立直後（1825年）　1850年

グアテマラ大司教区が発足した。大司教区にはグアテマラ、チアパ（現メキシコ・チアパス州）、コマヤグア（現ホンジュラス）の3司教区があったが、1561〜1605年の短期間、コバンを司教区座とするベラパス司教区が置かれていた。グアテマラ・アウディエンシア管轄範囲は行政的にはグアテマラ総監領とよばれ、当初はグアテマラ、ホンジュラス、ニカラグア、コスタリカの4地区で構成されていた。1780年代の行政制度改革でグアテマラ地区からチアパ地区が分離し、シウダー・レアル（現メキシコ・チアパス州）、サンサルバドル（現エルサルバドル東部）、レオン（現ニカラグア）、コマヤグア（現ホンジュラス）がインテンデンシア、コスタリカがゴベルナシオンとなった。

1821年、グアテマラ総監領だった地域は、中米連邦として独立した。1839年の連邦瓦解で五つの共和国に分裂し、現在のグアテマラが誕生した。シウダー・レアル管轄地区はメキシコに併合され現チアパス州となり、南東部のソンソナテは1823年にエルサルバドルに編入された。グアテマラ西部地区は一時期ケツァルテナンゴを首都とするロス・アルトスとして独立したが、1849年に再編入された。独立直後、七つだった県も徐々に増え、1840年には11県、1866年には17県になり、1880年代に現在と同じ22県となった。メキシコ、ホンジュラス、エルサルバドルとの国境は1882年の協定で確定され、ベリーズとの国境は当時英領ホンジュラスと呼ばれていた地域に関して1859年に英国と締結した国境協定に基づいている。

グアテマラは独立期以降から現在まで農業国である。19世紀後半から20世紀前半の農業は、山岳高原地帯の農民・先住民が担ってきたトウモロコシ栽培を主体とする小規模農業と輸出用商品作物を大農園で栽培するプランテーション農業に大別できる。プランテーション作物としては、コーヒー（高地ボカコスタやアルタ・ベラパス県コバン周辺）、バナナ（イサバル県モタグア川流域や太平洋岸ティキサテ）、サトウキビ、綿花などがある。１８７０年代からのコーヒー農園開発ブームを契機に、ラディーノやドイツ系農園主、あるいはバナナのユナイティッド・フルーツに代表される米国企業などによる農地独占が進んでいた。国有地や遊休地の多い大農園を解体し小規模農を育成する土地改革を目論んだアルベンス政権が米国の武力介入で崩壊したため、大農園主の農地独占状況は現在も変わらず、農耕地の60％が０・４％の大農園主によって専有されている。

20世紀後半以降、伝統的な農業構造は少しずつ変化している。１９６０年代から太平洋岸では綿花（ティキサテではバナナから変換）やサトウキビの耕作地が拡大していった。太平洋岸では大農園が卓越するものの、東部では小規模農民の農地、北部低地では肉牛生産用の牧場が増えていった。価格変動があるコーヒーの代替作物としてカルダモンなどの栽培がアルタ・ベラパス県などで広がった。交通の利便性に恵まれた首都からアティトラン湖にいたる高原地域では、都市消費者向けの野菜栽培が広がっている。１９８０年代の内戦激化によって農村から都市への人口移動が顕著となり、農業従事者比率は大幅に減少している。２０１５年時点で、経済活動従事者（627万人）に占める農業従事者の比率は31％まで減少し、輸出総額に占める農産品比率は37％（砂糖８％、バナナ７％、コーヒー６％、食用油３％、果実３％、カルダモン２％）にとどまっている。

輸入代替工業化期から製造業の中心は米国企業系列の食品加工業だった。現在では、韓国や台湾資本のマキラドーラ型の繊維産業が加わり、国内生産の綿花の多くは木綿衣料品に加工されだした。北部横断地帯やペテン地方の鉱山開発はさほど進捗せず、地区の原油生産は、２０１５年には世紀初頭の半分以下に減少している。イサバル県でニッケル採掘を展開していたカナダ系鉱山会社は１９８０年代に撤退したが、近年は同鉱区で鉛の採掘を再開している。１９９０年代半ば以降、５００件弱の鉱山開発権が外国企業などに付与されたが、実際に操業されているのは数鉱山に過ぎない。北西部サンマルコス県マルリン鉱山（カナダ・ゴールドコルプ社傘下）の露天掘り金銀鉱山は、深刻な環境破壊だけでなく、近隣の先住民社会の内部分裂といった社会紛争をもたらしている。

国内のインフォーマルセクターの比率が増大し、米国などへの出稼ぎが増える中、期待されているのは観光産業である。グアテマラ、メキシコ南部、ホンジュラス、エルサルバドルにまたがるマヤ文化圏の持続可能な観光開発を旗印として発足した「ムンド・マヤ計画」には欧米資本も積極的に投資を行っている。世界遺産（ティカルやキリグアなど先スペイン期マヤ遺跡、アンティグアやコバンなど植民地都市）、チチカステナンゴなどにおける先住民の市《いち》や祭り、アティトラン湖やペテン地方の豊かな自然景観によって欧米の観光客をひきつけ、多様な「エコツアー」やリゾート観光を提供しようとしている。

（小林致広）

3

グアテマラの地名

★多くはナワトル語を起源★

グアテマラはマヤの地であるにもかかわらず、地名の多くはナワトル語である。グアテマラという国名もナワトル語に由来している。それは、直接には、16世紀にペドロ・デ・アルバラードが征服を行った際、援軍としてつれてきたナワトル人によるものと思われる。しかし、スペイン人征服以前から、グアテマラにもナワトル語ができる通訳がいて、地名もナワトル語で呼び慣わされていたことはまちがいなかろう。というのも、グアテマラ高地で覇権を争っていたキチェやカクチケルなどは、アステカ文明が栄える前にメキシコ高原で栄えていたトルテカに起源を求める人びとであり、古くからメキシコ高原とのつながりを持ち、考古学的にもナワの影響が確かめられるからである。また1510年には、キチェはメキシコのアステカ王モテクソマ（モクテスマ）に貢納を支払うことに応じているし、同じ年、モテクソマからの使者がカクチケルの首都イシムチェを訪問して、カリブ海に異人が到着したことを伝えたという記録があるからである。

ナワトル語の名前がやがて定着するのであるが、それは、征服当時にはすでにナワトル語が中米の共通語になっていたためではなかろうか。スペイン人神父たちの布教活動において、スペイン語よりナワトル語の方が効果的であり、そのためフェリペ王は１５７０年に布教活動のための公式言語をナワトル語とせざるをえなかったし、また１５８４年から89年にかけてグアダラハラからニカラグアまで巡察したアロンソ・ポンセは、全域でナワトル語ができる人がいるので、ナワトル語さえできれば問題なくこの地域を旅することができると記している。

もちろんグアテマラはマヤの地であるから、もともとマヤの地名があったのであり、それに加えてナワトル語の名前がつけられたのである。だからナワトル語由来の公式な町の名前のほかにマヤの地名を現在でも保持している町もある。たとえば、グアテマラ第二の都市ケサルテナンゴ（ケツァルテナンゴ）は、Quezaltenango ＝ quetzalli（ケツァル鳥）＋ tenamitl（城壁、町）＋ co（場所）というように、ナワトル語の名前に由来するが、キチェ語ではシェラフ Xe'laju'（＝ xe'〔の下〕＋ lajuj〔10〕＝10の〔山の〕下で）という。バスの行き先などに Xela と書いてあり、ケサルテナンゴという名前とともにグアテマラでは一般に通用する名前となっている。

ナワトル語由来の地名によく見られるのは、～テナンゴ、～ペケ、～トランまたは～タン、～コ、～パンなどであり、それらがついていると、ナワトル語と判断できる。たとえば、ウェウェテナンゴ Huehuetenango（huehuetl 太鼓 ＋ tenamitl 城壁 ＋ co 場所）やチチカステナンゴ Chichicastenango（tzitzicaztli イラクサ ＋ tenamitl+co）には、–tenango という語がついている。サカテペケス Sacatepeques は zacatl サカテ草 ＋ tepetl ＋ co と分析できる。–tepeque は tepetl（山）に場所を表す –co がついてできたものである。アティトラン Atitlan（atl 水 ＋ ti ＋ tlan）、アマティトラン Amatitlan（amatl アマテ紙 ＋ ti ＋ tlan）、アグァカタン Aguacatan (ahuacatl アボカード + tlan)、ホコタン Jocotan (xocotl ホコテ + tlan) などは場所を表す -tlan>-tan がついたものである。場所を表す後置詞 -pan がついた場合の例としては、Totonicapan (totonic 熱い + atl 水 + pan)、Zacapa (zacatl + pan) などがある。

地名は、ナワトル語が多いが、ナワトル語以外にも、スペイン語やマヤのことばがつけられている場合もある。サン・アントニオ・アグァス・カリエンテスはスペイン語だけの名前である。サン・アンドレス・シェクルはスペイン語とキチェ語 Xecul (xee'-k'ul「の下で—毛布」) からできている。これらの例からわかるように、ふつう土地の守護聖人の名前が最初について、それから地名がくる。

ナワトル語は基本的に形容詞—名詞、修飾名詞—被修飾名詞、名詞—後置詞という語順であり（ただし多くの方言で逆の語順にかわっていく傾向が見られる）、日本語と同じように前から後ろにかかる語順であるが、これに対し、マヤのことばは、形容詞—名詞と同じであるものの、二つの名詞の修飾関係は、被修飾名詞—修飾名詞となり、前置詞を使うので、前置詞—名詞という語順である。そのため、マヤの地名の場合には、ナワトル語とは逆の順に地名が形成される。たとえば、先のシェクル同様、パナハチェルもマヤのことばである。panajachel = pan (のところ) + ajachel (白サポテの木 *Casimiroa edulis*) となる。

グアテマラには20のマヤの言語があり、そのため、同じ地名でも、それぞれの言語で、呼び方が異なってくる。たとえばアンティグァ・グアテマラは、キチェ語では Panq'an、カクチケル語でも Panq'an または Panchoy というが、ポコマム語では Pan choo という。グアテマラ第三の都市のウェウェテナンゴは、マム語では Chnab'jul/Chnaj'al、アワカテコ語では Chumul/Chumpul、イシル語では

Chinaʼpulʼ、サカプルテコ語ではChinabʼjolという具合である。

さて最初にあげたグアテマラの語源であるが、グアテマラということばは、アルバラードがコルテスに宛てた手紙（1524年）のなかにすでにある。しかしその語源については一致を見ない。たとえば、グアテマラの代表的年代記作者のフェンテス・イ・グスマン（1643～1700）によると、Coctecmalam（ミルクの木）であり、ドミンゴ・ファロス（1753～1821）によるとQuauhtemali（腐った木、おそらくquauitl木＋temalli膿、感染）である。Quauhtliととって囚われの鷲とする意見もある。キチェ語のKʼicheʼ（kʼihたくさんの＋cheʼ木）という語を翻訳した可能性もある。ちなみに、カクチケル語では、イシムウレウIximulew（＝iximトウモロコシまたは大きい＋ulew大地）という。このように地名の語源を探求する場合は、都合のよい語を引っ張ってきて解釈することがよくあり、何が正しいか判断に困ることがしばしば起こる。

地名の研究は、たとえば、ナワトル語なのかマヤ語なのか、マヤ語であるならどの言語か、k/kʼ/q/qʼの区別が地名の綴りではなされていないのでそのどれなのか、いつ名づけられたか、現在までにどのような変化があったのかなど、いろいろ難しい問題があるが、最近、マヤ文化復興運動の一つとして、名前や地名をスペイン語からマヤ語に戻そうという運動がさかんになりつつある。その成果がマヤ言語アカデミー（Academia de Lenguas Mayas de Guatemala）から出版されており（たとえば、*Toponimias maya sakapulteka*, 2001や*Toponimias maya awakateka*, 2001など）、地名学に新しい時代が来る可能性がある。

（八杉佳穂）

4

多様な人々と多様な文化

★インディヘナとは、ラディーノとは★

グアテマラは国土面積約10・8万平方キロメートルで人口約1546万（2017年）の多民族・多文化国家である。民族構成はインディオ（インディヘナ）、ラディーノ、メスティソなど時代により呼称が変わり複雑な様相を見せ理解を妨げている。隣国メキシコでは混血メスティソが国民の大多数（マジョリティ）となり先住民が少数（マイノリティ）となっているが、グアテマラでは政治・経済・社会的な立場としてはマイノリティに置かれる先住民族マヤが人口面では約60％を占めている。全部で30あるマヤ語のうち同国内に20あり、他の先住民言語シンカ語、ガリフナ語、そして公用語スペイン語を加えると23の言語集団が存在している（第55、58章参照）。人口100万を超えるキチェ、カクチケル、マム語話者がいる一方で、2万人に満たない話者集団も存在している。

私は旧都アンティグア市で、カクチケル語を教える先住民女性講師と話す機会を得た。彼女はマヤ言語アカデミーで訓練を得て、スペイン語でカクチケル語を教える知的エリートである。マヤ語指導という職業柄、エスニック・アイデンティティの軸足はしっかりとインディヘナに置かれ、その意識を民族衣装の着衣で表現している。会話の端々にラディーノへ憎悪に近い敵対意識が感じられた。また、風貌も服装もラディーノ風で弁護士の資格を持つケツァルテナンゴ出身の男性は、自分のエスニック・アイデンティティは「キチェ・マヤ」であると言明する。インディヘナとラディーノの識別は何を根拠にし、何が境界となっているのであろうか。

聖週間の聖行列を観るアンティグア市のラディーノの人々

スペインは16世紀末まで新大陸生まれのスペイン人「クリオーリョ」を蔑視し、その結果、後にスペインからの独立運動が形成された。宗主国スペインは1803年にグアテマラのスペイン人とラディーノを法的に区別し、ラディーノという名称のもとにインディオ（先住民）、ムラート（白人と黒人との子孫）、サンボ（インディオと黒人との子孫）、メスティソ（白人とインディオとの子孫）を包含した。現・中米5カ国は植民地時代グアテマラ総監領であったが、1821年にスペインから独立し中央アメリカ連邦共和国（1824年）が成立した。このとき保守的独裁政権はクリオーリョの利権を保護しクリオーリョ、インディオ、メスティソと三別した。1871年、自由改革でクリオーリョの上に政治的経済的に優勢となったメスティソが位置づけられ、やがてクリオーリョとメスティソの区別が消失し両者がラディーノという語に吸収され対極にインディオが置かれ、インディオとラディーノという2語が対立的に存在した。かつてメスティソはインディオと共にクリオーリョに降伏していたが、今やクリオーリョと権利を共有しインディオを支配下に置い

アンティグア市のイタリア系家族とスペイン系ラディーノ家族

た。やがて、１９５０年代の社会主義的政府のもとでインディオという名称は侮蔑語とされ公的に「インディヘナ」という語が使用された。これ以降１９７０年まで公式センサス（１９５０年、１９６４年、１９７３年）は国民をインディヘナとラディーノに二別し、非インディヘナである白人とメスティソを「ラディーノ」という名称でひと括りにした。次に１９８１年、１９９４年に「インディヘナと非インディヘナ」に二別し現在に至っている。その理由はカリブ海黒人系ガリフナをインディヘナにもラディーノにも含めることができなかったからである。ここでラディーノという語に注目してみると、ラディーノは人種の混血を意味してはいない。では、ラディーノとは何であるのか？

インディヘナとラディーノの境界を分析した小泉潤二（１９９４年）に依拠して説明したい。語源的にラディーノ（ladino）はラテン人（latino）に由来し白人征服者のことであったが、現在ではメスティソ（混血）とほぼ同義とされている。しかし生物学的特徴よりも文化的特徴であるスペイン語を解し現代的な生活様式を営む人々とすることも多い。ところが、インディオ（小泉はインディオと記載しているのでそのまま引用）の中からスペイン語を話し生活様式を変化させている者が急増しているから、ラディーノの捉え方は曖昧となる。とすれば、ラディーノとは「非インディオ」と定義せざるをえない。

では、インディオとは何であるか。国勢調査において各人はエスニック・アイデンティティを「言語を基礎としながらも」主として「自己定義」して記入することになっている。ラディーノはインディオとの関係において、またインディオはラディーノとの関係において定義される。ラディーノとインディオはエスニックな対立項であるという確固とした感覚と、実際の定義づけの曖昧模糊とした様相の対照性を、小泉は文化人類学者ホーキンスの「逆転画像（inverse images）」を引用し、同語反復が確認するのは両者の間に境界があるからと説いている。

現在センサスはインディヘナと非インディヘナと二分しているが、日常生活レベルではまだインディヘナとラディーノという語が聞かれる。グアテマラ市の高級住宅街やケツァルテナンゴ市ではスペイン系、ドイツ系、北米系の白人家族が社会経済的に上流階級を形成し、東部地方にも白人が居住し、概して白人内の内婚を好む。一方、白人であっても社会経済的に中・下層階級であればメスティソとの外婚もありえよう。一方、インディヘナは言語と文化により地域や共同体ごとに分断された観があるが、生物学的特徴の他に慣習、言語、宗教、社会的規範、民族衣装の着衣や手工芸品製作など表現形式に共通の特徴を示している（第Ⅶ部を参照）。１９８０年代、エスニック集団に関しては、社会階層ごとに独自のエスニシティを有しているとされ、それに関する発言は微妙であった。しかし、１９９０年代の社会主義国の崩壊で社会階層間の闘争という視点よりも、内戦後の和平協定調印過程でエスニシティが再認識されていった。文化的社会的複合国家グアテマラには、生産物の仲介手段を占有するラディーノと、労働力を強制されるインディヘナという社会的経済的階層が存在している。また、この十数年でインディヘナの中から工場生産や商業活動により財をなし、富裕ラディーノ以上の財力を有する家族が出現しており、社会経済的中流インディヘナの家族が増加し、大学卒レベルの専門家が出現している。一方で、国内貧困層の65％はインディヘナであり国内総生産の0・6％の現金収入しか得ていない。

グアテマラ政府は20世紀になると文化的多様性を段階を踏まえて肯定する。第1段階は20世紀初頭から中葉までの創設期で国立図書館、歴史博物館、考古学・民族学博物館が設立され、文部省に人類学・歴史学局が設置され、グアテマラ社会統合セミナリオや地域社会教育に直結した先住民研究所などが一連の刊行物を発行した時期である。第2段階は1978年から1986年で副文化省が設置され、1985年憲法で国内の異なった文化への敬意が再認識され、先住民文化理解が周知された時期である。すなわち、社会的権利に関しては第66条の「グアテマラは様々なエスニック・グループにより形成されている。その中にはマヤを祖先とする先住民グループがあるが、国家はその生活様式、慣習、伝統、社会的組織形態、男女の民族衣装着衣、言語に対して敬意をもって認識する」と記され、第76条には「先住民人口の多い地域の学校では完全に二重言語教育が行われるべきである」と謳われている。第3段階は1986年に文化スポーツ省が設置され、キチェ・マヤ出身の女性オティリア・ルス・デ・コティが大臣を、カクチケル・マヤ出身のビルヒリオ・アハネル氏が副大臣に就任するなど、先住民の発言力や政治力が進展した時期である。

こうしてみると、グアテマラの国家、エスニシティ、階級、共同体は時間的・空間的に複雑に絡み合った関係を形成しており、一般化や単純化した分析は不可能ではないだろうか。

（桜井三枝子）

5

トウモロコシを育て食べる最高の技術をもつ人々

★食事の科学★

マヤの神話『ポポル・ヴフ』第3部には、「……こうして食糧が見つけ出され、これが新しく創造される人間の肉となり、また血となった。アロムとクァホルムの業により、とうもろこしが人間を形づくる血肉となったわけである」(林屋永吉訳、中央公論社)とある。マヤ人たちはトウモロコシから生まれたのである(第19章参照)。そして今日でもマヤ人の子孫であるグアテマラの人々は、トルティーヤとしてトウモロコシを食べ、自らの身体を作っている。身体を作る栄養のうちアミノ酸を見ると、トウモロコシにはアミノ酸のリシン、トリプトファンが不足している。栄養学におけるアミノ酸不足は、桶の理論として知られている。アミノ酸の種類と同じ数の板からなる桶があったとき、1枚の板が半分の長さであれば、水を半分しか汲むことができない(図1)。タンパク質の栄養もこれと同じように、他のアミノ酸が大量にあっても、リシンやトリプトファンが少ないトウモロコシでは、例えば1キログラム食べてもその半分は栄養として機能しない(図2)。日本でも、米だけではアミノ酸不足になる。それを大豆で補ってきた。この「米と大豆」と同じ関係が、グアテマラではトウモロコシとインゲンマメであ

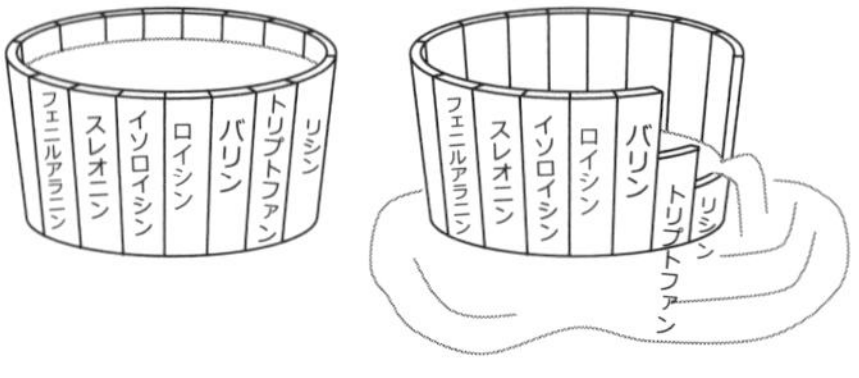

図1　桶の理論のイメージ

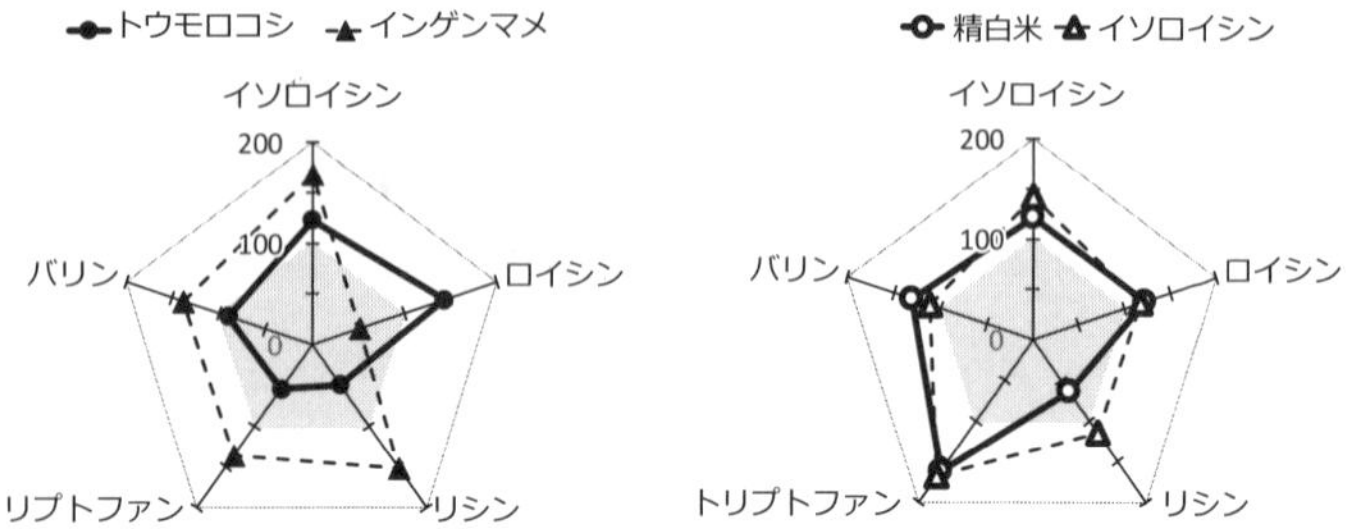

図2　アミノ酸充足率の比較。100を超えるとアミノ酸が充足されている状態。左がトウモロコシとインゲンマメの場合。右は米と大豆の場合
［出所：文献などから筆者作成。インゲンマメの値はBlack bean 3種の平均から筆者が算出した］

る（図2）。図2はアミノ酸充足率を示している。100が充足した状態で、網掛けで示した。グアテマラのトウモロコシとインゲンマメ（3種のBlack beanの平均値）からアミノ酸充足率を計算すると、トウモロコシはでリシンとトリプトファンが不足しており、インゲンマメではロイシンが不足している。互いのアミノ酸充足率の高い数値を結ぶと、網掛けを大きく上回る桶となり、このトウモロコシとインゲンマメが互いのアミノ酸不足を補っていることがわかる。トルティーヤに必ずフリホレースという甘くない餡《あん》のようなものがつく。甘い餡を想像しながら日本人が食べると、美味しいとは感じられない。しかし、トルティーヤと一緒にフリホレースを多く食べることによって、アミノ酸栄養はバランスがよくなる（注：トウモロコシとインゲンマメだけでは、アミノ酸の

バランスが改善されているが、栄養が充足しているわけではない。また、図2で示したアミノ酸バランスの補完は等量ずつ食べた場合である。都市部と地方での子どもの体型を比較した報告では、地方の子どもたちの体格が小さいという例がある。第43章参照)。

このトルティーヤとフリホレースという食べ合わせだけではなく、伝統的な料理法にも栄養学から見ると秘密がある。トルティーヤの原材料となるトウモロコシを煮るときに、石灰を入れる。石灰によってアルカリ性になると、ナイアシンというビタミンが遊離する。トウモロコシがヨーロッパに伝わり、トウモロコシを主食とした人々に奇病が発生した。小麦と同じように乾燥して粉末にする加工法ではトウモロコシに含まれるビタミンの一つであるナイアシンを人は吸収できない。奇病は、ナイアシン不足が原因のペラグラという疾患であった。このように、地域の伝統的な作物は、その地域の伝統的な調理法があってこそ、最大限に食品としての能力を引き出すことができる。グアテマラの食事には、食材の組み合わせによる栄養バランス、調理による化学変化を利用した栄養補完、という二つの側面をもっている素晴らしい事例である。

これらに加えて、実は栽培面で大変興味深いことが栽培地域で見られる。それは、トウモロコシとインゲンマメとカボチャ類などが同時に、同じ畑で混ざって栽培されていることである。トウモロコシの根元に生えているのは雑草ではなく、インゲンマメである（写真）。これは、栽培手法として「混植」と呼ばれる。土壌栄養を奪い合わない作物同士であることが条件で、日本の都市園芸でも行われている。またマメ科の植物は、根に共生する根粒菌で空気中の窒素を固定することができるので、肥料分としての窒素を補うことができる。水稲作を主体とする日本では米のアミノ酸を補う関係にある大豆を同時には植えることはできない。グアテマラでは、地域によってはトウモロコシを複数回収獲できると同時に、豆を栽培することができる。この農法はミルパ（milpa）として知られる。環境にやさしい農法として紹介されることも多いが、筆者は栽培の状態から栄養が補完されている理想的な農業と食の関係として捉えている。想像してほしい。米の水田は我々の里山風景として美しいものだが、栄養学のフィルターを通して見ると不足している栄養があるので色あせて見える。しかし、ミルパはごちゃごちゃと植物が交じり合う混沌とした風景であるが、栄養学のフィルターを通して見ると、それは美しいほどに「完璧な畑」である。

混植そのものは、世界各地で行われている。例えばタイでは、トウモロコシとキャッサバ、トウモロコシとトウガラシなどが見られる。しかし、このトウモロコシは飼料用であり、キャッサバも加工用である。トウガラシも加工用が中心となっている。つまり土地をいかに有効利用するかという「産業生産的」で「効率的」な考えに基づく混植である。その一方、ミルパは「栄養学」からの混植である。畑での生産の段階に加えて調理法においてもナイアシンを溶かすということをし、食べるときに豆で栄養を補完している。グアテマラ、マヤの人たちは、トウモロコシを食べるにあたって、栽培、調理、食べ合わせの全ての段階において最高

ミルパ農法に見られる混植（ソロラ県）［桜井三枝子撮影］

の技術をもっている。現代、我々は科学技術とエネルギーを使って、輸入、貯蔵、加工などによって栄養を補完している。ミルパ農法では、自らの庭先で栄養を補完している。分析技術が進み、情報も増えている現在ならば、同じような栄養補完関係のある栽培作物の組み合わせを作れるかもしれない。それは東日本大震災のように物流が寸断された時や環境問題を考えると早急に取り組むべき課題のように思える。

グアテマラを含む中南米は多くの農作物の原産地であることが知られている。トウモロコシ以外に、ジャガイモやトマト、トウガラシも中南米原産である。筆者の現在の専門はトウガラシである。グアテマラ滞在時にはトウガラシを意識していなかったのが悔やまれる。グアテマラのトウガラシについてはいくつか報告があり、非常に興味を引く記述がある。野生種のトウガラシを食用として利用しており、そのトウガラシは香りが強く赤色ではない。植物は本来、自らの繁殖範囲を広げるために種子を拡散させる必要がある。そのため成熟果実はポロポロ落ちる。一方、現在の栽培品種は、人間が収獲しやすいように果実が落ちないものが選ばれている。これでは種子が地面に落ちないので、子孫を残せない。我々が口にする栽培品種は生物学的にはやや異常な状態なのである。グアテマラで愛されているトウガラシは野生種なので赤くなって実が落ちてしまう前の未成熟時に収獲され、1センチ以下で緑色の丸い形をしている。現在はインターネットで検索できるので、写真を見てみると、トウガラシには見えない。これでは、私が滞在時に気づかなかったわけである。グアテマラではトウモロコシ、インゲンマメに加えて、読者は野生種のトウガラシ（「ピキン〔ペキン、pequin〕」）をメルカードやレストランなどで見つけて堪能してほしい。

（杉山立志）

ポジョ・カンペーロ——グアテマラ発の世界企業

コラム1

本谷裕子

ポジョ・カンペーロ（Pollo Campero）とは、グアテマラの人ならば誰もが知っているフライドチキンの有名店、2017年現在国内に109もの店舗を持つ一大ファストフードチェーンである。明るい黄色で描かれたユニークな風貌のにわとりがトレードマークの、オレンジ色が基調の明るい店内はいつも盛況で、付設のレストランはランチやディナー時にはもちろんのこと週末には家族連れの客で賑わっている。美味しさに加え、価格設定が比較的リーズナブルなのも人気の秘訣である。かつて米国発の某フライドチキン店が満を持してこの国に進出したものの、ポジョ・カンペーロの人気に押されて撤退せざるをえなかったという輝かしい武勇伝がいまだ語り継がれ、この店のフライドチキンは幾年にもわたって人々の舌を魅了し続けている。また、グアテマラへ里帰りした人々が搭乗前に空港内の支店に立ち寄り、家族のためにと故郷の懐かしい味を購入することから、米国へ飛ぶ旅客機の機内には時おり香ばしいフライドチキンの香りがただよっている。

この店の一号店は、1971年首都グアテマラ市に登場した。創業者ディオニシオ・グティエレス氏は彼の父が経営していた養鶏場の鶏を使った新たな事業としてフライドチキンの販売を始め、父親への敬意を示す意味でこの店を「農業に博識なにわとり」という意味のポジョ・カンペーロと名付けた。スペインの『エル・パイス』紙（2015年3月20日版）のインタビューにて、ディオニシオ氏は、フライドチキンの味を決める粉の配合が最も大切な秘伝であり、業務の拡大に伴い、多くの鶏肉を売るという開店時の経営方針を、安価で美味しいフライドチキンを人々に提供することへ転換したと語っている。

　現在、ポジョ・カンペーロは世界規模の経営展開に成功した優良企業として海外のフード業界からも熱い視線が注がれている。グアテマラ

ソロラ村の店舗。店の隣には、民族衣装姿の女性が出来立てのトルティーヤを販売するスタンドがある

国内での営業を開始した翌年、隣国エルサルバドルに店舗を開いたのを皮切りに、1990年代からはラテンアメリカ圏への拡充を目指して、中米のホンジュラス・ニカラグア・コスタリカ、隣国の北米メキシコ、南米のエクアドルへと店舗を広げた。2002年にはとうとう念願の米国進出を果たし、現在米国だけでも70以上の支店を持つ大企業へと成長した。米国内の店舗は主に中米・メキシコからの移民が多く集まる州の、ラテンアメリカコミュニティに見られる。北の大国での成功をもとに、その後はヨーロッパ圏（スペイン・アンドラ・イタリア）やアジア圏（インドネシア・中国）へもビジネスを展開し、今ではインドや中東のバーレーンでもグアテマラ生まれのフライドチキンを味わうことができる。グアテマラ発のローカル企業を世界企業へと押し上げたCEO（最高経営責任者）ファン・グティエレス氏は「ビッグビジネスの偉大なる起草者10名」の一人として、2005年米国の

『ニューズウイーク』紙にとりあげられている。

フライドチキン2本とフライドポテト、炭酸飲料からなるこの店の定番メニューは、現地では30ケツァル（約450円）、米国では8ドルほど（約880円）で提供されている。グアテマラ中部高地の先住民村ソロラの支店では、入口の扉に先住民言語のカクチケル語で「いらっしゃいませ」「ありがとう」と書かれている。また、店の外では民族衣装姿の女性たちがフライドチキンを買った人々にトルティーヤ（トウモロコシの粉のパンケーキ）を売る姿を目にする。

一方、米国の大都市ニューヨークのクイーンズ地区にある支店の壁には、ポジョ・カンペーロがこれまで成し遂げた成功の足跡とともに「Nuestra gente（わが民）、Nuestro orgullo（わが誇り）」という三つの印象的な言葉がスペイン語で書かれており、故郷の懐かしい味に引き寄せられてやってくる人々で店内はいつもにぎわっている。

ソロラ店の入口。「いらっしゃいませ」「ありがとう」「入口」「出口」などがスペイン語とカクチケル語で書かれている

首都グアテマラ市のアウロラ空港で売られているフライドチキンセット

6

旧都アンティグア市

★世界遺産都市を散策する★

アンティグアの南東に市内で最も大きな教会の一つであるサンフランシスコ教会がある。この教会は16世紀に建築され、併設されている修道院は中米最初の印刷所があったところとしても有名である。修道院跡は、一部に天井画が見られるが、修復されていない。これは20世紀中のおもなもので1917年、18年、76年と繰り返された地震によるものだ。現在、礼拝堂のみは再建、利用されている。その前の広場には土産物、飲食などの屋台が並んでいる。この教会内に2002年にバチカンにより聖人に列せられたペドロ・デ・ベタンクールの墓がある。ペドロ・デ・ベタンクールは1626年にスペインのカナリア諸島で生まれ、24歳でアンティグアに到着した。その後神学を学び、サンフランシスコ教会よりさらに南のベレンにおいて識字教育と小さな病院を始め、1667年に亡くなるまで自分の健康をも省みず貧しい人を助けることに力を尽くした。その遺体は現在サンフランシスコ教会に安置され、病気を治す、働き口を見つけるといった、さまざまな願いごとをかなえてくれると信じる人々が絶えず参拝に訪れる。墓の周りにはいたるところにプレートが貼り付けられている。これらは願いがかなった人が感謝の気持ちを記したものだ（写真）。

ここから富士山に似た形のアグア火山のある南の方角へ、キリストの受難を14の場面に分けた十字架の道にちなみ14の留《りゅう》（小祭壇）が設置されている。それを左手に見ながら2ブロックほど歩くとサンタクララ教会・修道院跡に着く。この修道院跡は比較的修復されているほうで、美しい中庭とカタコンブと呼ばれる地下墓地があり、礼拝堂脇には四隅の柱に向かい小声で囁くと別の柱に耳をつけている人に聞こえるという不思議な部屋もある。食堂や天井が真っ黒になっている台所があり、なんとなく生活感が感じられる。

修道院跡の前の公園には共同洗濯場があり、水の便が悪いアンティグア周辺の村人が、色鮮やかな民族衣装を洗濯しに来る。公園に面し修道院と反対側にあるサンペドロ教会にはペドロ・デ・ベタンクールの業績を受け継ぐ病院や養護施設が付属し、障害者、身寄りのない老人を受け入れ最低額で医療を施す。ここには世界中から多くのボランティアが働いている。このペドロ・デ・ベタンクールの存在はアンティグア住民の誇りであり、サンペドロ教会の施設とも併せ、頼りになる心のよりどころでもある。

聖ペドロ・デ・ベタンクールにちなむサンペドロ教会（左）と病院（右）［桜井三枝子撮影］

ここから北に2ブロックほど歩くと中央公園に出る。１５４３年から１７７３年までの２３０年間中米全体とメキシコのチアパス州までを含むスペインの植民地政府の政治、経済、宗教の中心として

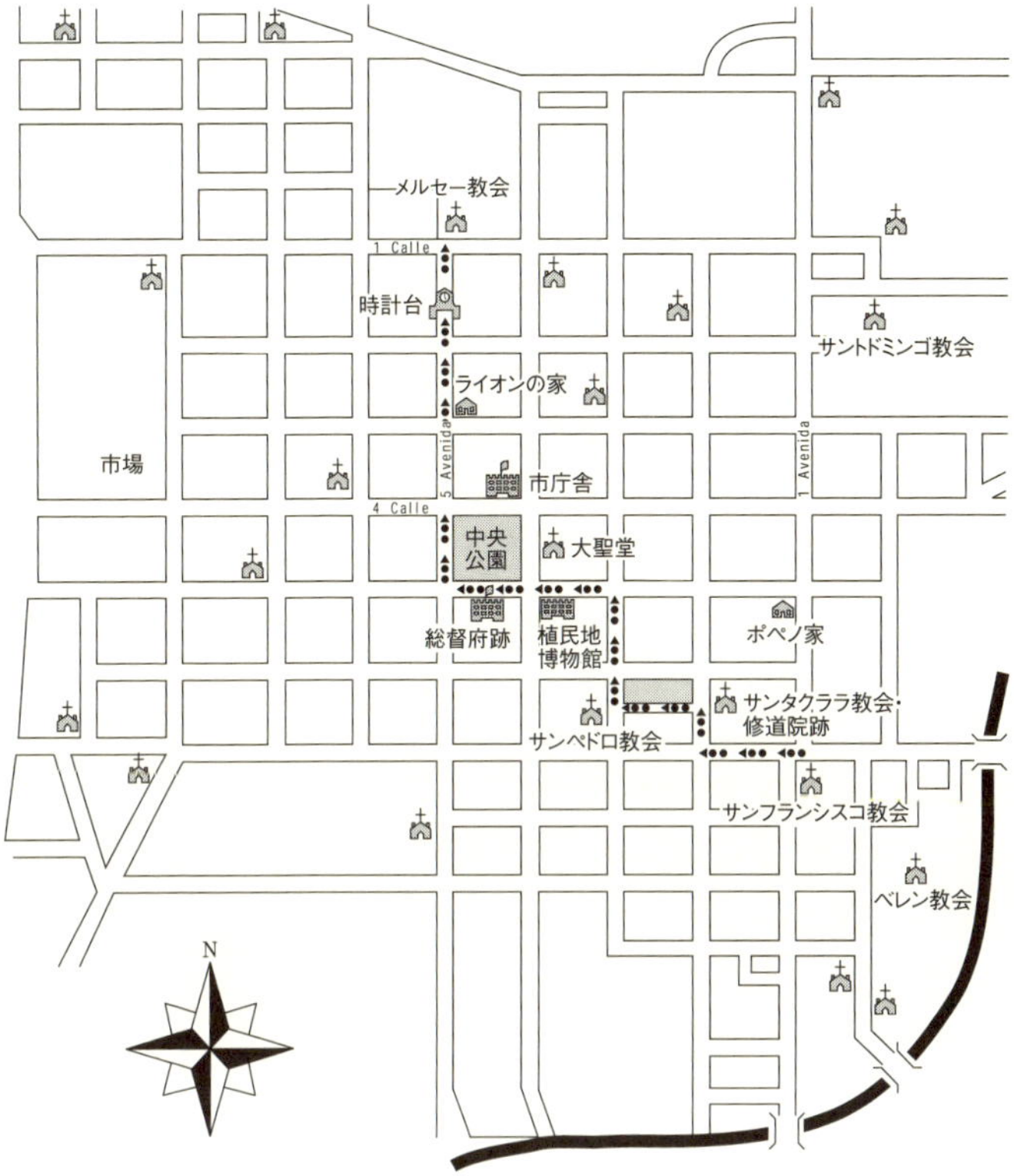

アンティグア市中心部

栄えたところであり、周囲には当時の総督府やカテドラル（大聖堂）、現在は植民地博物館となっている中米で最初の大学サンカルロス神学大学跡がある（第21章参照）。何もなかった広場で市《いち》が開かれ、宗教行事が行われたりしていたこの場所に今では噴水・植栽、ベンチが設けられ、町のさまざまな行事が行われている。気軽に立ち寄り噂話を交換したり子どもを遊ばせたりする憩いの場となっている。

　中央公園の北西の角で

時計のアーチ（サンタカタリーナ修道院）［桜井三枝子撮影］

は二つの通り（4番カリェと5番アベニーダ）が交差する。ここを西へ行くと市場に出る、その間はファストフード店やスーパーもあるアンティグアで最も賑やかな通りである。しかし、散策をするにはここから時計台のある5番アベニーダを北に向かいたい。この時計台はもともとサンタカタリーナ修道院の修道女が道を歩かずに通りの向かいの建物に行けるように作られた渡り廊下のようなものだった。修道院は廃墟となり入ることができないが、その橋が残り時計台となり、この通りに独特の風情を与えている。通り沿いには、玄関の石の柱に彫刻されたライオンが有名なことから「ライオンの家」と呼ばれるコロニアル様式の建築が美しい個人の邸宅を改修したホテルや、クリントン・アメリカ合衆国大統領が訪問した時に食事をした郷土料理のレストランの本店などがある。また、大きな倉庫を改修したような土産物屋があり、民族衣装を中心に展示販売されている。さらに伝統の織物を加工した民芸調の物を売る店なども並んでいる。この道とそこから少し入ったあたりにはコロニアル風の雰囲気を生かしたカフェテリアも多く、気に入った店を見つけのんびりとお茶などしたいところだ。

時計台を越えて少し行くとスペイン王家を象徴するライオンを周囲にあしらった丸屋根が見える。メルセー教会である。この教会の正面部分はバロック様式で、その隙間を埋め尽くす装飾のなかに中南米産の植物なども取り入れられていてアンティグアの教会建築のなかでも傑作といわれている。礼拝堂は修復されミサなどが行われる。なかには地元の人からメルセーのコローチョ（巻き毛）と呼ばれ親しまれている十字架を担いだキリスト像がある。向かって左手には修道院跡があり、アンティグア最大といわれる三段重ねになった噴水が目を引く。

この南東から北西に斜めにアンティグアを歩く行程は、途中休憩を入れて半日程度である。人口4万人程度の小さな町であるが、他にも個人所有の家が植民地時代建築様式に忠実に復元され、絵画なども植民地時代のものを多数集め見学できるカサ・ポペノや、現在はホテルとして宿泊が可能であり修道院当時の雰囲気を残し、そのなかの礼拝堂などが修復されているサントドミンゴ修道院跡など見所はたくさんある。この中世の雰囲気を残す町はその景観保護の努力が認められ、町全体が1979年にユネスコにより世界文化遺産に認定されている。

アンティグア最大の祭りであるセマナ・サンタ（聖週間）は中世の面影を残した町全体が舞台となり、キリストの受難の様子を再現する。アンティグア住民は各教会で行われる飾り付けを見て回り、教会前の広場に出ている屋台を冷やかし、聖像を乗せた山車を担いでいる人々のために埃が立たないように石畳の道に散水し、おが屑で宗教的な模様を描いた絨毯を作り、教会から出てくる山車行列を信仰心から楽しみに待っている。この祭儀にはグアテマラ国内だけでなく中南米各地、その他世界各国から観光客が集まり、アンティグア市は人で溢れかえる。他の町でもセマナ・サンタの行事がないわけではないが、世界文化遺産の町の雰囲気と昔ながらの祭儀の様子が人をひきつけるのであろう。アンティグアの住人が自分の町に最も誇りを感じる瞬間である。

（片桐　真）

7

新都グアテマラ市

★拡大する都市化の光と影★

グアテマラ共和国の首都グアテマラ市は、標高1500メートルのエルミタ盆地に位置し、グアテマラ県の県都であり、グアテマラ市の行政中心地で、中心部22区と他の基礎自治体16市を包含するグアテマラ首都圏（Area Metropolitana de Guatemala：AMG）を形成している。1950年代の建築家アギラル・バトレスの発案による都市計画図（図1）を見ると分かるように、時計の針の逆回りで螺旋状に区が増え続けている。しかし、注意深く図1と図2を見ると第20区、第22区、第23区が抜けているが、誤植ではない。グアテマラ市当局の説明によれば、人口増加により3区は隣接自治体のミスコ市、ペタパ市、ピヌラ市などに吸収合併されたということである。

グアテマラ市には植民地時代に建設された歴史的建造物を誇る旧市街区と、近代的ビジネスセンター、各国大使館、高級ホテル、ショッピングモールが集中する新市街区（別名ソナ・ビバ）がある。内戦が終結し日常生活が戻ると、朝夕の通勤・通学のラッシュは年ごとに激しくなっている（第8章参照）。アルバロ・アルスー元大統領が都知事に選任されると、交通網が整備され、比較的安全で時間的に正確な交通機関としてトランス

図1　建築家アギラル・バトレス案による都市計画図

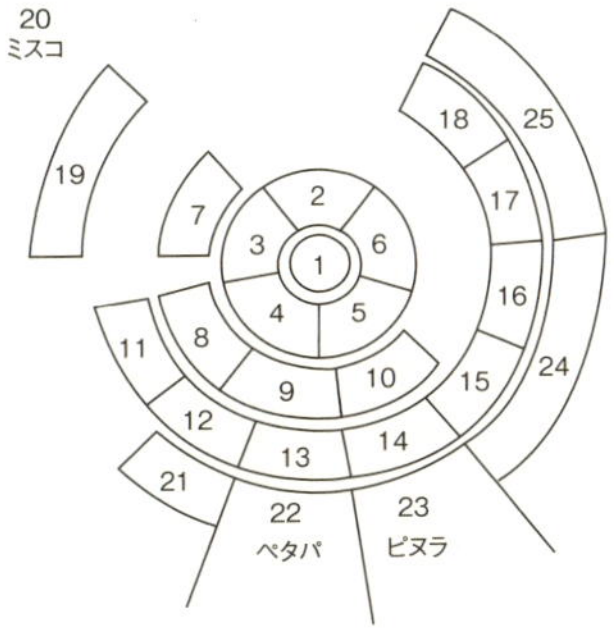

出所：Edwin Pitán, "La razón de por qué no existen las zonas 20, 22, y 23 en la capital", en *Prensa Libre*, 27 de abril de 2017.

図2　グアテマラ「23区」

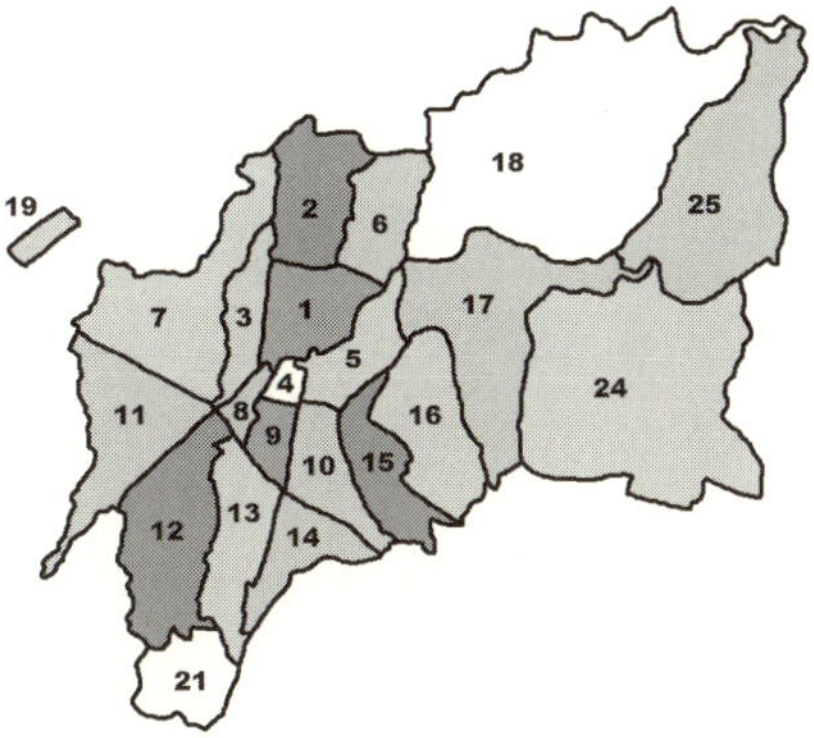

メトロの走行が2007年に開始された。2017年現在6線が敷設され、距離に関わらず運賃は1ケツァル（硬貨）である。「リニア1」が国家宮殿、中央公園広場（憲法広場）、大聖堂などの歴史地区や民族衣装を着た女性が目立つ中央市場を巡回している。レフォルマ大通りと並行して走る「リニア13」に乗りソナ・ビバから「ティポグラフィア駅」で「リニア1」に乗り継ぎ、旧市街地にアクセスできる。「リニア2（北部競馬場）」、「リニア6（北部）」、「リニア12（南部）」、「リニア13（中央通り）」、「リニア18（北東部）」など6線がほぼ東西南北に走行し、確実に市民の足として利用されている。以下、現在に至るプロセスを追ってみよう。

旧都アンティグア市から新都グアテマラ市創設

グアテマラは日本と同様に自然災害の多い国で、本書刊行を目前（2018年6月）に、エスクィントラ市南部に位置するフエゴ火山が噴火した。また、2010年にパカヤ火山が噴火し火山灰が首都圏、エスクィントラ、サカテペケス地域に被害を及ぼした。旧都アンティグアを捨てて新都建設にいたった原因は、まさに1773年のサンタマルタの大地震にあった。旧都は壊滅的打撃を受け1775年の王令により、活火山から距離的に離れ水源を確保できるクレブラ平野に新都ヌエバ・グアテマラ・デ・ラ・アスンシオンが建設された（1778年）。スペイン人約1900人、メスティソ約2400人、元の住民を合計し約6000人が新都の住民となった。スペイン人グアテマラ総督マルティン・デ・マヨルガが強権を発揮し移転を実施したが、王令発布から半世紀後の1820年代にやっと首都としての機能を発揮した。その原因はブルボン王朝との政治的対立、旧都の復興費用、移転と新都建設に伴う資金不足にあったが、旧都体制を温存したいクリオーリョ派と大司教コルテス・イ・ララスを先頭とする修道会や教会が遷都を拒み続けたのであった。1782年に初代大司教カジェタノ・フランコ・イ・モンロイが礎石を据えた大聖堂（Nuestra Señora del Socorro）が1815年に完成し、大西洋側のロアタン島から英国人侵略者を追放したマティアス・デ・ガルベス総督が都市機能を整備した。

1821年、メキシコがスペインから独立すると中米地域は一時期メキシコに併合された。その後中米連邦として独立するが、解体するまでの十数年間、グアテマラ市は中米連邦の首都であった。1839年に中米連邦が崩壊し現在の中米5カ国が誕生すると、グアテマラ市はグアテマラ共和国の首都となった（第2、21章参照）。

都市化と人口増

1870年代になると、自由主義改革派の台頭によりコーヒー産業が発展しダイナミックな都市型建築が進み、20世紀初頭にかけ市南部が開発された。軍部出身のルフィノ・バリオスが大統領に就任すると南西部、さらに東部の開発を進めた。首都を縦断する幹線道路レフォルマ通りや周辺都市の開発と造成、両大洋間横断鉄道の敷設・港湾整備など、国内建設事業は活況をおびた。しかし、唯一の財源であったコーヒー価格が暴落すると莫大な負債を負い、国家財政は破綻しバリオス将軍は暗殺された。

1917年から翌年にかけて地震がグアテマラ市を襲い、前世紀を代表する国家的建造物が崩壊した。ホルヘ・ウビコ将軍政権下（1931〜44年）、国家宮殿、中央郵便局、最高裁判所、国会議所などが修復・再建され、アウロラ国際空港が建設された。しかし低所得者居住地区は地震後も放置され、1950年代になると地方から都市へと絶え間なく人々が移入し、しだいに中心部と隣接諸市の境界が曖昧となった。ミスコ、チナウトラ、ビジャ・ヌエバ、ペタパ、ビジャ・カナレス、フライハネス、サンタカタリナ・ピヌラ等7市がグアテマラ県に包含された。グアテマラ革命期アレバロ大統領政権下になると、スポーツ競技場や国立サンカルロス大学、水道施設が建設された。建築家バトレスによる都市計画に基づき、ルーズベルト幹線道路が敷設されグアテマラ市は拡大した。1960年代の工業化に伴い県内に主要産業が集積し人口がさらに流入した。パン・アメリカン・ハイウェイが建設され、大西洋岸と太平洋沿岸の両港間に鉄道が敷設された。

1973年からの20年間は内戦の影響を受け人口増は0・8％と低下したが、都市圏南部の産業地帯はさらに拡大し、東部の高級住宅地域では盗難や殺人事件防衛のため隔離された安全区域が造営された。高級住宅街に住むある老婦人は危険とされる旧市街地に足を踏み入れたことがないと語る。グ

表1　グアテマラ都市圏の人口増

	グアテマラ市首都圏内17市	1950～1973年年率	1973～1994年年率	2002年人口 国立統計院 INE
1	グアテマラ市	6.0	0.8	1,027,140
2	サンタカタリナ・ピヌラ市	6.5	9.5	74,633
3	サンホセ・ピヌラ市	3.0	4.0	38,363
4	サンホセ・デル・ゴルフォ市	1.9	1.3	5,910
5	パレンシア市	2.0	3.9	51,482
6	チナウトラ市	24.4	4.5	95,773
7	サンペドロ・アヤンプク市	1.8	4.4	32,859
8	ミスコ市	43.6	6.4	464,529
9	サンペドロ・サカテペケス市	3.5	4.6	33,346
10	サンフアン・サカテペケス市	2.3	5.0	147,953
11	サンライムンド市	1.4	3.0	20,964
12	チュアランチョ市	1.9	0.1	8,650
13	フライハネス市	2.8	5.9	27,405
14	アマティトラン市	5.5	5.1	87,872
15	ビジャヌエバ市	20.3	17.0	419,049
16	ビジャカナレス市	2.5	4.6	96,545
17	サンミゲル・ペタパ市	12.0	19.7	99,608
	県内　合計	6.6	3.0	2,732,081

出　所：Gispert, Carlos (ed.), *Enciclopedia de Guatemala*, Vol.1, Editorial OCEANO, Barcelona España, 2000, p.79.

アテマラ首都圏全体を見ると、経済格差が民族集団の空間的境界をつくりだしている。

1976年の大地震（マグニチュード7・5）で都心部は瓦礫の山となり、死者2万3000人、重傷者7万7000人、崩壊家屋約25万8000戸、120万人が住居を失った。国家宮殿と大統領府は持ちこたえたが簡単なブロックづくりの民家は崩れ落ちた。政府により避難所が設置されると、やがてその地帯で人々は定住し始めた。1980年代の内戦と経済危機により地方から都市圏へと絶え間なく人々が流入し、しだいにゴミ捨て場や断崖・急斜面など危険な地域に廃材で家をつくりスラム地域が増えた。現在では、全人口の24%が首都圏に集中し、第2位のコバン市（17万5886人）、第3位のケツァルテナンゴ市（15万6140人）と比較すると、2位以下との人口差が大きい。

（桜井三枝子）

8

交通インフラ事情

★首都における深刻な交通渋滞★

グアテマラにおいては、交通事情が悪く、特に首都グアテマラ市では、交通渋滞が深刻な問題となっている。Waze社が実施した「運転手満足度指標2016」によれば、グアテマラ市は調査対象の186都市中179位と評価されている状況である。筆者は2014年から2016年にグアテマラ市に駐在していたが、毎日のように渋滞に巻き込まれ、時には徒歩15分の距離を2時間かけて自動車で移動したこともあった。当然歩いた方が早いのであるが、近年の治安の悪化の影響もあり、首都では自家用車を移動手段とする人が多い。

近年の経済発展に伴う自動車利用者数の増加と人口の都市集中によって、グアテマラ市では深刻な交通渋滞が巻き起こっているが、交通インフラの整備が追い付いていないのが現状である。グアテマラ国税庁の統計によれば、自動車の保有台数は2016年末で約325万台に達しており、2005年末の約108万台と比較して、3倍以上に増加している（一方、グアテマラ政府および世界銀行の統計によれば、同期間の人口増加率は約26％に過ぎない）。また、自動車保有台数のうち約45％はグアテマラ県に集中しており、首都圏における混雑状況が窺い知れる。

そのためグアテマラ市は、２００５年に「グアテマラ計画２０２０年」を策定し、渋滞緩和策として、公営のバスシステム「トランスメトロ（Transmetro）」の導入を発表した。トランスメトロは、２００７年より運行が開始され、現在では一日あたり26万人に利用されている。他方、路線によっては、平日20時が最終便のため使い勝手が悪く、通勤には自家用車を利用せざるをえないとの声もある。また、一部区間では、道路の一車線をトランスメトロ専用レーンとしているため、さらに渋滞を引き起こしているとの見方もある。その後、トランスメトロのサービスを補完する形で、２０１０年に新たなバスシステムとして、「トランスウルバーノ（Transurbano）」が導入されている。

図１　自動車数の推移

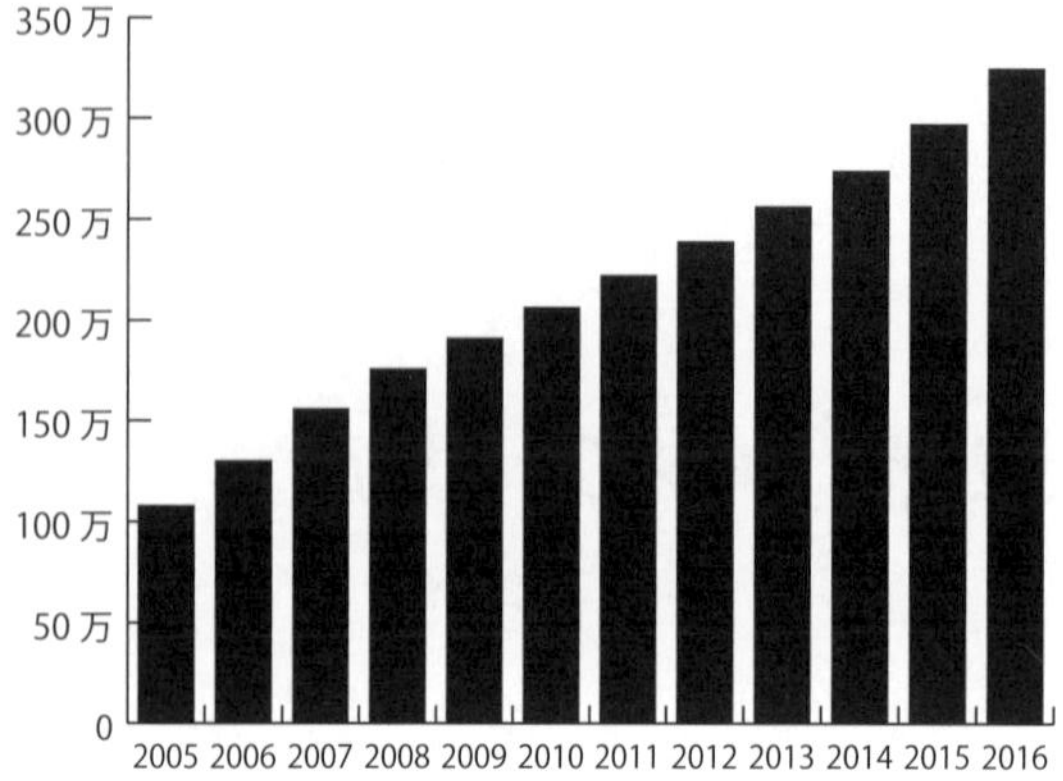

出所：グアテマラ国税庁の統計を基に筆者作成。乗用車の他、バス、トラック、オートバイ等を含む。

グアテマラ市では、「トゥムロ（Túmulo）」と呼ばれるスピードバンプや一方通行道路が多く、渋滞の原因となっていたため、市内中心部では、２０１４年頃からトゥムロの撤去や信号の設置が始まった。しかし、車両の増加に追いついておらず、渋滞の緩和にはつながっていない状況である。

そのため、グアテマラ市は、自転車の利用を市民に促しており、２０１５年には自転車の乗り入れが可能

フランシスコ・マロキン大学構内の駐車場。車社会化が進むグアテマラでは大学生も車で通学する

なバス車両「ビシメトロ（Bicimetro）」を導入する等の取り組みを開始している。それでも渋滞が収まらないため、2016年、グアテマラ市は、混雑時間帯における大型車両の市内通行禁止を決定した。また、グアテマラ市や周辺都市ではロープウェイによる輸送システム「カブレ・トランスメトロ（Cable Transmetro）」の導入が検討されている状況である。

グアテマラでは、地方における移動手段も陸路が中心である。道路は、首都と国境または主要港を結ぶ「中米道路（CA）」、各県の主要都市を結ぶ「国道（RN）」、主に県内の都市を結ぶ「県道（RD）」および「地方道路（CR）」に分類されている。通信インフラ住宅省道路局のデータによれば、2014年時点での国内道路の総延長は1万6860キロメートルであり、そのうちアスファルト舗装されているのは約43%である。中米道路はすべて舗装されているが、国道については約35%が未舗装の状態である。そのため、特に地方部では、雨期に道路が冠水し、道路網が麻痺することがたびたび発生している。

貨物の輸送についても、陸路が中心である。かつては鉄道が運行していたが、2007年に停止して以降、利用されていない（20

１５年末に一部区間で運行を再開するとの報道があった）。貨物は太平洋および大西洋に面する港で荷揚げされ、経済の中心地であるグアテマラ市に運ばれる。国家港湾委員会の統計によれば、２０１６年の一般貨物取引量のうち70％は太平洋側のケツァル港が占めており、次いで大西洋側のサント・トマス・デ・カスティージャ港、バリオス港の順に多い。

また、空の交通については、二つの国際空港がある。通信インフラ住宅省航空局のデータによれば、首都グアテマラ市にあるラ・アウロラ国際空港では、計14の航空会社（アメリカン航空、コパ航空、デルタ航空等）が運航しており、年間利用者数は約２５８万人である。近年は国際線の増便に伴い、年々利用者数が増加しており、過去5年間で28％増加している。グアテマラ北部ペテン県に位置するムンド・マヤ国際空港の年間利用者数は11万人であり、周辺観光地のフローレスやティカル遺跡への拠点となっている。

このような状況に対して、グアテマラ政府は国内のインフラ整備を推進している。近年では、民間の資金を活用した官民連携パートナーシップ（ＰＰＰ）を推進している。２０１０年、「インフラ開発連携法（いわゆるＰＰＰ法）」が制定され、翌年には同法施行令が定められた。２０１２年には、ＰＰＰ推進機関として「国家経済インフラ開発パートナーシップ機

図2　ラ・アウロラ国際空港の年間利用者数の推移

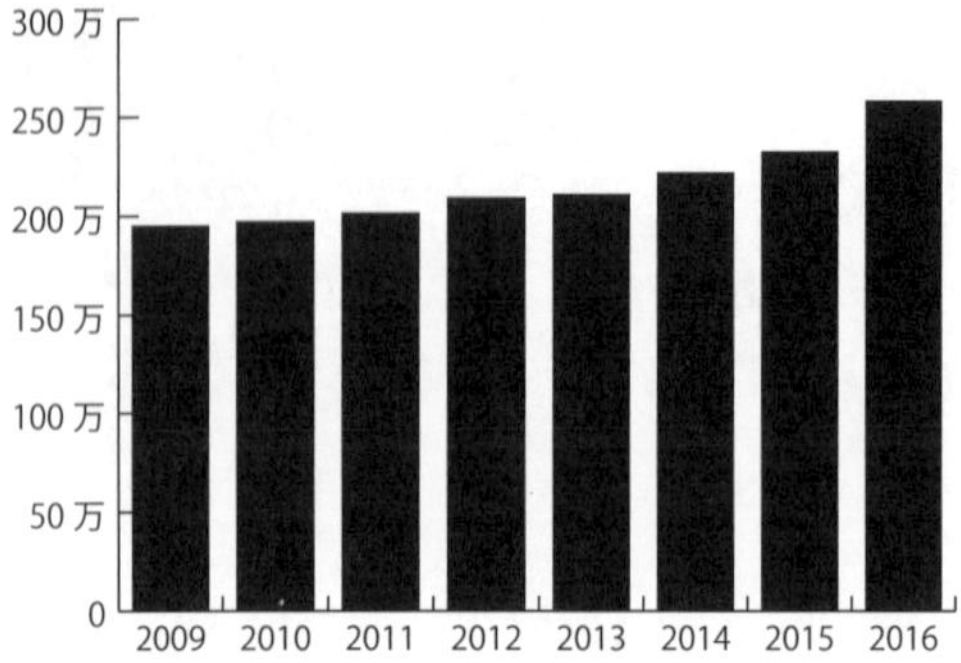

出所：通信インフラ住宅省航空局の統計を基に筆者作成。

関（ＡＮＡＤＩＥ）」が設立された。

交通インフラの整備を目的としたＰＰＰ事業が複数計画されており、「グアテマラ南部のエスクィントラ市・ケツァル港間有料高速道路のリハビリ工事・管理・運営・維持事業」がＰＰＰ第一号案件として実施される。２０１７年12月に入札が公示され、２０１８年中に民間事業者の選定が行われ、２０１９年に事業が開始される見通しである。また、「メトロ・リエル（Metro Riel）」計画では、グアテマラ市のかつての鉄道の線路跡を活用して、南北を縦断する全長20・5キロメートルのライトレールを建設する。２０２１年の運行開始を目標としており、完成後は一日あたり25万人の利用者を見込んでいる。

「ラ・アウロラ国際空港近代化」計画では、空港利用者の増加を見据えて、駐機場および誘導路の拡張工事を計画している。空港業務のオペレーションおよび維持管理を民間事業者に委託することにより、サービスの質と安全性の向上を図り、中米地域のハブ空港になることを目指している。その他にも、中米道路９号線と１号線を結ぶバイパス道路等の建設もＰＰＰ事業で実施される予定である。

グアテマラは経済発展を続けているが、交通インフラの整備が追いついていない。特にグアテマラ市においては深刻な渋滞が発生し、機能不全に陥っている状態であり、早急な交通インフラ整備の必要性が表面化している。また、グアテマラは、太平洋と大西洋の両方に面しており、米国やメキシコと南米の間に位置しており、物流・ロジスティクスの面でも重要な場所に位置している。そのため、陸海空の交通インフラを整備することにより、さらなる経済発展を図ることができるものと思われる。

（大木雅志）

9

グアテマラと日本との関係

★外交関係樹立 80 周年★

２０１５年は日本とグアテマラ外交関係樹立80周年に当たり、多彩な文化・人物交流が行われた。そのハイライトおよび同時期の両国関係をご紹介する（筆者は、２０１３年10月～２０１６年12月まで在グアテマラ日本国特命全権大使として勤務）。１９３５年２月に堀義貴在メキシコ日本国公使が、在グアテマラ兼任公使となり、日本との外交関係が開始されたことから、２０１５年は外交80周年に当たる。

皇室のグアテマラご訪問

秋篠宮・同妃両殿下がグアテマラと日本との友好親善関係促進のため、グアテマラ政府の招きで２０１４年９月30日～10月３日まで公式ご訪問され、両国外交80周年の素晴らしい先駆け行事となった。我が国皇室のグアテマラご訪問は、同国内戦終結和平合意の翌年97年９月の常陸宮・同妃両殿下のご訪問に続き２度目となる。

秋篠宮・同妃両殿下をお迎えし、グアテマラ大統領官邸でのペレス・モリーナ大統領夫妻（当時）との個別会談、同大統領夫妻主催による晩餐会が盛大に行われ、両殿下はグアテマラ政府から手厚く歓迎された。両殿下はグアテマラ北部ペテン県のマヤ・ティカル遺跡もご訪問。同遺跡発掘・保存に協力中の金沢大学・中村誠一教授の案内でマヤ遺跡の素晴らしさを堪能された。古都アンティグア市等もご訪問された。各地で同国政府の手厚い歓迎があり、両殿下はグアテマラへの素晴らしい思いを抱かれてご帰国された。

国際場裡で日本を１００％支持してくれたグアテマラ

グアテマラは中米を代表して２０１４年末までの2年間、国連安保理非常任理事国として活躍した。大使としてグアテマラに在勤中、国連・国際機関で毎年行われる各種選挙に日本が立候補した場合、グアテマラは常に支持をしてくれていた。また、２０１６年９月９日の北朝鮮による3回目核実験に対してグアテマラ政府が即時に非難声明を発表。また、同年９月下旬の国連総会で、モラレス大統領が代表演説の中で日本と立場を同じくする発言を行っている。こうした良好な両国関係の背景には、日本によるグアテマラに対する長年の各種開発・技術協力が大いに寄与している。

80周年記念事業

２０１５年2月4日、日・グアテマラ外交樹立80周年記念式典と和太鼓公演がグアテマラ国立劇場で盛大に行われ、同式典を皮切りに多彩な人物・文化交流が行われた。注目されたのは、同年5月25～26日の日本・中米ビジネス・フォーラムのグアテマラ市での開催、同年6月1～2日の石見神楽公演、さらに同年6月25～28日の海自練習艦隊の寄港である。13年ぶりの練習艦隊のグアテマラ寄港時には、国立劇場での海自音楽隊とグアテマラ軍楽隊との共同演奏、オープン・シップ（艦船一般公開）、スポーツ交流などが実施され、グアテマラ主要テレビ局や新聞で報じられた。

大好評の石見神楽公演

日本（外務省）の大型文化事業である石見神楽（島根県益田市の神和会三原会長他一行）のグアテマラ初公演は大好評であった。華やかで眼を見張る圧倒的な大蛇《おろち》公演は、国立劇場満員の観客から大絶賛された。

日本政府のグアテマラ支援

日本は、長年、グアテマラ人材育成に協力し協力隊員を地方に派遣している。特に、教育・栄養・保健衛生の改善を通じた生活水準の向上、防災・ごみ処理等環境協力を積み重ねてきた。協力開始後現在までの訪日研修員受け入れ総数は２０００名を超える。その中には、モラレス現政権の閣僚として活躍中のロペス教育大臣、モイール開発企画庁長官らがいる。また、グアテマラの地方自治体等に派遣され、地域支援に従事した協力隊員数累計は７００名に上り、高い評価を得ている。

顕著な協力成果例にグアテマラ公立小学校の算数教科書がある。日本の協力で作成され、グアテマラ国定教科書として現在使用されている。中米各国の子供たちの算数・数学の能力向上は、地域全体の課題と認識され、同様のプロジェクトが他の中米各国でも実施されている。グアテマラでは、さらに中学３年間の数学教科書・学習指導書策定への協力を２０１６年に開始し、順調にいけば２０１９

年1月から全国公立中学校や教員養成学校で新教材使用が開始予定である。また、日本大使館が全国の公立小学校の再建・改修を支援した学校数は300校を超える。

両国の共有財産――元JICA訪日研修員、元国費留学生

多分野での人材育成を目的とした訪日研修プログラムに参加した元研修員は、日本とグアテマラとの貴重な共有財産であり、両国関係の緊密化のための懸け橋として期待できる。

グアテマラ元研修員組織（AGUABEJA）は、特に2015年以降、きわめて活発に活動してきた。地方の大学・自治体などと連携し、日本の生活改善・防災など様々な経験・知見の地方普及・啓発をしている。同組織が活発な背景にフットワークの良い同組織女性会長の存在がある。グレンダ・マルティネス会長は、元文科省日本研究留学生（長崎大学医学部で熱帯医学研究）、元国際協力機構（JICA）グアテマラ事務所職員でもある。意欲的・組織的に日本の「生活改善」を取り入れた啓発活動や日本文化の普及活動等を行っており、同会長の下で今後のさらなる活躍が期待されている。同会長は2016年11月に在外公館長表彰をされた。

2014年5月、元国費留学生の会も発足した。グアテマラからの過去の国費留学生派遣総数は、派遣開始から2016年度で累計100名を超えた。当初の日本政府国費留学生は、日本の大学での医学研究生が多く、帰国後、医療活動に従事される者が多かったが、近年、理工学系の研究を志望する若者が多い。

日・中米ビジネス交流史上最大規模のフォーラム

2015年5月25~26日にグアテマラ市で開催された日・中米ビジネス・フォーラムには、日本側から経団連小島順彦副会長（当時）を団長として、50社、110名が参加。中米側153社、298名と併せて参加者が400名を超え、日・中米ビジネス交流史上、最大規模のビジネス・フォーラム・商談会となった。開会式には、ペレス・モリーナ・グアテマラ大統領、デ・アビレス中米統合（SICA）事務局長、中米商工会議所連盟代表、宇都隆史外務大臣政務官らが出席した。

若手訪日招聘プログラムと大学交流・文化遺産保存

2014年夏の安倍晋三総理中南米・カリブ訪問のフォローアップとして中南米地域の若手訪日招聘事業「Juntos!」の第一回が2016年3月に行われ、中南米招聘者100名の中にグアテマラ人大学若手研究者・民間シンクタンク関係者など5名もいた。訪日後、自らの目で見た日本事情をグアテマラの場合と比較する形で情報発信し、ラジオや主要紙を通じて日本の素晴らしさが紹介された。

世界複合遺産であるマヤ・ティカル遺跡の研究・保存に金沢大学が長年取り組んでおり、筆者も協力し、金沢大学とグアテマラの名門私立2大学（デルバジェ大学、およびフランシスコ・マロキン大学）および唯一国立大学（サンカルロス大学）との大学間交流が着実に進んでいる。また、ユネスコの日本信託基金からの拠出によるティカル遺跡修復・保存プロジェクトを金沢大学とグアテマラ文化省が協力して進めることになり、2016年9月21日に署名式があった。グアテマラのマヤ遺産のスーパースターである同遺跡での協力が両国間で続いている。

（川原英一）

コラム2　長谷川来夢

国家の表象

グアテマラ国家のアイデンティティを表象する国旗、国章、国歌、国樹、国花について、『グアテマラ事典』（*Enciclopedia de Guatemala Tomo I*）に拠って紹介してみたい（なお、国名の由来については第1章を参照）。

【国旗】

国旗はグアテマラ共和国の表象の中で最も古いが、歴史の過程で形状を変えてきた。現在の国旗と国章は、大統領ミゲル・ガルシア・グラナードスによって1871年に制定されたものである。グアテマラ国旗は縦に三層の青白青の三色旗で、中心の白い層に国章が描かれている。1968年9月12日に、現在の国旗と国章の色や形状の詳細が規定された。国旗の白色は純粋、平和、完全、安定、光を表し、青色は正義、誠実、強さ、グアテマラの空とグアテマラを囲む海の色を表している。白色が青色に挟まれる配色は、太平洋と大西洋両岸に囲まれたグアテマラの国土を表現している。

【国章】

国章は中心に「自由1821年9月15日」（Libertad 15 de Septiembre de 1821）と謳われた羊皮紙が描かれ、背景には2本の剣と小銃が描かれている。羊皮紙の右肩には国鳥ケツァルが描

グアテマラの国章

かれ、束が金色の剣は正義と主導権を象徴し、勝利の象徴である月桂樹がぐるりと囲んでいる。小銃は1871年の革命時代に自由主義者に使用されたレミントン銃で、ケツァル鳥は自由の象徴としてグアテマラ共和国の独立と自治を表している。

【国　歌】

1997年はグアテマラ国歌が制定されて百周年。その祝いに辿り着くまでに様々なストーリーがあった。1887年にラモン・P・モリナが作詞した「国民の歌」に対する作曲コンクールが開催された。多数の作曲家が応募し、最終的にチマルテナンゴ県コマラパ市出身のラファエル・アルバレス・オバーリェ（1858〜1946）の曲が選ばれた。ところが、1896年、当時の大統領であったホセ・マリア・レイナ・バリオスは、グアテマラ共和国にもっとふさわしい国歌をと、再び作詞・作曲の公募を行った。審査の結果、同じ曲で応募したオバーリェの作品が再選されたが、選ばれた歌詞の作詞家は匿名のまま、1897年2月19日に国歌の歌詞と曲が正式に改正された。匿名作詞家ホセ・ホアキン・パルマ（1844〜1911）が、実はキューバ人であると明かされたのは、当人が他界する少し前のことであった。ホアキン・パルマはキューバ独立のために戦ル・バヤモ生まれで、キューバのサン・サルバドール・バヤモ生まれで、キューバ独立のために戦いグアテマラに亡命し1911年8月2日他界した。

時が経ち1930年代になると、歌詞に関して、スペインに対して攻撃的な印象を与えているなど、事実と異なる箇所は修正すべきだという声が上がった。これを受け、教育学者であったホセ・マリア・ボニージャ・ルアノによって歌詞が修正され、1934年7月26日、ホルヘ・ウビコ大統領の時代に現在の国歌が制定された。

セイバの木
［Esperanza Cárdenas Salcido 撮影］

【国 樹】

グアテマラの国樹セイバ（ceiba）は、マヤの人々にとって知恵を表す聖樹として知られており、マヤの宇宙創造神話や伝承の中では、大枝を四隅に伸ばし、風と雨を司る四隅の神々と関連づけられている。また、水平に伸びる枝は、冥界すなわち地下世界シバルバの層と、神々のすまう天上界の層を階段状に分けて示す世界樹である。セイバは約70メートルまで成長する巨木で、メキシコからブラジルの熱帯気候地帯に広くみられる。大きな木陰のもとで動植物が育ち、梢では霊鳥ケツァルが巣をつくると言われている。セイバは1955年以来グアテマラの国樹となっている。

【国 花】

国花として知られるモンハ・ブランカは最も新しい国家の表象である。アメリカ合衆国のフロリダで開催された国際花博覧会の会長、レティシア・M・サザーランドがグアテマラ国花としてモンハ・ブランカを定めるよう提案したことが受け入れられ、1934年2月21日に国花に制定された。この頃から、モンハ・ブランカは純粋と美の象徴として尊重されるようになった。モンハ・ブランカはラン科植物の一種で、学名は*Lycaste Virginalis alba*である。約800種のランが自生するグアテマラでも、非常に珍しいランでベラパス地域の森林地帯やラス・ミナス山脈に見られ、11月から2月頃にかけて開花する。

【国鳥】

グアテマラの国鳥ケツァルは、マヤの聖典の中では蛇鳥（Pájaro Serpiente）として知られ、自由、独立の象徴とされている。ケツァルはグアテマラの国章にも描かれ、グアテマラ通貨の名称でもある。鳥類学者たちによれば、新大陸で最も美しい鳥6選に選ばれ、その中でもトップに位置する。ケツァル鳥は姿の美しさだけでなく、先コロンブス期から伝わる伝承の中でも神秘的な存在として語られる。キヌバネドリ科に属し高地および低地ベラパス、チャマ山脈、ラス・ミナス山脈など、熱帯雨林地帯に生息している。古木を好み、毎年3月から6月の間に同じ木に営巣するために戻ってくる。

ケツァル［出所：Wikimedia Commons］

II

マヤ文明の時代

10

ティカルとキリグア

★マヤ文明の世界遺産★

先史時代のグアテマラは、メキシコ南部から中米のホンジュラスまで5カ国にまたがって栄えた古代マヤ文明発祥の地であった。文明につながっていく定住集落がグアテマラで最も早く定着したのは、南部太平洋岸であったと思われる。しかしマヤ文明の起源地は、かつて考えられていたようなその地域に隣接する南部高地ではなく、北部ペテン県の熱帯雨林低地であったという見解が有力になりつつある。北部の熱帯雨林地帯には、数多くの先古典期遺跡が未だにほとんど調査されることなく眠っている。エル・ミラドールやナクベに加えて、21世紀に入るとサン・バルトロ、ホルムル、ティンタル、シバルなど、紀元前に繁栄したいくつかの先古典期遺跡が調査されるようになり、サン・バルトロ遺跡では、壁画に描かれた紀元前2～3世紀頃の即位する王の姿やそれを説明するマヤ文字列が発見された。しかしながら、エル・ミラドールのようなマヤ文明の起源を解明する鍵を握ると目される巨大都市遺跡では、ここ40年間にわたる断続的な発掘調査にもかかわらずその全貌や核心は明らかになっておらず、いまだ謎を秘めたままジャングルの中にたたずんでいる。

古典期と呼ばれる最盛期マヤ文明の時代（紀元後3～10世紀）になると、北部の熱帯雨林地帯を中心に、国土の全域に数多くの都市が勃興する。その中で、現在世界遺産に登録されている都市遺跡が二つある。北部ペテン県の熱帯雨林の中に存在するティカルと、東部イサバル県のキリグアである。

ティカルは、マヤ文明最大の都市遺跡の一つで、血統に基づいて父親から長子へ政治権力が継承される支配体制（王朝）が、最も早く紀元1世紀頃に確立したと考えられているマヤ都市である。ティカル王朝史においてはいくつかの重要な時期がある。紀元4世紀後半から5世紀初めの時期は、当時メキシコ中央高原で全盛期を迎えていた軍事的色彩の強いメソアメリカ最大の都市テオティワカン（世界文化遺産）との交流が強まった時期であった。その性格については、テオティワカンのティカル征服からティカルのテオティワカン模倣まで様々な考えがあるが、ティカルにおけるテオティワカン的な文物の出現は、5世紀前半にティカルを統治したシヤフ・チャン・カウィール王の治世まで続く。

6世紀に入ると、ティカルでは断片的な記念碑や碑文しか確認できなくなる。碑文解読から復元されたティカル王朝史では、この時期は「暗黒時代」と位置付けられ、ティカルの政治的な力が弱まり衰退していた時期であるとされる。この時期、ティカルはマヤ中部地域の覇権をめぐって、ティカルの北方約130キロメートルの現在のメキシコ領にあるカラクムルと大規模な抗争を繰り広げており、「暗黒時代」仮説が正しければ、ティカルはカラクムルやその同盟都市に何度か戦争で敗れた可能性がある。

ティカルとカラクムルはマヤ中部地域を二分する強国であったとされ、紀元8世紀のコパン、同9世紀のセイバルの碑文にも、ティカルと並んでカラクムルの紋章文字が生起している。両者の抗争は、

キリグア大広場北側の石碑・祭壇群

ティカル1号神殿の中にその墓が確認されたハサウ・チャン・カウィール王の時代に、カラクムル王「ジャガーの爪」が捕らえられたとき（西暦695年）まで続いた。この後、息子であるイキン・チャン・カウィール王の時代の8世紀前半から、再びティカル全盛期となるが、10世紀に入ると衰退し、やがて都市は放棄され熱帯雨林の中に廃墟となって埋もれてしまう。ティカルに関する歴史復元には、まだ数多くの不確かな点が残されている。この謎の解明のためにも、発掘調査の再開が待たれている。

一方、キリグアはグアテマラの東部、隣国ホンジュラスとの国境近くに位置する。このあたりは、グアテマラ東部を南西から北東方向へ流れカリブ海に注ぐモタグア川下流域の氾濫平原である。モタグア川は、古来、黒曜石、ヒスイ、ケツァル鳥の羽根などの重要資源を産する「高地」とティカルなどが位置する古典期マヤ文明の中核地帯である「低地」を結ぶ交易路であった。1970年代に行われたキリグアでの発掘調

キリグアの獣形祭壇P

査は、往時は都市中心部のすぐ西をモタグア川が流れていたことを解明し、その都市としての成立がこの交易路と密接な関係があった点を示した。キリグアはその成立当初から、ティカルと強い関係をもっていたようである。現在の知見によれば、キリグアは、ティカル王家出身者と目される人物が興したコパン王朝がモタグア川流域を支配し、高地と低地をつなぐ交易路を掌握するために作った衛星都市だったと考えられている。

現在遺跡公園となっている中心グループは、約0・5平方キロメートルの範囲をカバーしている。中心グループの北には、325メートル×200メートルの規模を誇る「大広場」が広がっている。ここには、数多くの石碑や祭壇が林立する。南には、広場を囲んでいくつかの建造物が存在する区域があり、「アクロポリス」と呼ばれる。アクロポリスのすぐ北にはまだ修復されていない小さな球技場が存在している。この配置は、コパン中心部を真似て作ったものである。キリグアは、ティカル、コパンといった世界遺産に登録されているその他の古代マヤ都市遺跡と比較すると小規模な遺跡である。しかしながら、その記念碑に彫り込まれた図像や文字の美しさは、他に類を見ない。キリグア遺跡の特徴は、なんと言っても、大広場に林立するマヤ地域で最大の石碑群、びっしりとマヤ文字や複雑な図像が刻まれた獣形祭壇であろう。中心グループの外には、いくつかの衛星グループが存在している。そのうち東のグループでは、2011年に筆者も参加した発掘調査が行われ、ベンチ正面にはめ込まれた球技パネルが発見されている。

成立時からコパンの属国であったキリグアに転機が訪れたのは、西暦725年に即位したカック・ティリウ王のときである。碑文上の記録にはカック・ティリウはコパン13代目の王であるワシャクラフーン・ウバーフ・カウィールの後見のもと即位したと記されている。5世紀のキリグア成立以来、コパン王は常にキリグアの「優越王（宗主）」であった。しかし、738年にカック・ティリウがコパン王家に対して謀反を起こし、コパン13代目王を捕獲し斬首してしまった。モタグア川流域の交易路の支配をねらったと考えられている。この後、キリグアはコパンから独立し、大発展を遂げた。大広場に建てられた記念碑の多くが、キリグアを儀礼施設の密集する都市へと変貌させたカック・ティリウ治世下のものである。カック・ティリウは785年までキリグアの王位にあったが、9世紀に入るとキリグアは衰退し、やがて都市は放棄されてしまう。

（中村誠一）

11

ティカル国立公園

★日本の協力がきわだつ複合遺産★

２０１７年7月現在、世界遺産の数は１０７３に及んでいる。その内訳は、自然遺産が２０６、文化遺産が８３２、そして両者を合わせた複合遺産が35である。今後、世界遺産の数は毎年増えていくだろうが、こうしてみると世界遺産全体の中で複合遺産がきわめて希少価値であることがわかろう。グアテマラの「ティカル国立公園」は、世界遺産の中でも複合遺産の記念すべき世界第一号として１９７９年に登録された場所である。同年に登録されたマケドニアの「オフリド地域の自然・文化遺産」やタンザニアの「ンゴロンゴロ保全地区」が後年、拡大登録されて世界複合遺産にいわば「格上げされたもの」であるのに対して、ティカル国立公園は当初から複合遺産として登録され、そのモデルとなった点は注目に値する。

自然遺産としてのティカルは、世界遺産登録前の１９５８年に国立公園に指定されており、約５７６平方キロメートルに及ぶ生物多様性を保持した熱帯雨林保護区である。ここは、隣国のメキシコからペテン県の北部を通ってグアテマラとベリーズの国境地帯まで約２万１０００平方キロメートルの範囲で広がる熱帯雨林地帯「マヤ生物圏保護区」のうち、最も保存されている中核ゾーンの一つである。ティカル国立公園では、この貴重な自然を近年近隣地区で頻発する傾向のある森林火災から守るため、周辺集落の住民を対象に啓蒙活動を繰り返しており、筆者らも後述するＪＩＣＡ事業を通して協力している。

一方、文化遺産としてのティカルは、最盛期のマヤ文明（古典期マヤ文明）最大の都市遺跡の一つであり、マヤ考古学の標準を作った遺跡といっても過言ではない。現在までの知見によれば、他のマヤ都市に先駆けて紀元1世紀には王朝が成立し、それから約８００年間に少なくとも33人の支配者（王）が存在したと考えられている。中心部の16平方キロメートルが測量されているに過ぎないが、３０００を超える建造物址が見つかっている。しかしながら、古代都市ティカルの本当の範囲は、近年航空レーザー調査（ＬｉＤＡＲ）でその全貌が確認された環濠と土塁のような遺構に囲まれた約１００平方キロメートルと思われ、東京山手線内の面積の約１・６倍にも及ぶ。全盛期の人口は９万〜12万ともいわれている。ティカル国立公園は、現在では、グアテマラ有数の文化観光地となっており、年間二十数万人の内外観光客が訪れている。

ティカルという名前は、後から付けられたもので、古代マヤの時代には「ヤシュ・ムタル」と呼ばれていたようだ。熱帯雨林地帯の中に位置するティカル遺跡の正式な発見と報告は、パレンケ、コパン、キリグアといったその他のマヤ文明の世界遺産登録遺跡よりはるかに遅く１８４８年のことである。これは、のちにベルリン科学アカデミーの雑誌にその存在を発表したモデスト・メンデスによってなされた。19世紀の終わりからは、大英博物館のアルフレッド・モーズレイ、ハーバード大学ピーボディ博物館から派遣されたテオベルト・マーラーらが古代都市中心部の地図作成を行った。その後

ティカル遺跡1号神殿（右）と北のアクロポリス（左）

20世紀の半ばから、アメリカのペンシルバニア大学博物館による空前絶後の一大プロジェクトが熱帯雨林を切り開いて行われることになる。ペンシルバニア・ティカル・プロジェクト（PTP）の初代ディレクターであったエドウィン・シュックによれば、ティカルで大規模な考古学プロジェクトを行う構想は1930年代からあったようだが、第二次世界大戦の勃発やグアテマラ国内の政情により、その開始を1956年まで待たなければならなかった。

ティカル中心部は、1969年まで続いたPTPによる大規模調査や、その後行われたグアテマラ政府のプロジェクトやスペイン開発庁の修復プロジェクトによって、現在では主要な建築群も修復され、おおよそ都市の最盛期である8世紀の姿に復元されている。大広場と呼ばれる区域の東西には、ティカルの

ティカル文化遺産保存研究センター（CCIT）

象徴である1号、2号の二つの神殿ピラミッドがそびえ立っている。その北には、150メートル×150メートル程度の区域に13の神殿がひしめく北のアクロポリスがある。ここはティカルの歴史の前半において、歴代の王の埋葬区域であったと考えられている。

ここから大広場を挟んで南には、歴代の王宮が存在した中央アクロポリスがある。そのほかの神殿ピラミッドは、大広場の西に存在する3号神殿、マヤ古典期最大の建造物である4号神殿、近年スペイン開発庁のプロジェクトによって修復された5号神殿である。この他、先古典期に起源を持ち、王朝初期におけるティカルの中心地の一つであったと目される「失われた世界」と呼ばれる建築群が1980年代にグアテマラ政府のプロジェクトで調査・修復されている。

2005〜2006年に、国際交流基金の主催事業として、ティカル国立公園への文化遺産保存専門家派遣プログラムが組まれ、ティカルで日本としてどのような協力ができるか、そのフィーザビリティ調査のため、筆者が二度にわたってティカル国立公園へ派遣された。その提言を受けて、2009年にティカル国立公園への文化無償資金協力の実施が決定され、2012年にティカル国立公園文化遺産保存研究センター（CCIT）が建設された。オープンしたCCITは、ティカル国立公園の新たなシンボルとなっている。

日本側では、このセンターを拠点に産学官オールジャパン体制でティカル国立公園の調査や保存事業に協力することが合意され、金沢大学も2011年にグアテマラ文化スポーツ省文化自然遺産副省と交流協定を締結し、ティカル国立公園内に大学のマヤ地域での教育研究拠点としてリエゾンオフィスを設置した。2015年には、科学研究費補助金や大学の研究資金を使い、北のアクロポリスで半世紀ぶりとなる発掘調査を実施し「パトリ」と呼ばれる古代すごろく盤を刻んだ場所を発見した。また、ユネスコ日本信託基金による北のアクロポリス保存プロジェクトも開始され、精細な三次元デジタル測量を通した北のアクロポリス3Dモデルの構築や漆喰マスクの保存研究、石灰岩製建造物の修復保存が行われている（2018〜2019年）。さらに、金沢大学とティカル国立公園は、JICAの支援を受けて、ティカル国立公園の文化・自然資源を保存しつつ活用し、ティカル周辺の村落住民の生活向上を目的とする草の根技術協力事業を展開している（第1期：2014〜2016年、第2期：2017〜2022年）。このようにティカル国立公園は、グアテマラにとっての象徴であるばかりでなく、我が国からグアテマラへの国際協力の一つの焦点となっている場所なのである。

（中村誠一）

12

グアテマラ考古学界の現状

★マヤ文明研究の最前線★

グアテマラ考古学は、19世紀以来アメリカを中心にイギリス、フランスやスペインなど欧米諸国の研究者が主導してきた。グアテマラ国立人類学歴史学研究所は、1946年に設立された。その結果、国家によって初めて法的に文化財が管理されるようになった。しかし国立サンカルロス大学歴史学部に考古学の専攻が創設されたのは、1975年とかなり遅かった。グアテマラ考古学の巨星ファン・ペドロ・ラポルテ博士（1945〜2010年）が、初代教授として教鞭を執った。ラポルテは、アリゾナ大学やメキシコ国立自治大学に留学し、マヤ低地のティカル遺跡やワシャクトゥン遺跡などを調査した。

私立デルバジェ大学は、1982年に考古学の専攻を開設した。カリフォルニア大学バークレー校を卒業したマリオン・ポペノエ・ハッチ博士が、主任教授として教えた。ハッチは、マヤ高地のカミナルフユ遺跡、グアテマラ太平洋岸のタカリク・アバフ遺跡やエル・バウル遺跡などを調査している。サンタ・エレーナ市に立地するサンカルロス大学ペテン県分校は、1990年に考古学の専攻を設置した。2017年2月現在で、サンカルロス大学では計190名の考古学士、デルバジェ大学では計33名の考古学士、サンカルロス大学ペテン県分校では計19名の考古学士と34名の考古技術士が卒業している。アメリカ、メキシコやフランスに留学して、博士号や修士号を取得するグアテマラ人考古学者が増えつつある。しかしながら、国内では研究職のポストは限られている。そのために、多くのグアテマラ人考古学者が、外国の研究資金による考古学プロジェクトの共同調査団長や研究員として契約雇用されている。考古学以外の職に就く者も少なくない。

グアテマラは、3000以上の考古遺跡を擁する考古学の宝庫である。しかしながら多くの遺跡が、盗掘、宅地造成や農作業によって破壊の危機に瀕している。グアテマラ政府は、近年ペテン県にあるティカル、ワシャクトゥン、ヤシュハ、ナクム、アグアテカやイサバル県のキリグアなどのマヤ低地の遺跡を発掘・修復して観光資源として活用している。マヤ高地やグアテマラ太平洋岸の大部分の遺跡は、グアテマラ政府によって公式に保護されていない。マヤ高地では例外的にカミナルフユ、ミシュコ・ビエホ、イシムチェやサクレウなどが国立遺跡公園として保護されている。グアテマラ太平洋岸では、グアテマラ政府が1987年からタカリク・アバフ遺跡を唯一調査・修復しており、ユネスコ世界遺産の登録に働きかけている。

グアテマラ国立人類学歴史学研究所は、1987年からマヤ低地のペテン県南東部・中央西部でグアテマラ考古学地図プロジェクトを実施している。これを率いたのが、ラポルテであった。その踏査地域は1万2000平方キロメートルに達しており、広範な地域に焦点を当てたマヤ考古学で最大の「面の考古学」調査である。イシュトントン、カルサーダ・モパン、エル・チャル、マチャキラ、ウカナルなどの中小の都市遺跡を含む400以上の遺跡が登録・測量され、その一部が発掘されている。

セイバル遺跡の神殿ピラミッドと石碑

しかし、ティカル、キリグア、アグアテカやセイバルなどとは異なり、これらの遺跡は国立考古学公園として保護されていない。

グアテマラ考古学調査シンポジウムは、1987年から国立考古学民族学博物館で毎年7月に開催され、2017年で31回を数えた。グアテマラだけでなく、隣国のメキシコ、ベリーズ、ホンジュラスやエルサルバドルの最新の調査の成果が披露される、マヤ文明を中心とする国際会議である。翌年にスペイン語の発表論文が論文集として出版されるのが最大の売りである。その結果、国内外の数多くの考古学者が参加する、中米最大の考古学会議になっている。ラポルテがシンポジウムを主導し、論文集を編集したが、その死後はバルバラ・アロヨ博士が引き継いでいる。

2018年に出版された第30回シンポジウム論文集は、計2巻1109ページと分厚い。ペテン県を中心とするマヤ低地に関する論文が、マヤ高地やグアテマラ太平洋岸と比べて圧倒的に多く、グアテマラ考古学の調査傾向

グアテマラのアグアテカ遺跡の修復中の神殿ピラミッドと石碑

を強く反映している。執筆者２４３名を国別でみると、グアテマラ（１１０名）よりも、外国人が過半数を占める。アメリカ（47名）が隣国のメキシコ（20名）よりも多く、フランス（15名）、スペイン（11名）、日本（青山を含む10名）、さらにホンジュラス、エルサルバドル、スロバキア、カナダ、ロシア、ドイツ、イギリス、ポーランド、イタリア、フィンランドなど多岐にわたる。

　日本人のグアテマラ考古学の伝統はまだ浅く、東京大学の調査団が１９５８年に調査を開始した南米ペルーとは大きく状況が異なる。猪俣健（アリゾナ大学）は、アメリカのバンダービルト大学に留学し、１９８９年からアグアテカ遺跡を調査した。猪俣と青山らは、アグアテカ考古学プロジェクト（１９９６～２００５年）およびセイバル・ペテシュバトゥン考古学プロジェクト（２００５年～）で多国籍チームを編成して学際的調査を実施している。故大井邦明は、伊藤伸幸（名古屋大学）や柴田潮音（エルサルバドル文化庁考古局）と共にカミナルフユ遺跡（1991～1994年）を調査した。中村誠一（金沢大学）は、2005年からティカル遺跡やキリグア遺跡で発掘や修復に従事した。

先スペイン期には、「ティカルの住民」や「セイバルの住民」といった帰属意識はあったであろう。しかし「私はマヤ人」というアイデンティティは存在しなかった。「マヤ」とは、実は外国人が名付けた他称であった。グアテマラの36年間の内戦（1960～1996年）が終結し、グアテマラ政府と反政府ゲリラの間で和平合意が1996年末に成立した。グアテマラの歴史においてマヤ系先住民とマヤ文明の遺跡の歴史的な連続性が初めて公式に認定された。それだけでなく、国境を越えた「マヤ」の連帯意識が広がる汎マヤ運動が活発化した。多くのマヤ系先住民が、歴史上初めて「マヤ人」と自称するようになったのである。

和平合意は、多くの考古遺跡を先住民の「聖地」として認定した。グアテマラ政府は、先住民が香を焚いて儀礼を行うセメント製祭壇を国立遺跡公園に設置した。マヤ低地のマヤ文明は、主にユカタン語群とチョル語群を話す低地マヤ人が築き上げた。ところが近年の傾向として、高地マヤ人などそれ以外のマヤ系先住民も、マヤ高地だけでなくマヤ低地の遺跡を「聖地」として訪問するようになっている。考古遺跡は、最近になって多くの先住民が強い帰属意識をもつ「彼らの遺跡」になった。一方で、マヤ系先住民の人口が多いマヤ高地では、外国人考古学者だけでなく、非先住民グアテマラ人考古学者が遺跡の調査をする上でしばしば困難を伴うようになっている。

（青山和夫）

13

ペテン県セイバル遺跡の調査から

★マヤ文明の起源と盛衰の探求★

ペテン県のセイバル遺跡は、グアテマラを代表する国宝級の大都市遺跡で国立遺跡公園に指定されている。セイバルは、熱帯雨林の大河パシオン川を望む、比高100メートルの丘陵上に立地する。ここでは、前1000年頃からマヤ低地で最古の一つとされるシェ土器が使われた。セイバルは、先古典期中期（前1000〜前350年）から古典期終末期（810〜950年）、さらに後古典期前期（1000〜1200年）の2000年以上という、マヤ文明の都市遺跡としては例外的に長期間にわたって居住された。セイバル遺跡は、ハーバード大学の調査団が1964年から1968年まで調査しており、マヤ文明の研究史で世界的に有名である。ハーバード大学の調査では、古典期マヤ文明（200〜950年）の研究に重点が置かれた。そのために、セイバルにおける先古典期マヤ文明（前1000〜後200年）の盛衰に関するデータが不足していた。

調査団長の猪俣と共同調査団長の青山らは、グアテマラ、アメリカ、スイス、フランス、カナダ、ロシアの研究者と共に多国籍チームを編成して、2005年からセイバル遺跡で学際的な調査を実施している。日米の研究資金を集めて、ハーバード

セイバル遺跡の「大基壇」の発掘調査

大学に続き約40年ぶりに調査を再開したのである。調査は、青山が領域代表を務める科研費新学術領域研究「環太平洋の環境文明史」（平成21～25年度）と「古代アメリカの比較文明論」（平成26～30年度）の一環としても行った。

調査の目的は、２０００年以上のマヤ文明の盛衰の通時的研究、すなわち、マヤ文明の起源、王権や都市の盛衰、マヤ文明の盛衰と環境変動などである。私たちは、セイバル遺跡中心部の神殿ピラミッド、公共広場、王宮や住居跡だけでなく、遺跡周辺部の住居跡などに広い発掘区を設定して、先古典期と古典期の全社会階層を研究した。そして地表面から10メートル以上も下にある自然の地盤まで数年かけて掘り下げるという、多大な労力と時間を要する大規模で層位的な発掘調査に挑んだ。またマヤ文明の一遺跡当たり最も多い１５４点の試料の放射性炭素年代を測定した。豊富な試料の放射性炭素年代と土器編年の細分化をはじめとする詳細な遺物の分析を組み合わせて、セイバル遺跡の高精度編年を確立した。

中央広場の発掘調査によって、自然の地盤の上に前1000年頃に建造された公共広場と、その東と西に面する土製の公共祭祀建築の基壇が出土した。公共広場の西側に神殿ピラミッドや方形の基壇、東側に長い基壇を配置した、太陽の運行に関連した祭祀建築群は、「Eグループ」と呼ばれる。セイバルの「Eグループ」は、マヤ低地で最古である。公共祭祀建築と公共広場は、従来の学説よりも少なくとも200年早く、前1000年頃から建設されたことが明らかになった。私たちは、成果を米国の科学雑誌『サイエンス』に2013年に発表した。「Eグループ」は増改築され続け、前9世紀に西側の基壇は神殿ピラミッドを構成した。マヤの人々は、地域間交換ネットワークに参加して、グアテマラ高地産の翡翠や黒曜石、海産貝のような重要な物資だけでなく、観念体系や美術・建築様式などの知識を取捨選択しながら交換して、マヤ文明を築き上げていった。

セイバル遺跡の公共広場で出土した先古典期終末期の供物

従来の研究では、定住集団と非定住集団は、それぞれ別の共同体を形成したと解釈されてきた。私たちの調査によれば、セイバル遺跡では居住の定住性の度合いが異なる多様な集団が公共祭祀建築や公共広場を建設し、公共祭祀を執り行った。そして①定住という新たな生活様式は、ある地域の全ての社会集団の間で必ずしも同時に起こらなかった、②大規模な公共祭祀建築は、定住共同体が確立された後ではなく、それ以前に建設されることもあったことがわかった。多様な集団による共同体の公共祭祀と公共建設の共同作業は、社会的な結束を促進し、マヤ文明の定住共同体の発展と都市化に重要な役割を果たした。

セイバル遺跡と周辺部の400平方キロメートルにおいてグアテマラ初の航空レーザー測量（LiDAR）を2015年に実施した。航空レーザー測量で地形を遠隔探査した後に地上で踏査を行い、これまで全容がわかっていなかったセイバルの都市の構造を確認した。その結果、1万5000を超える考古遺構や少なくとも計11の「Eグループ」を含む、計25の先古典期の儀式センターを確認した。さらに、長さ300メートルの舗装堤道「サクベ5」を新たに確認した。先古典期と古典期の人間の居住は、水はけの良い高台に集中し、傾斜地を農耕に活用していたこともわかった。

セイバルでは先古典期中期から1回目の繁栄期を迎え、先古典期後期（前350～前75年）には、多くの石造の神殿ピラミッドがそびえ立つ、人口1万人ほどの都市に発展した。ところが、セイバルでは前75年頃から戦争が激化して、300年頃までに都市人口が激減した。意外にも、この1回目の衰退期（300～600年）に神聖王を頂点とするセイバル王朝が創始された。セイバル王朝は、先古典期の衰退後の都市人口が低い時期に、近隣のティカルなどマヤ文明の他の王朝の影響あるいは内政干渉によって成立したと考えられる。

セイバル王朝は、600年頃に再興し、2回目の繁栄期を迎えた。ところが、735年にドス・ピラス＝アグアテカ王朝の3代目王との戦争によって、セイバルのイチャーク・バフラム王が捕われ、2回目の衰退期を迎えた。アハウ・ボットという王は、王の称号である紋章文字を使わず、800年に自身最後の石造記念碑を建立した。セイバル王朝は断絶した。近隣の要塞都市アグアテカの中心部は、810年頃に敵の攻撃で広範囲にわたり焼かれ放棄された。この時期に戦争が激化し、政治的に不安定になった。

ワトゥル・カテル王が、近隣都市ウカナル王朝の賛助によって829年にセイバル王に即位してセイバル王朝が復活し、3回目の繁栄期を迎えた。同王は、セイバルの紋章文字を使った。有名な「石碑10」には、ティカル、カラクムル、モトゥル・デ・サン・ホセという三つの都市の王が、849年にワトゥル・カテル王の重要なカトゥン（7200日の約20年）周期の完了記念日を祝う儀礼に立ち会ったことが記録されている。マヤ低地南部の多くの都市が9世紀に衰退する一方で、セイバルはパシオン川流域で最大の都市として栄え、人口は1万人を超えた。

セイバル王朝は、889年に最後の石造記念碑を建立した後に衰退した。王宮が破壊され、火がけられ、破壊儀礼が行われた。しかも王宮の外壁を飾った男性支配層の漆喰彫刻の顔が、儀礼的に打ち首にされていた。中央広場に面する神殿ピラミッドでも、同様に破壊儀礼が執行された。セイバル王朝の最後は、暴力を伴ったのである。セイバルは10世紀に放棄されたが、後古典期前期に小規模な再居住があった。

（青山和夫）

カミナルフユ遺跡公園

コラム3

半田昌之／鈴木真太郎

現在のグアテマラ市南西部にはキチェ語で「死者の丘」を意味する「カミナルフユ」と名付けられた古代遺跡がある。かつてグアテマラ高地から南海岸地方、現在のエルサルバドル方面に至るまで大きな影響力を誇った古代都市の遺構である。その歴史は非常に古く、居住の起源は先古典期前期（紀元前1000年頃）にまで遡るという。テオティワカン等外部の影響を受けながらも、紀元後900年頃まで約2000年の長きにわたり栄え続けたグアテマラ最古にして最長の歴史を持つ古代遺跡の一つである。

調査の歴史も古く、グアテマラ内戦による混乱や21世紀の都市開発と遺跡保存を巡るジレンマなど、多くの課題を抱えながらも、最初の試掘が行われた1920年代以降、現在に至るまで断続的に調査・研究が行われている。その中でも特に意義深い最初の本格的学術調査は、1930〜40年代にアルフレド・キダー率いるカーネギー研究所のチームが行った発掘調査だろう。とりわけ後のグアテマラ考古学に大きな功績を残す若きエドウィン・シュークの存在が大きい。シュークはその後も数十年各地で調査

キダーによるマウンドB、5号墳墓の発掘風景（1942年）［エドウィン・シューク撮影、グアテマラ、デルバジェ大学考古学人類学研究センター提供］

を継続し、その経験や知識をやがてカミナルフユに収斂、土器の専門家であるマリオン・ポペノエ・デ・ハッチと共同で、カミナルフユ考古学の要となる基本土器編年を確立する人物である。最近、先進の放射性同位体技術を用いてこの編年の精緻化を行った米国アリゾナ大学の日本人研究者、猪俣健教授らの研究グループも、その重要性を「比類なきもの」とし、またメソアメリカ南部地域の広域考古学で大きなムーブメントを巻き起こした自らの革新的な年代解釈も「シュークとポペノエ・デ・ハッチの編年様式に則ったもの」としている。20世紀を通じて培われてきた知識が21世紀の最新技術でさらに深化していく。百年に及ぶ調査史を誇るカミナルフユならでは、である。

もう一つの興味深い研究は、日本のたばこと塩の博物館が主導して１９９０年代前半に行われた「グアテマラ高地および太平洋岸地域学際共同調査プロジェクト」と題する一連の国際学際調査研究である。この調査は、コロンブスのアメリカ大陸到達５００年を記念する関連プロジェクトとして企画され、日本たばこ産業株式会社（ＪＴ）の資金的支援の下で、たばこと塩の博物館を中心に実施された。調査の総合プロデューサーは、当時京都外国語大学の故大井邦明教授が務め、考古学を核に、民俗学、歴史学、植物学等、学際的な広がりを持つ日本とグアテマラの共同調査で、１９９１年から１９９４年に至る期間で実施された。この調査の中核をなす考古学調査が、カミナルフユ遺跡公園地区における発掘調査であった。調査は、

「モンゴイ」発掘中に出土した人骨と副葬品（1992年）［たばこと塩の博物館提供］

遺跡公園内の試掘から始まり、最終的には、遺跡公園北側に位置する通称「モンゴイ」と呼ばれるマウンド（B－1－1）の発掘を行い、紀元前1000年頃から紀元1000年頃までの歴史的枠組みを確認し、報告書としてまとめられた。発掘を終えた「モンゴイ」は遺跡公園として整備され、カミナルフユ全体の歴史研究に大きな成果を残すとともに、日本とグアテマラ両国が協働した調査全体をとおして、新たな学際共同調査の枠組みを示したといえる。カミナルフユ遺跡の出土品を集めた博物館は2015年に大規模な改修が行われ、前述の猪俣教授とも共同研究を行ったグアテマラ人考古学者バルバラ・アロージョが進める最新の発掘成果などが随時展示されている。

◉カミナルフユ遺跡公園

住所：12a Av. 11-65, Zona 7, Guatemala
開園時間：月曜から日曜　朝8時～午後4時
外国人入園料：50ケツァル（約800円）

グアテマラ市の急速な都市化により遺構の90％近くが失われてしまったとも言われるが、2018年現在、重要な祭祀センター「ラ・パランガナ地区」と「アクロポリス」が遺跡公園として保護・整備され、観光客に解放されている。ミラフローレスというショッピングモールの周辺にもピラミッド跡が残されている。

◉ミラフローレス博物館

住所：7ª Calle 21-55, Zona 11, Guatemala
開園時間：火曜から日曜（月曜休館）　朝9時～夜7時
外国人入園料：25ケツァル（約400円）

14

西部高地三都市を訪ねて

──★ケツァルテナンゴ、チチカステナンゴ、ソロラ★──

本章ではグアテマラ高地の西部の三都市について、その現況と特に考古学的側面から見た歴史の一端を紹介する。

ケツァルテナンゴ

南西部ケツァルテナンゴ県の県都であり、首都に次ぐ大都市である。2010年の国勢調査では人口の約40%が先住民とされており、後述するキチェ県やソロラ県と比べると高くはない。市中心部には主にラディーノが居住し、ドイツ系移民によるコーヒー産業やスペイン系移民による酒造産業が現在に至るまで同市の経済基盤である。一方で同市は織物産業やマヤ系言語の語学学校など「マヤ・ルネサンス」とも言える先住民文化再評価・再生運動の中心地でもある（写真、第41章参照）。しかし、その実態は「観光ビジネスに囲い込まれた伝統文化」という側面が強く、同市には先スペイン期の伝統と同運動を確かな根拠で繋ぐ公立博物館さえも存在しない。

なお伝誦によれば同市周辺はもともとマヤ系マム族が暮らす地域であったとされている。しかし、マム族には独自の史料が存在しないため、現共同体の民族学研究が盛んな一方、後古典

ケツァルテナンゴ市の一角、陶器や織物が伝統工芸として先住民たちによって販売されている。「産業として再生された伝統文化」は先住民共同体内に経済格差や軋轢を生み、伝統文化の意味そのものが問われている（2017年）［パブロ・バレラ撮影］

期におけるその詳細な歴史は不明である。つまり同地の征服劇で表現されるマヤ人は15世紀半ばから同地を支配したキチェ族である。通説でも同市の前身は彼らがスペイン人と対峙した砦シェラフ・ノフ（略してシェラフ：同市の別名「シェラ」）であるとされている。ところが最近この通説には何の学術的根拠もないことが指摘されている。17世紀後半フエンテス・イ・グスマンがその遺構について言及しているため、古代都市が周辺に存在していたことは間違いない。しかし、現代考古学がその遺構を確認できていないのである。同市地下に全てが埋没しているとする説もあれば、実際は隣県トトニカパン方面にあったとする解釈も存在している。

チチカステナンゴ

北西部キチェ県に位置する古都であり、2010年の国勢調査によれば人口の約90%がマヤ系先住民とされている。教会等ではカトリックの体裁を取りながらも先住民の古い暦による祭礼が今でも脈々と受け継がれており、伝統文化が色濃く残っている。主幹産業は農畜産・観光・流通であるが、特に流通に関しては同市が先スペイン期から既に市場として存在していたことが知られている。現在でも週2回、木曜と日曜に開催される「市《いち》」は活気に溢れている。

また同地には考古学的、地名学的に連続した歴史が確認されている。スペイン征服後にナワ語で名付けられた「チチカステナンゴ」も、歴史文書ソロラ覚書がカクチケル語で言及する「チアバル」も、当時のキチェ族が自ら認識していたという「チュウイラ」も、全て同様に「イラクサの地」を意味し、先スペイン期から現代まで続く商業の都のシンボルである。なお、チチカステナンゴはマヤの「聖典」ポポル・ヴフとも所縁が深い（第19章参照）。18世紀初頭、ドミニコ会士フランシスコ・ヒメネスがその原典（現在は喪失。もともと口述であり記述された物は初めから存在しなかったとする説もある）に触れ、初めて筆写・翻訳を行ったのが現在も市内に残るサント・トマス寺院である。

ソロラ

「世界一美しい」と言われるアティトラン湖を北側から望むソロラ県の県都である。チチカステナンゴ同様人口の90%以上がマヤ系先住民とされるが、大半がキチェ族である前者と異なりソロラ県の実情はより複雑である。グアテマラ内戦以前は確かにカクチケルやツトゥヒル、キチェなど多様な先住民共同体が湖を囲うように存在した。しかし昨今は湖周辺の観光業拡大に伴い定住を始める外国人や他県から職を求めて流れ込む移民が多く、かつての共同体組織は事実上崩壊しつつある。首都政党による部族組織への介入や伝統に対して否定的な立場を取るキリスト教福音主義に基づく新興宗教の影響も強い。またこういった人口増加は湖への環境負荷を急速に高めており、水質の悪化と水資源の枯渇も大きな問題となっている。

ソロラ県、特にソロラ市の先スペイン史もまた複雑である。前述のソロラ覚書（「カクチケル年代記」としても知られる）によれば、イシムチェと争うほどの大都市であり、またグアテマラ征服における天王山の一つテクパン・アティトランの戦いも、このソロラ防衛を賭けた決戦であったとされている。しかし、昨今この通説にも疑問が投げかけられている。グアテマラ人研究者イヴィチ・デ・モンテロッソによれば、現ソロラ市はスペイン人が新たに建設した市街であり、その礎になったという古代都市の言い伝えは同地に転封されたマヤ系カクチケル族の一派シャヒル族が政治的理由（長い歴史を誇示し部族を権威付ける）に基づいて改ざんした歴史である可能性が高いという。実際、ソロラ覚書はシャヒル族に伝わる「シャヒル視点」の歴史書であり、近辺の考古学発掘においても大遺跡イシムチェと争うほどの規模の都市遺構は出土していない。またテクパン・アティトランの戦いについて記述するトラスカラ画布も戦場の具体的な位置には言及しておらず、むしろ周辺遺跡の考古学的見地からは、湖の南側でツトゥヒル族がチヤという街の防衛をめぐりスペイン人と戦ったと考える方がずっと有力なのだという。

（鈴木真太郎）

コラム4

頭蓋変形――マヤに息づく二千年の伝統

鈴木真太郎

　肉体を文化的に変工する。これは人類史に広く知られた行為であり、古代マヤ世界も例外ではない。壁画や土偶では頭蓋の変形など、往時の人々の活き活きとした姿を垣間見ることができる。現在、現地の生物考古学分野では、このような変工を直接考古人骨上で同定・検証し、古代社会における意味を探求する研究が進められている。

　まず、頭蓋変形とは、乳幼児の頭を硬い板などで挟み込むことによって、その形を変えてしまう古代マヤ世界の伝統である。かつては支配層の象徴とされていたが、近年ドイツ人研究者ベラ・ティスラー率いるメキシコ、ユカタン自治大学の研究チームによってこの一元的な考え方は否定された。現在では、頭の形と共に魂のあり方を正しい形へ導く整形的な側面、乳児が共同体の一員として認知されるための通過儀礼的な側面、特定グループへの帰属アイデンティティを構築する視覚エンブレムとしての側面など、複数の要素を同時に備える非常に複雑な本質のもの、と考えるのが主流である。

　また、その歴史も古く、先古典期の中頃には既に広範囲で存在が確認されている。古典期に至っては、実に70～90％の考古人骨になんらかの頭蓋変形が認められ、頭が後ろに長いトウモロコシの神Eに似せたと言われる傾斜型変形（図1）や、頭頂部が平らな商人の神Lに似せた直立型のバリエーションなど、実に多種多様な変形が確認されている。それぞれの民族や家族が、生業やその他様々なアイデンティティに応じ、最も関係の深い神々の頭の形に似せて乳幼児の頭蓋を変形させていたのだろう。

　続く後古典期は汎メソアメリカ化の時代である。頭蓋変形も大きな変革の時を迎え、かつてマヤの神々に似せていた頭の形は、メキシコ中央高原風の変形で統一されてしまう（図2）。しかし、頭蓋変形最大の試練はもちろんこれではない。スペインによる征服である。先住民文化に対する徹底的な否定が、2000年の時を経たこの頭蓋変形という伝統を、歴史の彼方へと追いやり、忘却の淵へと突き落としたのである。

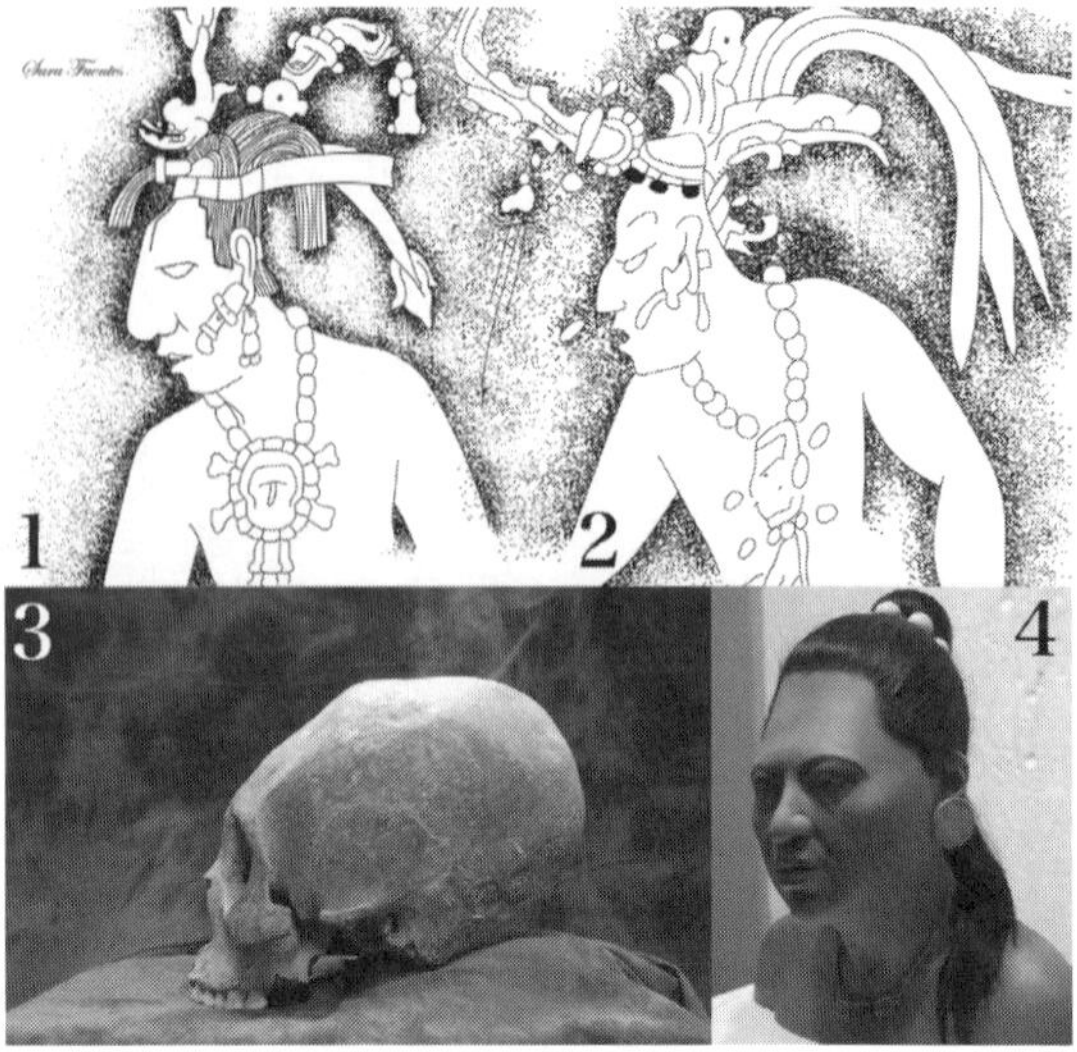

図1　古典期における「傾斜型」頭蓋変形の例。1）パカル王の図像（サラ・フエンテス描画）、2）土器（K1270）に描かれたトウモロコシの神Eの図像（サラ・フエンテス描画）、3）実際の古人骨（グアテマラ南海岸地方から出土し、同国デルバジェ大学に寄贈された個体。筆者撮影）、4）変形頭蓋骨から復元された当時の「顔」（ユカタン州マヤ文化博物館の展示胸像。筆者撮影）

　以上がマヤ圏の頭蓋変形研究における現在の一般的な考え方である。しかし、伝統は征服という暴力によって本当に消し去られてしまうのだろうか。本コラムの答えは「否」である。昨今、グアテマラ、デルバジェ大学の若い研究者グループがこの頭蓋変形の伝統に関する民族学的調査を行い「先住民社会には頭を『形作る』という概念が未だに息づいている」と報告した。彼らが200人以上のインフォーマントから聴き取ったところによると、頭の形を疎かにすると「知性が減退」したり「頭痛に苦しんだり」、実に切実な問題となって子供の未来に影を落とすのだという。そして、そういった「魂の疾病」を防ぐため、現在でも子供が生まれれば2〜3歳程度まで「硬い」帽子をかぶせ、「特定の月齢に合わせて」マッサージを行いながら、頭を「形作る」のだという。もちろん、まだ萌芽的研究である。しかし、2000年の伝統が、方法論を動的に変容させることで、征服という暴力に柔軟に対応し「魂・理性の拠り所としての頭」という概念と「頭の形態に対する普遍の憂慮」という静的な核を残したというのは興味深い。先スペイン期の考古人骨研究と現代のグアテマラ先住民社会の民族学が初めて協働し得られた画期的な知見である。今後も注目していくべきだろう。

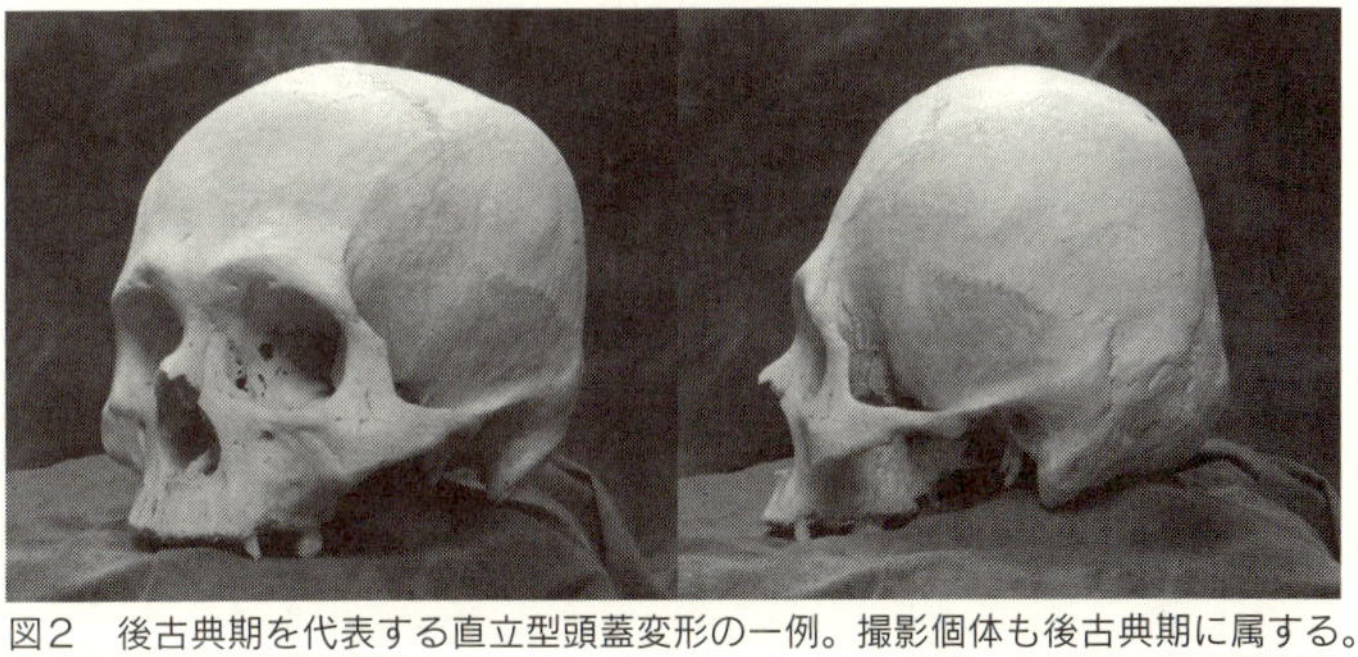

図2　後古典期を代表する直立型頭蓋変形の一例。撮影個体も後古典期に属する。ウエウエテナンゴ市近郊から出土しグアテマラ、デルバジェ大学考古学人類学研究センターに寄贈されたもの

III

スペインの征服と植民

15

ペドロ・デ・アルバラードのグアテマラ征服

★間断なく続く戦い★

１５２１年8月にアステカ王国の都テノチティトランを陥落させたエルナン・コルテスは、ここを拠点としてメキシコ各地の集落を次々に支配下においていった。その過程でメキシコの南方に先住民が多く居住する豊かな土地があるとの情報を得て、かの地を征服すべく大部隊を編制し、ペドロ・デ・アルバラードをその指揮官とした。そして、１５２３年12月6日（11月13日とする史料もある）、アルバラードに率いられた、およそ１２０の騎乗兵、１６０頭の替え馬、１３０人の石弓兵・小銃兵を含む３００人の歩兵、大砲4門と十分な火薬に砲丸、数千人にも上るトラスカラ、メシカといった先住民たちからなる大遠征隊は進軍を開始した。

アステカ征服においてはコルテスの右腕として戦い、またこの大部隊を指揮官として率いることになったペドロ・デ・アルバラードは、１４８５年頃、スペイン、エストレマドゥラ地方バダホスのイダルゴ（下級貴族）の家に生まれた。奇しくもエルナン・コルテスも、同じく１４８５年頃、エストレマドゥラ地方に生まれており、このことが後にコルテスがアルバラードに厚い信頼を寄せることになった理由の一つかもしれない。アルバラードがいつ大西洋を渡ったのか正確なところは不明であるが、１５１０年までには兄弟たちとともにエスパニョーラ島に居住していたと考えられている。そして、１５１１年のキューバ島征服、１５１８年のユカタン半島からタバスコ地方へ至るファン・デ・グリハルバの遠征隊への参加を経て、エルナン・コルテスが組織したメキシコ遠征隊に、60人の部下を率いる隊長の一人として参加することになり、１５１９年、メキシコを目指してキューバ島を後にした。

メキシコ征服時におけるアルバラードについては、さまざまな史料に詳しく記されているが、なかでもメキシコ征服史において「悲しき夜」として知られる事件では、アルバラードの勇気や行動力あるいは大胆さという一面と、残虐性という一面をもっともよく見て取ることができる。この「悲しき夜」とは、コルテスの不在中にテノチティトランの留守部隊を任されていたアルバラードが、大神殿前広場で儀式を執り行っていたメシカたちが、自分たちへの攻撃を準備していると誤解して大虐殺を引き起こした結果、メシカの大反乱、そしてスペイン軍のテノチティトランからの撤退を招いてしまったという事件である。テノチティトランから敗走したスペイン軍は、メシカと覇権を争っていた先住民トラスカラの地で態勢を立て直し、反

ペドロ・デ・アルバラード（グアテマラ市庁舎内の肖像画）［柴田潮音撮影］

撃に転じてテノチティトランを陥落させるにいたったが、このとき敗走してきたスペイン軍をトラスカラが自分たちの土地に受け入れた理由のひとつに、アルバラードとトラスカラ首長の娘ルイサとの結びつきがあった。1519年、アステカの都に向けて進軍するコルテスの遠征隊が初めてトラスカラの地に足を踏み入れたとき、トラスカラの首長は、スペイン軍と友好関係を築く方が得策であると考え、自らの娘を友好の証としてコルテスに差し出したが、その娘をコルテスは、信頼の証としてアルバラードに譲ったのである。後に洗礼を受けてルイサ・シコテンカトルと名乗ることになるこの娘は、その後、アルバラードの行くところに常に付き従っていくことになるが、結果として数千にものぼるトラスカラの戦士たちもアルバラードと行動をともにすることになり、アルバラードは願ってもない強力な援軍を得ることになったのである。

メキシコを後にして南に向かうペドロ・デ・アルバラードの遠征隊は、テワンテペク地方の村々やサポテカの集落を制圧しながらソコヌスコ地方を通過、太平洋岸斜面からグアテマラ高地への侵入を開始した。1524年2月、サポティトランにおいて、当時グアテマラ高地西部地域の一大勢力であったキチェとの間で戦いが起こるが、これがスペイン軍とマヤの人々との本格的な戦闘の始まりとなった。この戦いを制したアルバラード軍は、さらに大きな集落を目指して進軍し、キチェとの戦いを繰り広げていったが、なかでも伝説的な勇士テクン・ウマン率いるキチェ軍とのケサルテナンゴ(ケツァルテナンゴ)での戦いは、スペイン軍側にもかなりの戦死者が出る激戦となった。テクン・ウマンが戦闘中に倒されたことで士気の弱まったキチェ軍を下したスペイン軍は、その後、キチェの都ウタトラン(あるいはグマルアア、クマルカアとも)を焼き払い、ここを制圧した。ところで、メキシコでのメシカとの戦いでは、トラスカラがコルテス軍の友軍となったが、グアテマラにおいては、キチェと覇権争いを繰り広げていたカクチケルがアルバラード軍の同盟者・協力者として他のマヤ諸部族との戦いに加わっていた。キチェ征服後、スペイン人たちは、カクチケルの都イシムチェ(あるいはクアウテマラン)に入ったが、すぐさまアティトラン湖岸に赴き、そこを拠点としていたツトゥヒルを打ち破り、これを制圧した。

こうしてアルバラードが、当時グアテマラ高地の三大勢力であったカクチケルとは友好関係を築き、一方でキチェとツトゥヒルを軍事力でその支配下においたことで、他の小部族の首長たちは、自ら進んでスペイン軍のもとへ下り、スペイン国王に対する臣従を誓うこととなった。しかし、アルバラードはさらなる富の発見や新たな領土の獲得、遭遇する全ての先住民をスペイン国王に臣従させること、さらには大西洋・太平洋という二つの大洋をつなぐ道の発見、という目的のために進軍を続け、グアテマラ太平洋岸斜面のイスクインテペケ(あるいはパナタカット、現在のエスクィントラ)を制圧しながら、現在のエルサルバドルに向かった。当時この地方には、マヤ系諸民族ではなく、ナワ系言語を話すピピルが住んでいたが、アルバラード軍はこのピピルの大軍と激しい戦闘を繰り返しながら、彼らの都クスカトランへと迫っていった。しかし、執拗な抵抗にあった上、戦闘中にアルバラード自身も足に重傷を負ったため、やむなくイシムチェへと引き上げていった。イシムチェに戻ったアルバラードは、1524年7月25日(27日とされることも多い)、この地方における最初のスペイン人の拠点とすべく、サンティアゴ・デ・ロス・カバジェロス・デ・グアテマラ市の建設を宣言したのであった。

(榊 玲子)

16

初代グアテマラ総督

――★アデランタード・ドン・ペドロ・デ・アルバラード★――

カクチケルの都イシムチェに築いたサンティアゴ・デ・ロス・カバジェロス・デ・グアテマラ市を拠点として、ペドロ・デ・アルバラード率いるスペイン人たちは、1525年にかけてポコマムの要塞ミシュコや、マムの都サクレウをはじめとする、周辺の部族や集落に対する征服活動を展開していった。一方、当初はスペイン軍と友好関係を築いていたカクチケルは、グアテマラ市建設のひと月後には、スペイン人との同盟を破棄して町を捨て去り、その後はスペイン人に対して激しい攻撃を加えるようになった。

グアテマラの先住民たちを次々に制圧したとはいえ、決して安定した状態ではないなか、ホンジュラス征服に向かっていたエルナン・コルテスより彼の軍に合流するよう要請を受けたペドロ・デ・アルバラードは、1526年、グアテマラ市を後にした。結局コルテスとは合流できなかったが、グアテマラへは戻らず、そのままメキシコ市へと向かい、さらにこれまでの戦果をスペイン国王へ報告すべく、1527年2月、ベラクルスを出帆した。

意気揚々とスペイン本国へ渡ったアルバラードであったが、

第16章
初代グアテマラ総督

スペイン宮廷内に有力な友人知己を持たないばかりか、これまでの先住民たちに対する残酷な行為についての報告がすでに本国にまで届いていたこともあり、宮廷内でのアルバラードに対する空気は非難めいた冷たいものであった。しかし、宮廷の実力者であるアルブルケルケ公爵と縁続きのフランシスカ・デ・ラ・クエバとの結婚が決まり、またカルロス1世の個人書記官の後ろ盾を得ることに成功したことで、彼に対する非難は和らぎ、さらには「ドン」の称号を受けるまでに至った。そして、1527年12月18日、ブルゴスにて「グアテマラ地方の総督および軍司令官（正式には、グアテマラ地方と、チアパ、シナカンタン、テケパンポ、シマトラン、アカラほか、この地に付随する地域の総督および軍司令官）」に、その2日後にはアデランタード（植民地時代初期の征服者たちに与えられた称号のひとつ。総督、先遣都督などとも訳される）の称号が授与されたのである。

1528年10月、アデランタード・ドン・ペドロ・デ・アルバラードは、初代グアテマラ総督としてベラクルスに帰着したが、この航海途上（あるいはベラクルス到着後）に、結婚したばかりの妻フランシスカを亡くしている。また、メキシコ市では第1次アウディエンシアのもとで数々の訴訟に巻き込まれ、スペインから持ち帰った全財産を没収、さらには投獄されてしまい、グアテマラへの帰還が許されたのは1530年になってからのことであった。そして、アルバラードの留守中に激しさを増したカクチケルからの攻撃を受けて、弟のホルヘ・デ・アルバラードによってアグア火山の麓のアルモロンガに移されていた（1527年11月22日）、新たなサンティアゴ・デ・グアテマラ市の市参事会において、1530年4月11日、総督としての全権が認められ、名実共にグアテマラ総督ドン・ペドロ・デ・アルバラードが誕生した。

グアテマラの総督となったペドロ・デ・アルバラードではあったがこの地の統治に力を注ぐことはなく、すぐさま次なる遠征の準備にとりかかった。当初の目的地はマール・デル・スール（南の海、太平洋のこと）であり、香料諸島であったが、ペルーについての情報を得ると、1534年、ペルー遠征を実施した。この遠征は失敗に終わり、多くの兵を失ってグアテマラへと帰国したが（1535年）、時をおかず、先住民の反乱に困ったホンジュラスのスペイン人たちからの要請に応えるという名目でホンジュラスへ向かい、さらにそのまま二度目のスペイン渡航を果たした。

1537年8月、バリャドリードにおかれていた宮廷に現れたアルバラードを待っていたのは、前回以上に冷ややかな批判に満ちた空気であった。しかし、この空気も、先のスペイン渡航時に結婚したフランシスカの姉妹であるベアトリス・デ・ラ・クエバとの結婚話が持ち上がったことで急速に和らいだばかりか、1538年8月9日の勅令で、総督としてのグアテマラにおける支配権を7年間延長され、さらにはアルバラードがかねてより切望していた香料諸島への探検・征服事業に対する許可をも得ることができたのである。さらにヌエバ・エスパーニャのアウディエンシアに対する勅令でも、総督としての全権およびあらゆる行動の自由が認められたアルバラードは、1539年9月、ベアトリスを伴ってホンジュラス経由でサンティアゴ・デ・グアテマラ市へと帰着した。この時ベアトリスとともに多くの女性がスペイン人たちの花嫁となるべくグアテマラにやって来たが、傷だらけの男たちばかりであるのを見て、大いに失望し、嘆いたといわれている。

国王カルロス1世から待望の香料諸島遠征の許可を得たアルバラードは、グアテマラ帰着後すぐに遠征準備にとりかかり、1540年6月上旬（9月とする説もある）、グアテマラ太平洋岸のアカフトラ港を出航した。補給のために立ち寄ったヌエバ・エスパーニャで図らずも6カ月以上もメキシコ市に滞在することになったが、遠征を再開すべく太平洋岸のサン・ブラス港に向かう途中でヌエバ・ガリシア地方の総督より協力要請された先住民の反乱鎮圧のための戦い（ノチストランの戦い）の最中に負った怪我がもとで、1541年7月4日、グアダラハラにて帰らぬ人となった。享年56歳であった。

メキシコでの戦いを共にしたベルナル・ディアス・デル・カスティーリョからは弁舌に長けた、陽気な人柄であり、また友情に厚く勇敢な人物と評される一方、先住民の擁護者バルトロメー・デ・ラス・カサスからは、先住民に対してとった残虐・非道な仕打ちや、名誉や富に執着した人物として激しく非難された。ペドロ・デ・アルバラードの遺体は、当初グアダラハラの聖堂に埋葬されていたが、その後、ミチョアカン州のティリピティオの修道院へ移された。さらに、アルバラードとルイサ・シコテンカトルとの間に授かった娘レオノールによって、アルモロンガの南西約24キロのパンチョイ盆地に新しく建設されたサンティアゴ・デ・グアテマラ市（現在のアンティグア）へと移された。しかし、この町が1773年の大地震によって壊滅的な被害を受けたことにより、アルバラードの遺体の所在は現在に至るまでわかっていない。

（榊　玲子）

17

異文化との衝突と植民地支配体制の確立

★スペイン人支配者と先住民★

どの民族にも、異文化との出会いがある。グアテマラのマヤ人の場合は、スペイン軍に首都テノチティトランを攻略され、切羽詰まったメシカ（アステカ）王モクテスマから救援の使者が送られてきたことによって、ヨーロッパの尖兵の存在を知った。1519年から1521年にかけてのことだ。彼らは、援軍要請には応じられぬとメシカの使者を帰した。その後、カクチケル人の王は征服者エルナン・コルテスにあてて使者を送り、自分たちはスペイン人の味方であり、グアテマラに来寇の折にはその露払いを務めると申し出た。その言葉通り、1523年にペドロ・デ・アルバラードに率いられたスペイン軍がグアテマラにやって来るとカクチケル人はこれに合流し、その敵であるキチェ王国とツトゥヒル王国を降《くだ》すために大働きをした。キチェ軍を率いていたテクム・ウマンは勇敢に戦ったが、彼の死は全軍を総崩れへと導いてしまった。

アルバラードは、1524年カクチケル王国の首都イシムチェの近くにサンティアゴ・デ・グアテマラ市を建設し、植民地経営に乗り出した。だが協力者として特権を享受できるだろうとの予想に反して、スペイン人から重い貢納を課されたカクチケル人は彼らの裏切り行為に激昂し、これまで敵対していたキチェ人とツトゥヒル人に反スペインの共同戦線をはろうと提案したが、これは一笑に付されたばかりか、彼らはスペイン軍に同盟してしまい、2年もの間カクチケル人はこの全てと血みどろの戦いをくり広げることになるのである。彼らを率いていたのはシナカムという部将で、ゲリラ戦の名人だった。その善戦もむなしく、彼は1526年に捕らえられて一時戦いは終結したかに見えた。だが、シナカムにてこずるスペイン軍に愛想を尽かしたキチェ人は、寝返ってカクチケルと同盟し、ここにはじめてグアテマラの二つの王国がスペイン軍に対して手を結んで戦うことになった。けれども1530年これもペドロ・デ・アルバラードの軍門に降ることになった。

征服活動がひとまず終わりを告げると、ペドロ・デ・アルバラードはスペイン国王よりグアテマラ総督に任じられ、さらに王室は征服者たちにエンコミエンダというかたちで報酬を与えた。これは、征服事業そのものが、個々のスペイン人征服者が調達した資金によって賄われたため、国王はそれに報いる必要があったのである。エンコミエンダの保有者はエンコメンデーロと呼ばれ、一つまたは複数の先住民村落が委託された。そしてその住民から貢納を受けたり、彼らの労働力を使用する権利が認められたが、そのかわり彼らを保護し、同時にキリスト教に改宗させる義務をスペイン国王に対して持つという内容になっていた。たとえば、メキシコの征服に参加し、後に『ヌエバ・エスパーニャ征服の真実の歴史』を著して有名になったベルナール・ディアス・デル・カスティージョは、サンティアゴ・デ・グアテマラに居を構えつつ、サカテペックなど3村をエンコミエンダとして保有していた。しかし、租税率等具体的にどのようにエンコミエンダを経営すべきかに関する規定がなかっために、いきおい彼らはこの制度を個人の利益のために徹底的に利用し、その結果は、先住民が奴隷同然に搾取されるという事態を招いたのである。そこで国王は1512年のブルゴス法で先住民の奴隷化を禁止し、さらに1542年のインディアス新法で再びこれが明記されるとともに、エンコミエンダ制の段階的廃止が決定された。むろんこれはエンコメンデーロからの強い反発を招き、先のディアス・デル・カスティージョもグアテマラのエンコメンデーロを代表してスペインに赴き、その不満を国王に訴えた。実際、16世紀半ばのグアテマラでは、エンコミエンダ制はきわめて重要な位置を占めており、1548年から1555年にかけてのサンティアゴ・デ・グアテマラ（首都）地区には79人のエンコメンデーロがおり、彼らは2万3859人の先住民をあてがわれていた。そのうち3人は1000人以上の先住民を使用し、なかでもフランシスコ・デ・ラ・クエバは2100人という人数を保有していたほどだ。

このような現実を前にして、新大陸の植民地とフィリピンの経営に関するほとんどすべてに権限を持つ国王の直属機関であるインディアス枢機会議は、エンコミエンダの相続を禁ずる項のみを撤回し、2代限りの世襲を認めた。むろんその間、先住民の虐待が放置されたわけではない。グアテマラにおける植民地支配を実効化するために、1543年には国王フェリペ2世の勅命に基づいてホンジュラスはコマヤグアに辺境アウディエンシア（高等聴訴院）が設立され、現在のグアテマラ、ベリーズ、エルサルバドル、ホンジュラス、ニカラグア、コスタリカ、メキシコ合衆国チアパス州をその監督下に置いた。その長は辺境アウディエンシア議長であるとともにグアテマラ総監とも呼ばれた。最終的にはサンティアゴ・デ・グアテマラ（現在のアンティグア市）に移されたこの機関は、その権能を行使して植民者の先住民にたいする虐待の調査、およびその是正に乗りだした。初代の総監はアロンソ・デ・マルドナードであり、エンコミエンダ制の実態を把握していながら何も有効な手段を講じなかった。配下の聴訴官たち自身がエンコミエンダを所有しており、ほかのエンコメンデーロとぐるになっていたからだ。これが正されるのは、次のアロンソ・ロペス・デ・セラートの時代で、彼は1549年に王室が先住民を私的に賦役に使用することを禁じ、その労働に対しては必ず賃金を支払うことを義務づけたことをうけて、エンコメンデーロたちの反対を押し切って奴隷化した先住民を解放し、グアテマラ地方におけるその売買を禁止したのである。こうして、16世紀後半になると、エンコミエンダ制に依存するうま味もなくなり、その数は減少し、一方先住民は、国王の臣民としてその管理下に入ることになった。

このエンコミエンダ制に代わって導入されたのが、レパルティミエント制（強制労働割り当て制）である。もともとアンティル諸島で最初に行われたこの制度は、グアテマラ総監領では先住民が強制的に割り当てられた賦役を一定期間果たすことを意味していた。具体的には、先住民の村の16歳から60歳の男子を対象に、これをおよそ四つのグループに分け、それぞれが交代で賦役にあたる。彼らは近くのスペイン人の町の広場へ行き、そこで割り当て官の指示にしたがって人数の確認を受け、労働力を必要とするスペイン人大土地所有者、農園主などに振り分けるのである。通常これは月曜日から翌週の月曜日までの1週間単位で行われ、その後は自分の村に帰ることができた。この制度はアウディエンシアの監督下で行われ、割り当てられた先住民を使用するスペイン人は、彼らに1日につき1レアル、食事、住居を与える義務があったのだが、実際にはエンコミエンダ制の場合と同様、これが守られることは少なかった。賃金を支払わず、そればかりか彼らが消費する食事等の費用を賃金分から差し引くことが、当たり前のように行われた。また、村と指定された場所の間を往復する時間は、労働期間には含まれないと解釈されることも多く、先住民は1週間以上の期間をこの制度に拘束されることになった。裕福な先住民は、村長に現金を支払ってレパルティミエントを逃れ、貧しい農民は自分たちの畑を耕すことすらできない有り様となった。18世紀には先住民の不満は頂点に達し、レパルティミエントが不正の温床になっていると様々な訴えを起こした。しかし、スペイン人にとってこの制度は重要度を保っており、1773年にサンティアゴ・デ・グアテマラが大地震に襲われ壊滅した後、新しい首都建設にもレパルティミエントで集められた先住民が使われた。このため、グアテマラ総監領では、この制度は18世紀以降まで存続することになったのである。

最後に、グアテマラ総監領の経済について概観しておく。ここにはスペイン人が期待したような金や銀の鉱脈がなかったので、スペイン人の経済の中心となったのは農業と牧畜であった。中でも、ヨーロッパに向けカカオ、藍、コチニール（えんじ虫）からとる深紅色の染料、砂糖などが輸出されたが、これは牧畜ほど安定したものではなかった。これらの交易は、スペインはセビーリャに設立された通商院の管理下にあり、また重商主義のもとで、本国と競合する産業の育成を阻まれていたとはいえ、原料を加工し地域的な需要に応えうるだけの産業は存在した（第21章参照）。

（大越 翼）

18

キリスト教の布教と先住民

★神の名におけるマヤ先住民の支配★

コロンブスによる新大陸の「発見」から2年後の1494年、スペインとポルトガルはトルデシーリャス条約を締結して新大陸における領有権を明確にした。これによって、スペインとポルトガル王はローマ教皇に対して、新大陸の領土に住む先住民をキリスト教に改宗する義務を負うことにもなった。さらに、スペイン国王はその後盛んに教皇庁とかけあって、16世紀初頭にはパトロナート・レアル（国王特権）として知られる、教会に対する様々な特権を得た。これによって、国王は行政機関と教会をその植民地統治の二つの重要な柱として、その管轄下におくことができるようになったのである。

このような背景のもとに、1522年から翌年にかけて、アティトラン湖近くのツトゥヒル王国に、バルトロメ・デ・オルメードとファン・ディアス両神父がコルテスの使いとして送られた。先住民の記録によれば、彼らはこの2人に洗礼を授けられたという。その後、ペドロ・デ・アルバラードの従軍司祭として征服戦に同行したフランシスコ会修道士ファン・ゴディーネスと前出のファン・ディアスは、1524年の初めに先住民の教化を行っている。したがって、グアテマラ総監領において

バルトロメ・デ・ラス・カサス神父

はこの修道会が最も早くその活動を始めたことになり、主に首都の南方の先住民の村々を担当した。これに続いてやって来たのがドミニコ会の修道士たちで、１５２９年にその第一歩をしるした。なかでも有名なのが１５３０年代にグアテマラに到着したルイス・カンセル、ロドリーゴ・デ・ラブラーダ、バルトロメ・デ・ラス・カサス神父たちで、最初の２人はツトゥヒル人の間で、ラス・カサスはテスルトラン（戦いの地）、後にベラパスという名で知られる、スペイン人支配から逃れていた人々の多く住んでいたグアテマラ中北部地域で布教を開始した。ここで彼は、植民地政府官吏の介入を避けて、修道会だけでユートピア的な教化集落をつくりあげ、先住民は理性的な存在であって一方的な強制力に頼ることなしに愛情をもってあたれば、キリスト教に改宗することができることを示したことは有名だ。メルセデス会がグアテマラに入ってきたのは１５３７年で、グアテマラ西部を主たる活動地域とし、イエズス会は１５８２年または１６０６年に布教を始めている。さらに１６１０年にはアウグスティヌス会が、そしてその後も様々な修道会がグアテマラに入り続け、その総監府の置かれたサンティアゴ・デ・グアテマラには１７００年までに司教座聖堂のほかに24の教会、8の礼拝堂、15の修道院が建ち並ぶことになった。

さて、これらの修道会による先住民のキリスト教化には、大きな困難が伴った。その最大のものは、言葉の問題であった。スペイン人による征服当時グアテマラには様々な王国が割拠しており、これらを結びつける共通語は存在しなかった。このため、修道士らは任地において先住民語の習得に相当な時間を割かざるを得なかった。当時の記録を読めば、彼らは最初は身振り手振りで、それから少しずつ語彙を増やし、また文法的な規則を学んでいったとある。そのためにまず行われたのが、アルファベットでマヤ語を表記することであり、ついでこれを使用した文法書が作られた。当時スペインでは人文主義が謳歌し、とりわけこれに基づいたアントニオ・デ・ネブリハに代表される言語学的研究は、新大陸にやって来る修道士たちに深い影響を与えていた。したがって、彼らが先住民の言語を学ぶ際に重要な文法的規範として使われたのが、ラテン語、スペイン語の文法書であった。また、マヤ語の語彙集も作られて、後続の修道士たちはより早く、最小の努力で先住民の言語を学び、布教活動に従事することができるようになったのである。

だが、困難をもたらしたのは言語ばかりではなかった。マヤ人の集落は、スペイン人の目からは「村」とはとうてい言い難く、中心部分に大きな建物が建っているとはいえ、その周囲には実に無計画に家々が並び、街路はおろか家と家の間には畑があったり森があったりで、これらを大汗をかきながら訪れてその住人をキリスト教に改宗するのは、途方もない時間と労力がいるのであった。そこで、1537年から1550年にかけて集住政策が施行され、先住民の集落を整理統合し、碁盤の目状に区画整理された街路、中央広場とそれに面した教会、役所などを持つ、現在にまで続く村々の基本形態ができあがった。これは、ラス・カサスが作り上げた教化集落と性格を異にし、確かに住民の布教および魂の救済を第一義とはしていたものの、スペインの植民地支配の末端組織に組み入れられるという、政治経済的意味も大きかった。

グアテマラ初代司教マロキン神父

ところが、集住政策は先住民人口の激減に一役買うことにもなった。征服期にスペイン人がもたらした疫病で多くの先住民が死んだことはつとに有名だが、一カ所にまとまって住むようになると、分散して住んでいたときとは異なり、一度病気が流行するや瞬く間に全住民にそれが及ぶのである。だから、16世紀の後半から17世紀にかけて、マヤ人口は減ってゆく一方であった。これに輪をかけたように、スペイン人植民者や役人の先住民に対する酷烈な税の取り立て、虐待は言語に絶し、住み慣れた村を後にして北方の彼らの手の届かない熱帯降雨林地域へ逃亡する者も多かった。

むろん、スペイン人聖職者がこれに気づかなかったわけではなく、ラス・カサスのように、植民地政府の介入を廃して先住民を守ろうとした例がある。さらに現実的な行動をとったのは、グアテマラ初代司教であったフランシスコ・マロキン神父である。彼は１５４２年のインディアス新法の施行以前から、先住民が自分たちと同じ人間であり、彼らを奴隷化することは神の法にもとる行為であるという考えを公にしていたし、これに沿って、エンコメンデーロたちとの軋轢を避けつつ、先住民のための学校、病院を建てる一方、グアテマラに大学をも設立すべきだと国王に提言した。彼の存命中にこれが実現することはなかったが、１６７６年にカルロス2世がサン・カルロス大学の創立を命ずる勅書を発して、マロキン神父の願いはかなえられたのである。

（大越　翼）

19

『ポポル・ウーフ』と先住民文書の世界

★植民地時代を生き抜く叡知★

18世紀初頭のこと、グアテマラのサント・トマス・チチカステナンゴ村の教区司祭であったドミニコ会修道士フランシスコ・ヒメーネスは、古ぼけた文書綴りを手にしていた。そこには先住民の言葉であるキチェ語で、その神話的起源や彼らの伝統的な儀式に共通したモチーフが書かれていた。このため、「彼らがこのような邪教を信ずるという誤りを犯していたこと、そして今もその誤りを続けていることを世に知ら」しめ、先住民に対する布教活動に資することを目的として、キチェ語のテキストを筆写したうえで、これをスペイン語に翻訳し、『グアテマラ地方のインディオの起源の歴史』と名付けた。

このキチェ語で書かれた文書の名前は、その冒頭に「この書は、神の法の下、キリスト教の世になってから書かれる。これを世に出すのは海の彼方から渡ってきたそのむかし、われわれの暗黒時代のことどもや、その生活を明らかにした、かの『ポポル・ウーフ（ポポル・ヴフ）』を、今や見ることができないからである。そのむかし書かれたこの原典があったのだが、今ではもう世の調べる者、考える者の目にふれることもできない」とあることから、通常『ポポル・ウーフ』と呼ばれている。原本は最初から最後まで一続きのものとして書かれているが、19世紀になってヒメーネス神父の著作の中に『ポポル・ウーフ』を発見したフランス人神父、ブラシュール・ド・ブールブールは全体を4部に分け、さらにそれをいくつかの章に区切った。

天地創造から始まる第1部は、泥および木でつくられた最初の人間の末路や傲慢な巨人たちが、双子の神に滅ぼされてしまうまでが書かれている。続く第2部では、この双子の父親が冥界の神々に破れて命を落としたこと、その2人の子供が冥界に赴いて仇を討つことが述べられる。第3部ではトウモロコシから創造された4人のキチェ族の先祖、彼らから様々な部族が生まれ、東方に位置するトラン・スイワに赴き、そこで彼らの神々の一人のおかげで火を得、その後西に向かって進んでハカウィッツの山で夜明けを迎えたことまでが物語られている。最後の第4部では、キチェ族の4人の祖の死と、その息子のうちの3人が東方へ旅立ち、ナクシットと呼ばれる王から王国の印綬をもらい受け、これによりキチェ族の王権の正統性が認められたこと。そして、カウェック、ニハイブ、アハウ・キチェの三家に分かれた、キチェ族の王の系譜が16世紀半ばまで書かれている。

さて『ポポル・ウーフ』作成の目的は、植民地時代にあって失われつつあった自らの神話を書き残しておくことにあったのではない。彼らは植民地支配を所与のものとみなしており、新しい時代においても特権と名誉を享受し続けられるように、キチェ王家の正統性をこの書に記したのである。したがって、第4部で語られている王の系譜こそがこの文書の中では最も重要な位置を占めている。そして、その王権が神聖なものであることを示すために、天地創造からの歴史が語られているのだ。第1部に関しては、この本がヨーロッパで19世紀に出版されて以来旧約聖書の創世記との類似点が指摘されてきた。だがこれは、先住民が聖書をスペイン王の正統性を示す由緒書であるとみなしていたことに基づくものであった。むろん、これはキチェ族だけの考え方ではなかった。例えば同じグアテマラのカクチケル族が書いた『トトニカパン権原証書』には、創世記、出エジプト記などの旧約聖書のカクチケル語による抄訳に続いて、その祖先がモーゼを祖とするイスラエル人であり、バビロニアを出自としていること、彼らが海を渡ろうとした時に杖でこれを叩くと干上がって、砂地を歩いて来ることができたことなどが書かれているのだ。

出自を日常の世界を超えた「遥か彼方」に求め、これを通して王権の正統性を示すという言説は、実は先スペイン期からメソアメリカ地域のあらゆるところで用いられており、植民地時代に入ってからはヌエバ・エスパーニャ副王領の下で、様々な王家の子孫たちが同じ言説構造で出自を語っていたことは特筆に値する。さらに、16世紀後半以降王族は先住民社会の公職から締め出され、出自神話の必要性が薄れてくると、これに代わって村の起源とその領界を記録した「土地権原証書」が作成されるようになった。これらは村の創設を歴史の起点とみなし、これに関わった人物としてスペイン人征服者や植民地政府の著名な役人に言及することが常であった。むろんその大半は名前を「勝手に借りて」使っているだけで、事実とは異なる内容である場合が多かったのだが、スペイン植民地政府の承認のもとに創設された、由緒正しい村であることを示すという目的には合致したものだった。これもまた、出自を正統化するという先スペイン期以来の伝統に則ったものであったと言えよう。

このことは、別の命題を私たちに突きつけることになる。E・H・カーによれば、歴史とは「歴史家と事実との間の相互作用の不断の過程であり、現在と過去との間の尽きることを知らぬ対話」である。とするならば、文書を作成したマヤの人々は、歴史家の側面を持っていたと言わざるをえない。『ポポル・ウーフ』に代表される文書群は、変貌してゆく植民地時代という「現在」を意味づけるために「過去」を利用しているからである。ただ、利用の仕方が現代の歴史家とは大きく異なっていた。彼らにとって、「過去」は可塑性を持ったものであり、必要に応じて取捨選択はもちろん「事実」を「こうあるべきである」という形に変えることに、何の躊躇も覚えなかったからだ。したがって、マヤの「歴史」は実際のところ彼らの「論理」を歴史事象を通じて表現したものとなり、これは植民地時代を通じて変わらなかった。

植民地時代先住民文書は、それが行政文書のように一回限りの使用を意図していない限り、複数回コピーされており、現在私たちが手にしているのは、その大半が18世紀から19世紀初頭に写されたものである。写しを取るということはその具体的必要性があったということであり、この時に上に述べた論理に従って、書記らはその内容を「現実」に即したものに改めていったのである。先住民文書が「先スペイン期の歴史や文化、宗教を記したもの」であり、その後になされた写しはこれを忠実に再現するものであったとみなし、かつそこに読み取れる「意味」も同然であると考えるのは、もはや幻想にしか過ぎない。まずは、これらの写しが作成された時点での彼らの関心のあり方を示すものだと理解することから始めよう。それは、彼らがいかに現実を見据え、新たな意味を付与することで具体的な対応をしてきたか、という彼らの生の軌跡を示すものだからである。

（大越　翼）

20

征服者セバスティアン・デ・ベラルカサル

——★中南米の歴史に大きな影響を及ぼしたコンキスタドール★——

セバスティアン・デ・ベラルカサル（1480頃〜1551）はスペイン生まれの征服者にして、（晩年には）ポパヤン（コロンビア西部の都市）の総督ともなった人物である。本名をセバスティアン・モヤノといった。生誕地（スペイン・アンダルシア、コルドバ近郊の町ベラルカサル）の名をとって、姓を「ベラルカサル（またはベナルカサル）」に変えた。コンキスタドールとしてはよく知られ、コロンビア・カリ市の広場には、ベラルカサルの銅像が立っている。その勇姿は記念切手や紙幣、インターネットなどでも眼にすることができる。新大陸におけるベラルカサルの行動範囲はカリブ海、中央アメリカ（以下、「中米」と略称する）、南米と広きにわたっている。一つの場所にとどまることなく、一攫千金、すなわち黄金の獲得をめざして各地を転戦した。以下では、この地域の征服を時系列的に整理したのち、ベラルカサルの足跡をたどってみよう。

新大陸では無数に近い先住民族が暮らしていた。そこを少数のコンキスタドールが征服していく。1492年から1520年頃まではエスパニョーラ島を拠点にカリブ海地域の征服が行われた。その後の20年間には征服の対象が大陸部分に延びる。

ベラルカサル（1961年スペイン発行の切手）［辻豊治所蔵・提供］

メキシコ中央高原から南、つまり現グアテマラを中心に中米へと広がる。これと並行して、パナマ（1519）に続いてサンタ・マルタ（1525）、カルタヘナ・デ・インディアス（1533）に征服拠点が築かれる（括弧内の数字はその都市建設年をさす）。ペルー征服の準備が整えられる。1540年から1560年にかけてはヌエバ・グラナダ（現コロンビアに相当する。現ベネズエラの一部を含むこともある）や現エクアドルが征服される。1541年には中米の中心となるグアテマラ総監領（総督領ともいわれる。首都はアンティグア市。図1）が築かれ、1570年には現ニカラグアがこの総監領に統合される。

1507年、ベラルカサルはスペインを去りエスパニョーラ島に渡った。1514年、パナマ地峡東部ダリエン地域に移動。そのころ、パナマではバスコ・ヌニェス・デ・バルボアが先住民からエルドラード（黄金郷）情報を得ており、「南の海（1513年にバルボアが発見した太平洋をさす）」の先にある「ビルー（現ペルー）」に行くための準備を始めていた。しかしバルボアは、新たに着任したパナマ地方総督ペドラリアス・ダビラによって反逆罪を理由に処刑されてしまう。1519年にベラルカサルは、パナマ建設中のダビラと出会った。1524年、ダビラやエルナンデス・デ・コルドバ（後に「ニカラグアの創設者」と呼ばれるようになる。グラナダとレオンの両市を建設）に誘われて、ニカラグアの征服に同行。そしてベラルカサルはニカラグア総督に就任する。1526年にはレオン市の初代市長に就任している。1527年まで市長職を勤めあげ、同年、スペイン人総督たちの内紛をおさめるため現ホンジュラスに赴いた。その後、いったんレオン市に戻った後、今度は、太平洋沿岸を南下するフランシスコ・ピサロの率いるペルー遠征軍に騎士として途中から参加することになった。そのさい、ベラルカサルはニカラグアの先住民を動員してこの遠征軍に加わった。ピサロの片腕となって奮闘する。ピウラに上陸した遠征軍は1532年11月半ば、カハマルカに到着。ここでインカ王アタワルパを捕らえ、身代金を取った。それは征服者の間で山分けされた。ベラルカサルが受け取った額は、金9909ペソ、銀407・25マルクと高額であった。金は（征服者の中でも）上位5位、銀は上位4位での取得だった（身代金の分け前にあずかった者の総数は、騎士が64人、歩兵が105人の合計169人であった。ただし、金、銀ともにベラルカサルと同額を受け取った者がほかに数名存在していた――ジェイムズ・ロックハートの研究にもとづく）。遠征軍はこのあと、1533年7月（8月という説もある）にアタワルパ王を処刑し、もうひとりのインカ王マンコ・インカのいるインカの首都クスコに向かう。ピサロの命令によってベラルカサルはピウラに戻り、当地守備隊の指揮にあたった。

翌1534年、ベラルカサルはキトの征服をめざすことになる。インカ最北の町キトではアタワルパ王配下の武将ルミニャウィやキスキスがスペイン人征服者の前に立ちはだかっていた。キトの近辺にはアタワルパの財宝の一部（黄金）が隠されていると噂され、それを狙ってピサロ軍の指揮官ディエゴ・デ・アルマグロがまずやって来た。ベラルカサルの軍は、このアルマグロ軍や、グアテマラから到着したペドロ・デ・アルバラード（エルナン・コルテスの右腕としてアステカ征服に尽力。1524年にはグアテマラを征服）の軍をうまく利用して先住民軍に勝利し、12月にキトの町を建設したのである。しかし結局黄金を見つけることはできなかった。

図1　16世紀前半のカリブ海、中米、南米北部

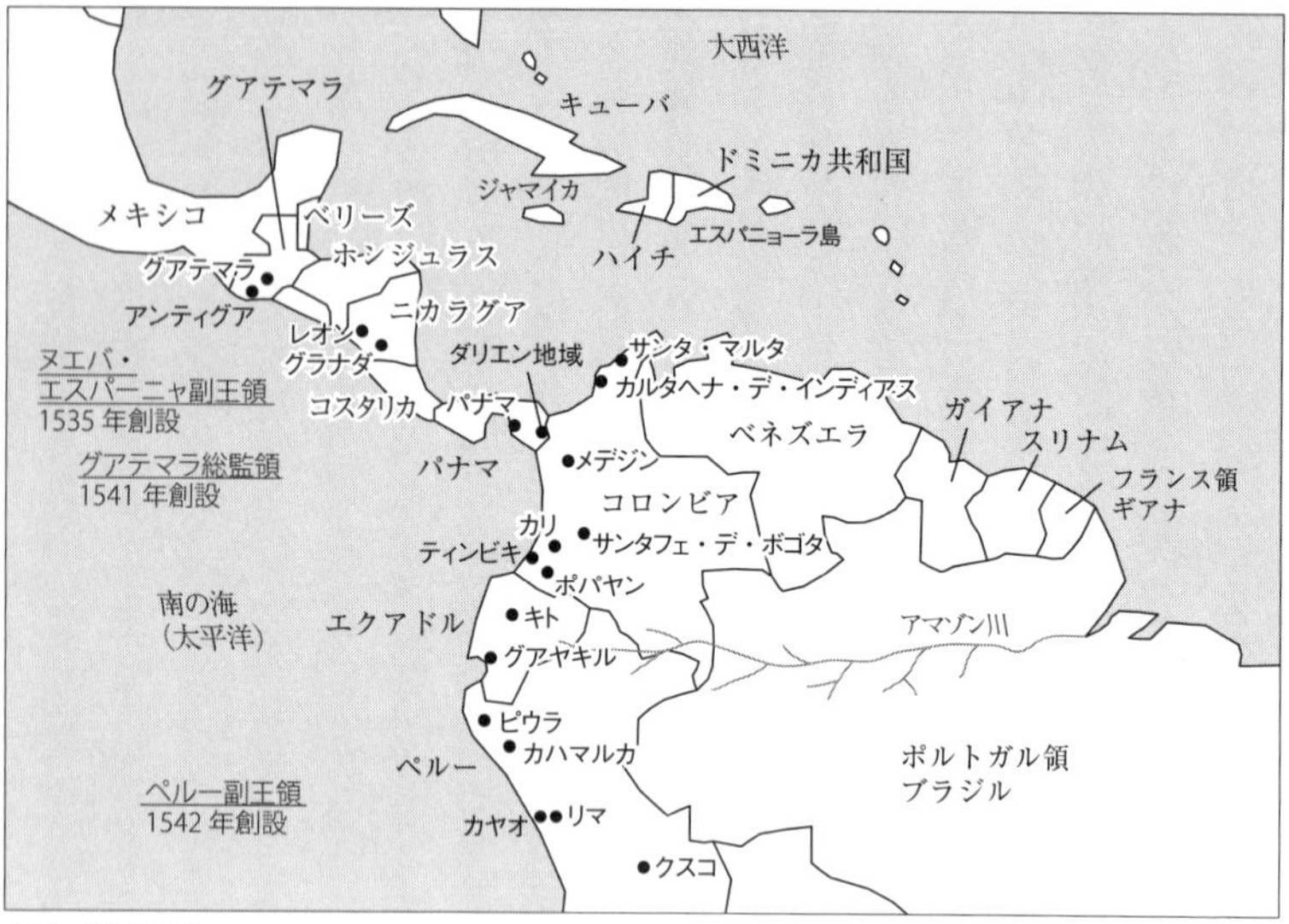

出所：筆者作成

1535年、ベラルカサルはキトを拠点にポパヤンの征服に向かった。およそ100人からなるスペイン人軍を率いたベラルカサルは、途中で約3000人からなる先住民軍に勝利し、1536年ポパヤンを建設。また同年、カリに向けて約200人のスペイン人と数千人の先住民からなる軍を率いてキトを発つ。飢餓に阻まれながらも戦いを続行し、カリを建設。引き続き、黄金を求めてカウカ川（ポパヤン付近のアンデス山脈に源を発し、コロンビア西部を南から北に向けて流れる）流域を北上し、現アンティオキア県に侵入。続いてグアヤキルの建設に関与する（グアヤキル建設は、後にアマゾン川の全距離をエクアドルから河口まで下ったフランシスコ・デ・オレリャーナによる（1537年もしくは1538年））。1539年にはサンタフェ・デ・ボゴタ市において、ゴンサロ・ヒメネス・デ・ケサダ（北のサンタ・マルタから到来し、1538年サンタフェ・デ・ボゴタ市を建設）の率いる探検隊や（ベネズエラから到着した）ドイツ人ニコラス・フェダーマンの一行に出合っている。

1541年、ベラルカサルはスペイン国王カルロス1世

によってポパヤンの総督に任命される。その管轄区域はエクアドルとコロンビアにおよぶ広大なものであった。やがてペルーにおけるピサロ派とアルマグロ派間の抗争に巻き込まれる。1544年、インディアス新法（1542年エンコミエンダ制の排斥に向けて、その所有を制限した法）には不満の意を表明したが、（キト市近郊の）アニャキトの戦い（1546年）では、ペルー初代副王ヌーニェス・デ・ベラの率いる王党軍を支援。副王ベラは殺害され、ベラルカサルも負傷する。ペドロ・デ・ラ・ガスカ（リマ・アウディエンシア議長）の率いる王党軍とピサロ派（征服者）の戦いでも王党軍を支援した。1546年ベラルカサルは、アンティオキア（現コロンビア北西部のアンデス地方の県。県都はメデジン）をわがものにしているとの理由から征服者ホルヘ・ロブレドの打倒を決断する。奇襲作戦が功を奏し、ロブレドを捕らえた。裁判の後、早まってロブレドを処刑してしまう。1548年にはガスカの命によって、（クスコ市郊外の）ハキハワナの戦いにおいて王党軍騎兵隊を指揮した。しかしながら、ロブレドの処刑をめぐる対応に不満が爆発しベラルカサルは逮捕され、1550年、裁判にかけられる。これまでの業績によって王権への忠誠が評価・認定されたけれども、有罪判決が下った。最終的にインディアス枢機会議に召喚され再審が行われることになった。1551年4月、上訴のためスペインに帰還する直前、カルタヘナ・デ・インディアスにおいて死去。71歳であった。

ベラルカサルはスペイン人征服者たちの中ではとくに高齢であった。キトやポパヤンの征服に従事したときには50歳を過ぎていた。その生涯は戦いの連続であった。エクアドル建国者のひとりにも数えられている。後にグアテマラ総監領となる地域の先住民がペルー遠征軍に参加させられたという事実は、コンキスタ時代の歴史上まことに興味深いことである。

（真鍋周三）

21

現中米5カ国を包含するグアテマラ総監領時代

★メキシコ市やリマ市に次いで★

現在のグアテマラ、ホンジュラス、エルサルバドル、ニカラグア、コスタリカを包含するグアテマラ総監領時代とはどのような社会だったのであろうか（図1）。

スペイン植民都市の建設

スペイン国王カルロス1世とフェリペ2世は都市の創設・行政に対する規定を発令し、スペイン人居住都市と先住民集落を離して造成させた。スペイン本国の格子状に設計された町サンタフェ・デ・グラナダ市をモデルにスペイン人都市が、先住民労働によって造成された。中央アメリカの最初の町は現パナマ市（1519年）で、グアテマラにサンティアゴ・デ・ロス・カバジェロス市（1524年、現アンティグア市）、ニカラグアにレオンとグラナダ両市（1524年、1525年）、ホンジュラスにトルヒジョ市（1525年）とグラシアス・ア・ディオス市（1533年）、コマヤグア市に近い銀鉱山の町テグシガルパ市（1578年）が造られた。1570年代、中央アメリカのスペイン都市民は約1万人と推測され、サンティアゴ市にグアテマラ総監領の行政・議会・司教座（後に大司教座）が置かれ、167

図１　独立前・中央アメリカの行政区分（1785～1821年）

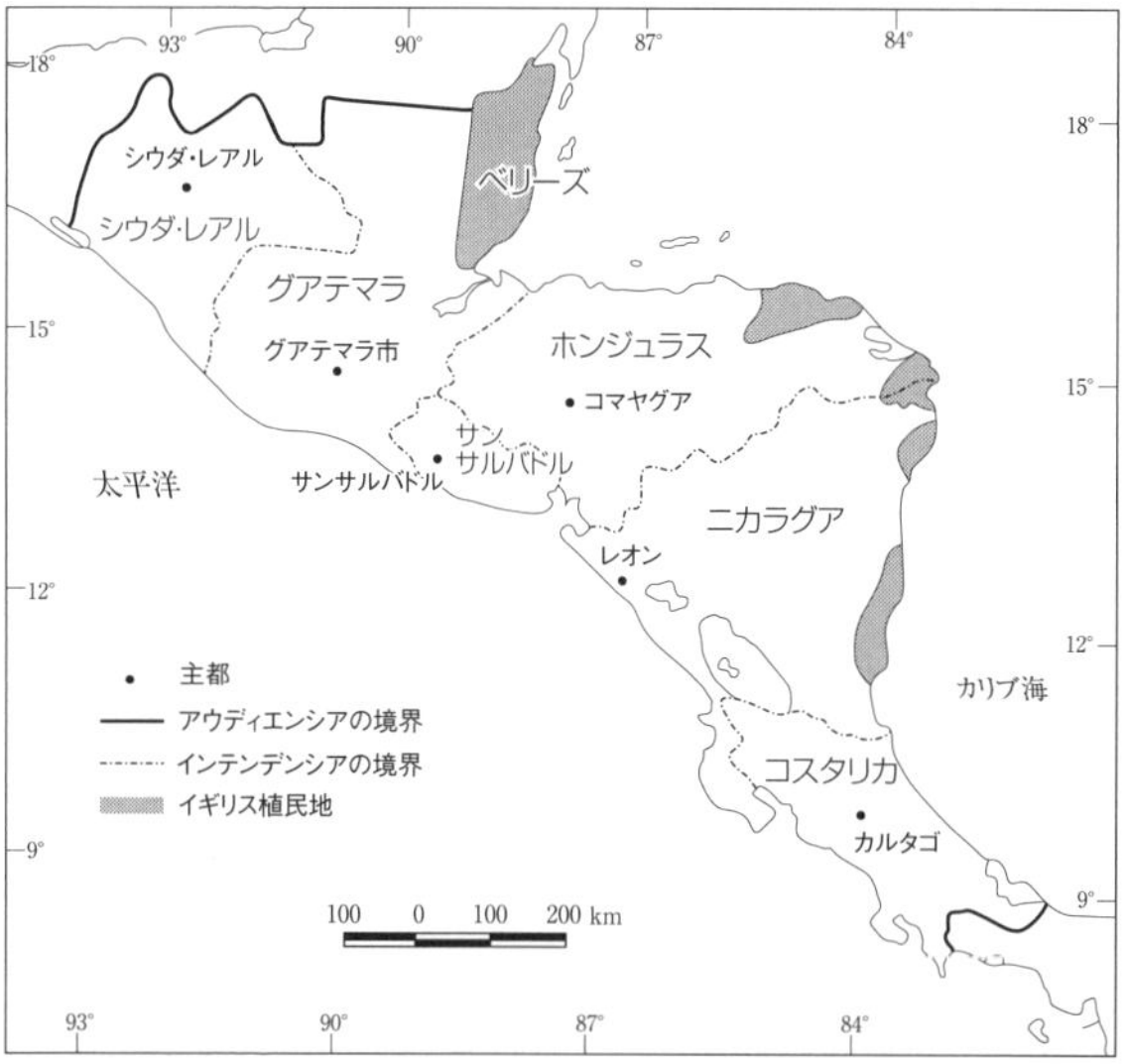

出　所：Fonseca, Erizabeth, *Centroamérica: su historia*, FLACSO, Costa Rica, 1996, p.124.

６年にサンカルロス大学が創立され、メキシコ市やリマ市に次いでスペイン植民地の第三の都市とみなされた。総督は都市創設者や最初の植民居住者（ベシノ）に区画と耕作地を与え、町は管轄の基本的単位となった。１６２０年頃の中央アメリカには２４００人以上のベシノ人口を有する町は15カ所に上った。地方レベルのスペイン化が進み、先住民自治組織にも参事会が設けられ先住民のアルカルデやコレヒドールが集会を開催し条例を制定し議事録をつけた。政治的階層の末端に位置するコレヒドールは、先住民共同体を監督し徴税し、中には先住民を個人的に使役し納税を着服する者もいた。

キリスト教化のために先住民を強制移動させるコングレガシオンは、ツトゥヒル・マヤが住むサンティアゴ・アティトランから始まり（１５４７年）、16世紀を通じて湖畔の先住民村落に広まり、１５７０年代初頭には先住民集住地区が３００に上った。先住民はスペイン人耕作地を栽培し家畜を飼育し、建築や公共作業に駆り出され、自身の耕作地の農耕もままならなかった。伝染病が先住民を襲うと集住化により人口減少が加速され、無人化した土地にスペイン人植民者が入り込んだ。先住民の人口減少の凄まじさが認識されるのは、今日になって研究者が植民地史の最初の100年間の納税記録を統計的に比較研究した結果である。

グアテマラの輸出作物の中でカカオは1560年頃までヌエバ・エスパーニャ、南米、スペイン向けの換金作物であったが、ベネズエラのカラカスやエクアドルのグアヤキルとの競争に敗けた。一方、熱帯サバンナで成長するインディゴ（藍）は、ヒキリテとかアニルと呼ばれ、ヨーロッパ織維業が必要とする藍色の染色剤で、1580年から1620年の間に中央アメリカの主要輸出産品として生産が拡大した。生産地はエルサルバドル、ニカラグア太平洋岸部、現ホンジュラスのグラシアス・ア・ディオスやコマヤグアなどで、1620年にサンティアゴ市やサンサルバドル市に染色の作業場が増え、インディゴ染色工程に先住民や黒人奴隷が酷使された。

スペインとアメリカ大陸間貿易上、金・銀産出が少ないグアテマラ総監領は重要視されず、生活必需品は現地生産となった。町は鍛冶屋、靴職人、銀細工師、帽子職人、仕立て屋、石工、大工の職人であふれた。同業者組合グレミオが生まれ、織物、陶器、家具などが先住民工芸家により作られた。後に手工業は皮製品・石鹸・壺・ガラス製品・火薬・家具などを生産する工場に代わり、ワインや酒類も地域消費者向けに生産された。

遷都と経済

レパルティミエント制に駆り出され自給用耕作もままならない先住民にとって、為政者の都がサンタマルタの大地震（第7章）で崩壊したのを目撃すると、次のような不思議な大衆行動に出た。１７７３年10月に武力を伴わない千年王国的「反乱」が新都グアテマラ市に起きた。何でもマルティンという名のスペイン王が地震で旧都を破壊し、先住民を強制労働や重税から解放し、征服前の生活に戻すためにやってくるという。彼らはマルティン・デ・マジョルガ総督がその人物であると信じ、大挙してグアテマラ市にやってきた。マルティンという名前は先住民預言者マルトゥム（Martum）の転訛である。ちなみに第52章のマヤの復活祭には「サンマルティン」というマヤ神話に由来するご神体を捧げるシャーマンの登場を記している。大地震がスペイン人の旧都を神罰として破壊し、新都に先住民を助ける救世主が現れると先住民は信じた。やがて新しく大司教カジェタノ・F・イ・モンロイと総督マティアス・デ・ガルベスが到着し、総督は15日以内に全行政職および司教座を新都に移動させる告示を出した。１７８２年新都の人口は約１・３万人であった。

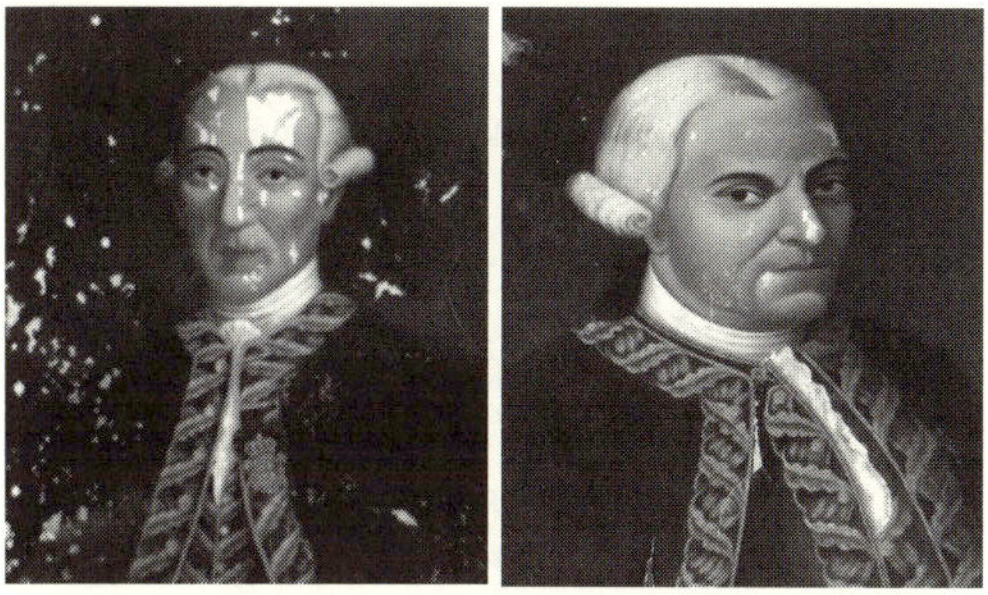
マルティン・デ・マジョルガ総督（左）とマティアス・デ・ガルベス総督（右）の肖像画［アンティグア市のサンティアゴ博物館にて筆者撮影］

　スペインと英国はインディゴ需要を劇的に増大させ価格を高騰させた。鞣す前の皮革製品用原皮や羊毛の需要が増した。国王のグアテマラ商業界支配に対抗したのはスペイン・ナバラ出身ファン・F・デ・アイシネナである。彼は典型的な新興地主・商業貴族で意図的な婚姻関係を重ね、インディゴ貿易と家畜飼育で財を成し、グアテマラ市に豪邸を建て1780年に当地で唯一の侯爵の称号を得た。リマ、メキシコ、カディス、ジャマイカ、英国に商店を構えた。このように新興商人エリートが現れスペイン王室に抵抗し、後の独立運動のリーダーとなった。

王室は新興商人勢力を警戒し新課税制度で王室国庫を富ます一方、牧畜業者や地方勢力を支援したが新興商人の抵抗にあい、スペイン本国人対アメリカ大陸生まれのクリオーリョ、首都商人対地方勢力という対立が生じた。新都では新興商人が1783年から1800年代初期に絶頂期を謳歌した。1790年代にグアテマラ経済同友会が設立され、経済・芸術・教育・福祉などを謳う中央アメリカ最初の新聞『ガセタ（*Gazeta de Guatemala*）』を発行し、専横的なスペイン王室やカトリック教会に疑問を呈し自由な経済制度や開かれた政治を啓蒙した。新聞『ガセタ』の発行者を筆頭にサンカルロス大学改革、自由貿易と太平洋港湾建設などに自由主義的風潮が横溢した。しかし、こうした動きは王室に対する挑戦と警戒され同会の活動は禁止された（1800年）。同友会は絶対君主制に対抗し啓蒙主義の合理的・科学的概念に基づき、市民主権や自由貿易を主張しスペインからの独立を推進する中心的存在となった。高まる独立運動のさなか、総督ホセ・ブスタマンテはコーヒーとインディゴ貿易不況に代わりアンティグア市周辺にノパル・サボテンを植え、コチニール（えんじ虫）から採る深紅色の染料を高価格で輸出し、独立後1830年代にコチニール生産が主産業となったのである。

（桜井三枝子）

IV

スペインからの独立と近現代

22

独立前後

★中米連邦共和国の成立と解体★

1　グアテマラ王国は、国民の総意に基づきスペインより独立する。しかしこの独立の承認は、今後招集される国会の議決に委ねられるべきものとする。
2　統治任務には総監を含む従来の官職者が当たる。総監は大統領に就任する。
3　速やかに政府を補佐する暫定諮問評議会を結成する。
4　カトリックは国家唯一の宗教として、これを存続させる。

1821年9月15日グアテマラ総監領は、この日のために起草された前記の独立宣言とともに、宗主国スペインから独立した。グアテマラ総監領とはグアテマラ、エルサルバドル、ホンジュラス、ニカラグア、コスタリカの中米5州、すなわち現在の中米5カ国にあたり、宣言文で述べられているグアテマラ王国とは総監領全域を指す。残念なことにこの独立宣言文には署名がない。

当時スペインは長期にわたる凋落の末期にさしかかり、自国植民地総監領の独立を阻止する力はなく、この地域の統治に見切りをつけることは自然のなりゆきであった。

この独立宣言はグアテマラ総監領全地域で受け入れられたわ

けではない。ある地域ではかれら独自の絶対自治を望み、またある地域はメキシコの動向をいたく忖度していた。将来を見据えるものは完全な独立統合の達成を切望していたが、身分階層の特権に浴していた富裕階級は権益を失うことをおそれて、イツルビデが皇帝を宣言したメキシコに包含されることを躊躇しなかった。

さてグアテマラ総監領は独立して中米連合国となった。このころ隣国メキシコで自ら帝位に就いた皇帝イツルビデは、この新独立国の混沌を見逃さず、保護という名目で中米連合国をメキシコに併合させた。ところがイツルビデがメキシコ共和制支持者たちによって国外に追放され、ふたたび帰国した直後に処刑されたため、中米連合国では真の独立を求める愛国主義者たちが急遽「旧グアテマラ王国中米5州」の中米会議を招集して、1823年7月1日完全な独立を宣言した。曰く「この会議を代表する中米5州は、旧スペイン、メキシコ、および旧世界、新世界を問わず、いかなる他の強国からも自由な独立国となる。かつ、われわれは個人、あるいは一族の永劫所有の財産ではなく、またそうあるべきではないことを宣言する」。

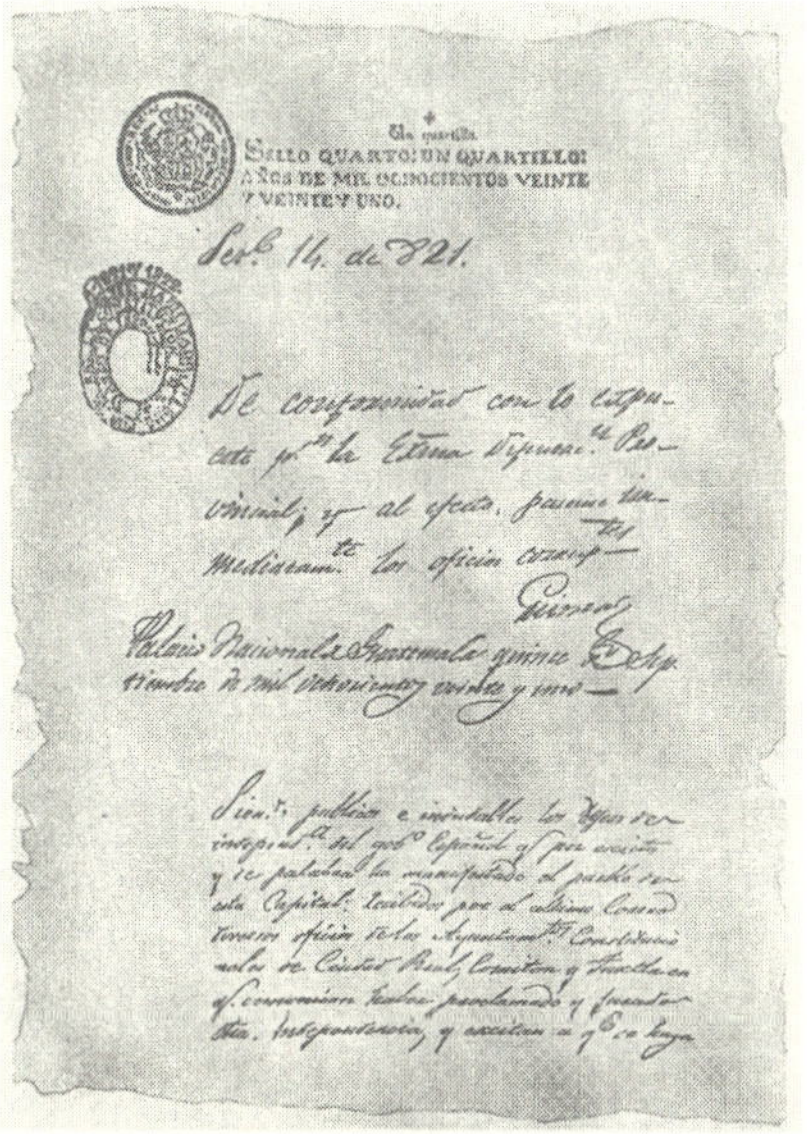
Un quartillo
SELLO QUARTO: UN QUARTILLO:
AÑOS DE MIL OCHOCIENTOS VEINTE
Y VEINTE Y UNO.

1821年独立宣言文の一部
［出所：J. Daniel Contreras R. *Breve Historia de Guatemala*, Editorial Piedra Santa, 2002］

1821年の宣言はスペインの植民地統治官僚が作成したものであったが、この1823年の独立宣言は、独立を心底から願う愛国主義者たちの起草によるものであったため、グアテマラでは公式には1821年9月15日を独立の年月日としているが、1823年7月1日を真の独立達成の日として、1821年よりこの年の方に重きをおいている。ここに中米5州は名実ともに独立して中米連合国（後に中米連邦共和国）となった。

中米連邦共和国では発足以前からすでに分離主義の風潮が蔓延し、政界では自由派と保守派がせめぎあい、一国家として中米全体の結束を維持するのはとうてい困難な状況であった。1838年5月3日、議会は中米連邦共和国に属する各国がそれぞれの地域で最も有益で、最も適した政策を自由に選択するべしとの正式の承認を可決した。そしてこの承認によって中米連邦共和国は解体され、現在の中米5カ国に分離して、それぞれが独立した。しかし中米連邦はなぜこんなに簡単に解体されたのであろうか、原因はさまざまであるが大別すると

（1）植民地時代から中米全体は確固として統一された地域ではなかった。地方地方でカシケ（大地主で地方政界のボス）が実権を握り、国家としての統一の妨げとなった。

（2）中米の愛国主義者たちは建国の強い意志を持っていたが、どう行動してよいかわからず、政治的に未経験で失敗が多かった。

（3）政権党の指導者たちの政治的無策、無能。

さて新生グアテマラ共和国であるが、中米の一国として独立したこの国の1838年から1871年までの33年間を「30年政府」の時代と称し、もっぱら保守派が政権の座を占めていた。この約30年

間は独立後の時代のはざまで、過去を懐かしむ昔帰り、復古主義の傾向が強く、為政者や富裕階級は植民地時代の生活や慣習にノスタルジーを抱いていた。広大な土地を所有するカトリック教会の権力は増大し、大学は植民地時代の法規学則に基づいて運営され、自由な気風は失われた。そして国民の間に覇気のないメンタリティが蔓延した。植民地時代は総監領の中心として、それなりに中米を睥睨していたグアテマラも、独立してみればかっての宗主国スペインと同じ貧困を引きずり、経済は疲弊し、ただ為政者が威張る権柄ずくな国柄となっていた。

「30年政府」の時代の最も強力な大統領はラファエル・カレラ将軍で、かれの政権は軍に後押しされ専制主義の統治を行った。この時期グアテマラが解決しておかなければならなかった重大な事柄は、隣国ベリーセ（現ベリーズ）との問題である。植民地時代からイギリスは、ベリーセに材木伐採のためという口実で入植し、徐々に足場を固め、ベリーセはグアテマラ領であると主張するグアテマラの脅威となっていた。

この危機を避けるためにラファエル・カレラ政府はイギリスと協定を結び、ベリーセの領土をイギリスに譲渡することに同意した。一方イギリスはグアテマラの道路建設に協力することを約束したが、その約束は果たされなかった。グアテマラはこの協約の無効を宣告し、ベリーセの返還を要求した。ベリーセ問題はその後１００年を経て、20世紀も後半の１９８１年にこの国が独立したことでやっと解決することになる。

（近藤敦子）

23

独裁の時代

★独裁者たちとアメリカ資本★

19世紀の後半になると、それまでも激しく対立していた保守派と、新しい富裕層の自由派との間で内戦が勃発した。カレラ将軍を継承した保守派のビセンテ・セルナ大統領は自由派との抗争に敗れ、1871年「自由革命」と呼ばれる政変で政権の幕を閉じることになった。「30年政府」の保守派政権の終わりである。自由派の闘士たちは今でいうゲリラ戦の戦術を駆使して山にこもり、奇襲攻撃を繰り返していたが、その反乱軍の司令官ミゲル・ガルシア・グラナドスが大統領に就任した。グラナドス大統領の任期は短かったが（1871年7月～73年7月）、植民地時代の悪しき慣習を断ち切り、新しい時代へ乗り出そうとする進取の気風がみなぎっていた。スペインから独立して半世紀が過ぎていた。

この自由革命の後押しをした要因の一つはコーヒー産業の躍進である。中米のコーヒーはすでに19世紀なかば頃から栽培されていたが、19世紀後半になるとグアテマラのみならず中米の多くの地域で、農業経済の基盤がコーヒー栽培にシフトされた。独立後クリオーリョ（植民地生まれのスペイン人）たちは、なかば強制的に先住民から農耕地を取得して、藍、コチニール染料、綿花などの栽培で経済力をつけてきた。それらの生産で農業経済がこじんまりと成立していた時代には、社会、経済の保守派はそれを維持していればよかった。しかしコーヒーの大規模栽培のためには新しい生産方式、土地保有の新しい形態が不可欠となり、新しいタイプの土地所有者が出現した。こうした社会の変化に旧来の政策では対応しきれなくなり、保守派政府は急速に衰退していった。

ミゲル・ガルシア・グラナドスの後を受けてフスト・ルフィノ・バリオスが大統領に就任した。34歳の軍人出身のカウディーリョ（頭領）である。１８３８年中米連邦が解体され、五つの独立国が出現したのにもかかわらず、もう一度中米５カ国を統合して一つの共和国になろうという願望はくすぶり続けていた。そのために行動する人々をウニオニスタ（統合主義者）、その運動をウニオニスモ（統合主義）と称する。

バリオス大統領も熱心なウニオニスタの一人であった。かれは中米の他の４カ国の大統領に呼び掛けて統合の推進を図ったが、当初統合に賛同していたエルサルバドルが態度を保留、ホンジュラスでは統合派の大統領が辞任した。外交ルートでの統合が不可能と見るや、バリオスは１８８５年２月グアテマラで自ら軍司令官となり軍を率いて「中米連邦国」を宣言した。おどろいたエルサルバドル、ニカラグア、コスタリカはバリオスに異議を申し立て、アメリカ合衆国とメキシコに軍事介入を求め、グアテマラを脅迫した。バリオスは１８８５年４月現エルサルバドル内チャルチュアパの戦闘で戦死した。かれの死とともにウニオニスモは下火となり、その後中米の統合が実現されることはなかった。

19世紀はアメリカ合衆国が中米、カリブ地域に帝国主義の覇権を打ち立てようとした時代である。「熱帯（トロピカル）」とアメリカは中米、カリブをなかば侮蔑をこめて総称するが、その熱帯の地域は

独裁者マヌエル・エストラダ・カブレラ（1898～1920年）［出所：Hector Gaitán A. *Los Presidentes de Guatemala*, Librería ARTEMIS-EDINTER］

人種上からも、地理的条件からも白人に搾取される運命にあるというのがアメリカ流の考えであった。当然アメリカ帝国主義はカリブ海上でイギリスと対立した。1850年両強大国は衝突を避けるべく協定（クレイトン・バルワー条約）を結び、アメリカおよびイギリス両国とも中米地域への統治要求を断念した。

1898年マヌエル・エストラダ・カブレラが大統領に就任した。のちのノーベル賞作家ミゲル・アンヘル・アストゥリアスの作品『大統領閣下』のモデルといわれる独裁者で、文民政治家でありながら、配下の軍人を巧みに操作して軍に絶大な権力を行使した。1920年まで実に在位22年、その間数度襲撃に遭うが、いずれも奇跡的に難を逃れ無傷であった。

エストラダ・カブレラ政権がグアテマラにもたらした負の政策の一つは、自国の土地資源を外国企業に譲渡したことである。アメリカのユナイテッド・フルーツ社（UFCO）はグアテマラをバナナ栽培の拠点として、またたくまに広大なバナナ・プランテーションを所有した。UFCOの土地はグアテマラという国家のなかのアメリカのエンクレーブ（飛び領土）で、グアテマラという国のなかに存在する他国の企業国家であった。その他エムプレッサ・エレクトリカ（電力会社）、中米国際鉄道が進出してきたが、外資に対しては通常納税義務は課せられないか、あるいはおどろくほど低廉でグアテマラ経済を圧迫した。なぜ当時アメリカ資本がグアテマラに進出してきたのか、それは時のグアテマラ政府が最も腐敗していたからだと外資は答えている。エストラダ・カブレラのあとに凡庸な5人の自由派大統領が政権に就いた。そして出現したのがホルヘ・ウビコという究極の独裁者である。

グアテマラは選挙の好きな国である。クーデターなど政権を力で奪回した例はむしろ少なく、選挙で大統領を選びながら独裁者を輩出させた。もっとも選挙は常に不正に操作されていたが。1931年2月ホルヘ・ウビコ将軍が大統領に就任すると、この軍人政治家は憲法の「再選禁止の原則」を無視して14年間政権の座にあった。ただしエストラダ・カブレラは在位22年間であったから、驚くにはあたらない。ウビコの在任期間はちょうど第二次世界大戦の前夜から戦後に一致する。

ウビコはスペインのフランコ総統、ナチス・ドイツのヒットラー、イタリアのムッソリーニなどの独裁者を狂信的に尊敬する専制政治家であった。しかしそれがワシントンの意向に抵触することを知るや、すぐさま枢軸国に反対して連合国側に味方し、真珠湾攻撃の翌日日本に対する戦争に参戦した。

独裁者ホルヘ・ウビコ
（1931～1944年）［出所：同右］

またナチス・ドイツを信奉しながらアメリカに迎合して、グアテマラ在住のドイツ人コーヒー・プランテーションの所有者を追放した。

悪政は時として自然淘汰されるように、さしたる抵抗を受けずに消え去ることがある。14年間独裁を誇ったウビコも第二次世界大戦終結の前年の1944年にアメリカ、ニューオーリンズに亡命してその地で生涯を終えた。　（近藤敦子）

24

民主主義の芽生え

★10年間の春の季節★

1821年の独立から1世紀以上続いた独裁の時代は、ホルヘ・ウビコでひとまず終了した。ウビコ政権は対外債務を大幅に減らし、グアテマラをかつてない経済力のある国にした功績はある。しかし旧世代の教育を身につけたこの独裁者にとって、国家統治とは大統領の恣意のままに国民を動かすことであり、世論を尊重したり、憲法を遵守する精神には著しく欠けていた。第二次世界大戦中に連合国側で起きた戦争反対、ナチズム、ファシズム打倒のプロパガンダはヨーロッパからようやくグアテマラにも流入して、グアテマラ国民が切望していた自由思想が流布し始めた。

「永遠の圧政の国にあって、それは10年間の春であった」と詩人・評論家のルイス・カルドサ・イ・アラゴンが述べているように、ウビコ政権が倒れた1944年からアルベンス政権が崩壊した54年までの10年間は、この国が初めて独裁から解き放たれて謳歌した春の季節であった。

ウビコ独裁政権崩壊の直後、軍事三人評議会が発足して、そのリーダー格のフェデリコ・ポンセ将軍が議会で暫定大統領に指名されたが、かれはウビコを踏襲する矮小な軍人独裁者で、

第24章
民主主義の芽生え

弾圧、暗殺を繰り返した。1944年10月1日秘密警察によるジャーナリスト、アレハンドロ・コルドバの暗殺を機に、ポンセの立場はいちじるしく悪化、ついに若手将校の儀仗軍団が武装蜂起して最後の老将軍ポンセを打倒した。同年10月20日のことであった。10月革命と称する。

10月革命を指揮した将校ハビエル・アラーナとハコボ・アルベンス・グスマン、それに文民のホルヘ・トリエーリョの3人は革命評議会を結成して、国民と国の現実に即して政治を真の民主主義の軌道に戻す準備をした。ファン・ホセ・アレバロを大統領候補に推薦したのは「人民解放戦線（学生、教師の党）」の教師たちで、アレバロが滞在先のアルゼンチンから帰国すると三顧の礼をもって迎えられ、大統領選で圧倒的勝利を得て1945年3月、大統領に就任した。アレバロはかって知識階級を嫌うウビコに遠ざけられ、アルゼンチンで研鑽を積んだ少壮学者である。いまやかれは自由グアテマラのシンボルであった。アレバロは三権の分立、地方自治体の確立など民主主義の基礎を打ち立てた。また教育者らしく公立学校を増設、低賃金の家庭の子どものために食堂を設け、無料で食事を提供するなど、現代の学校給食のようなシステムも取り入れた。それにしてもアレバロ大統領就任時のグアテマラの状況は惨澹たるもので、非識字率70％以上、とりわけ先住民の女性はほとんど非識字者であった。農業生産潜在力は当時の世界銀行が「これほど農業生産に適した国は希有である」と評したように、良質の土壌、天候に恵まれていながら未耕作地が多く、わずかな土地を所有するものは家族を支えるだけの収穫に満足し、大土地所有者は遠方に住んで怠惰な土地管理を繰り返していた。土地所有者は先住民農民の労働力に期待をかけながら、かれらの生活や社会的立場を改善しようとはしなかった。その先住民農民は痩せこけ、労働意欲を失い、当然生産性は低かったが、この悪循環を断ち切ろうとするものはいなかった。農業労働者数は全労働者の約75％に達していた。一方工業と呼べるものは事実上は無に等しく、1946年の統計で国内に従業員5名以上の工場は776、全従業員数2万3914名という有り様であった（グアテマラ統計局公報第11号1948年1月）。これがアレバロが大統領就任時に直面したグアテマラの現実である。

かれは政治的理論家というよりもどちらかといえば人民主義の指導者であった。能弁で個人的には誠実、正直な人物であったが、この国の深刻なソシオエコノミコ問題にはあまり理解を示さなかった。ソシオエコノミコとは富の配分の著しい不均衡を取り除くための社会的、経済的措置で、そのためにまず不可欠なことは農地改革であったが、それに着手すること自体が、オリガルキーの存在するこの国では不可能に近かった。またもともと中規模の地主階級出身のアレバロにとっては、農地問題は関心の埒外のことであったのだ。1947年5月に労働法が公布された。労働法は組合結成の自由、ストライキ権の確立、不当解雇者の保護、週48時間労働などを定めているが、近代国家ならば常識であるこの労働法の諸規定が、グアテマラでは過激とみなされた。

アレバロのグアテマラには自由な雰囲気が漂っていた。自由に読書を楽しみ、新聞を読み、自由に個人の意見を発表する。しかし上流階級ではそれら庶民の自由さえ行き過ぎだと決めつけ、ウビコの時代を懐かしむ風潮があった。それでもアレバロは二つの経済的メリットのおかげもあって、6年間の大統領任期（1945〜1951年）を全うすることができた。一つはウビコの時代に大方の対外債務が支払済みになっていたこと、それにコーヒーの国際価格が順調に値上がりし続けたことである。

（近藤敦子）

25

民主主義の挫折

★内線の勃発★

アレバロ大統領の後を受けて、1944年の10月革命を推進した人物の一人、ハコボ・アルベンス・グスマンが1951年に共和国大統領に就任した。かれは就任演説でグアテマラを「半植民地的隷属国家から脱却せしめ、半封建的依存型経済から近代資本主義国家につくりかえ、国民の生活水準を向上させる」ことを力説した。そのための核となるのが農地改革と国の社会基盤の整備であった。しかしそれはともに至難の政策である。すでに独裁者エストラダ・カブレラの統治下、20世紀の初め頃より広大な土地が外国企業の手に渡り、ユナイテッド・フルーツ社（UFCO）、中米国際鉄道、電力会社が納税免除にも等しい特権を得てグアテマラの地で巨利を得ていた。1952年アルベンスは農地改革法案を議会に上程し、同年7月農地改革第900法が可決成立した。この電光石火の農地改革の骨子は、土地を持たない農民に土地を分配することにあったが、そのため672エーカー以上の民間所有の未耕作地は没収され、国家所有農場はすべて分割分配されるというもので、きわめて大胆な政策であった。これこそソシオエコノミコ問題といわれる富の配分の不均衡を是正する、最も重要な基礎となる社会的経済的措置である。大土地所有階級は唖然とした。もっと驚いたのはUFCOであった。UFCOの所有する広大な未耕作地はもちろんアルベンスの農地改革法に抵触した。しかもUFCOの所有地はグアテマラ政府の統治の及ばないアメリカ合衆国の飛び領土（エンクレーブ）であったのだ。ワシントンはこの共産主義にかぶれた大統領を何としても罷免しなければならなかった。トルーマン大統領以降のアメリカの中米、カリブに対する政策の根底にあるのは伝統的な覇権主義の考えで、つねに中米を「アメリカ合衆国という本国と植民地」という関係でとらえていた。グアテマラ国内でも、もともと保守的なグアテマラ軍や地主階級は、改革派大統領には強く反対していた。1954年アルベンス政権は崩壊した。そして10年間の春はあっけなく終わりを告げた。

アルベンス政権崩壊の後、ワシントンの支援を受けて大統領に就任したカスティーリョ・アルマス大佐は、まずアルベンスの農地改革法を廃止した。大西洋岸にいたる高速道路建設などの社会基盤整備も中止、グアテマラは1944年の10月革命以前の状態に逆戻りした。しかし1957年カスティーリョ・アルマスが暗殺されたことでこの政権は終わり、その後のグアテマラは一途にネガティブな道を歩み続け、改革以前の旧体制に逆戻りする。

1958年イディゴラス・フエンテスが大統領に就任した。かれは為政者としての資質の問われる大統領で、在任中は汚職、暗殺が繰り返され、それに対する民衆の激しい抗議で不穏な社会情勢が続いた。イディゴラス・フエンテスはワシントンへの追従から、CIAに加担してカストロ打倒を掲げるキューバ亡命軍に、基地として自分の出身地レタウレウの土地を貸与した。それはグアテマラ軍人の強烈なナショナリズムと国民感情を踏みにじった大統領の独断であった。

第25章

民主主義の挫折

1960年11月13日イディゴラス・フエンテスに反対して若手将校が蜂起した。かれらは兵営を襲ったが、この襲撃は失敗した。しかしいくらかの将校グループは軍を離脱して山にこもった。まだゲリラという名称も定かではなかったが、ゲリラ活動の端緒である。1962年になると警官隊による学生デモ鎮圧は激しさを増し、それらの学生のなかから後にゲリラのコマンダンテとなる重要人物が輩出する。

その後メンデス・モンテネグロ大統領を除き軍政が続いた。そして軍とゲリラの間に内戦が勃発した。この闘争は1996年の和平協定にいたるまで36年間続き、多くの命を奪った。この内戦は表には見えない隠れた戦争といわれたが、それはまずこの戦争が、当時の東西陣営を巻き込んだ冷戦の構図に組み込まれなかったこと、そのためにアメリカがおおっぴらに関与してこなかったこと、闘争はおもに山岳部で繰り広げられ、都市部には戦争の痕跡が見当たらなかったため、当時のメディアの耳目を引かなかったことにある。後に起こる同じ中米のニカラグア、エルサルバドルの内戦に比べて、世界の注目の度合いが明らかに異なっていた。

1970年からアラーナ・オソリオ、ヘル・ラウヘルウ、ルーカス・ガルシアと3代続いた軍事独裁政権下が最も弾圧の過酷な時代であった。この時期1972年頃から軍は経済権をも手中にした。軍は陸軍銀行を通じてさまざまな事業に投資したり、国の主要企業を買収したが、そのため競争原理は失われ国内経済は停滞した。

ルーカス・ガルシア大統領辞任の直前、国防大臣アニバル・ゲバラが次期大統領に就任するべきところ、軍内部でクーデターが勃発してリオス・モント将軍が大統領職を踏襲した。かれは政治、経済、社会、軍事の四つの安定という改革のガイドラインを示したが、要は社会の安定と称して軍事力によるゲリラの壊滅が政策の主眼であり、リオス・モント統治下に最も熾烈な対ゲリラ闘争が頻発した。先住民は心証的にはもともとゲリラのシンパである。この国には昔から排除という暴力のかたちが存在している。富の公正な配分から排除された先住民がゲリラのシンパとなってもなんら不思議ではない。

リオス・モントがクーデターで奪い取った権力は、また1983年メーヒア・ビクトレスによるクーデターで奪い返された。この時期になると軍事政権は迷路のなかで方向を見失い、ヘル・ラウへルウから12年間続いた軍政の後、1986年シビリアンのビニシオ・セレソが大統領に就任した。うち続く軍政に経済は疲弊し、国際社会における国の信用は失墜してグアテマラは世界の最低の国に成り果てていた。文民大統領を選出したのは国民の総意というよりも軍の切なる願望であった。国民は長年の圧政でものいわぬ民となり、自ら意見を述べてそれを政治に反映させる意思など欠落させてしまっていた。軍はアメリカから援助を引き出して経済の安定を図り、グアテマラを軍の統制のきく民主国家に仕立てあげたかっただけで、民政にシフトしたからといって、覇権をシビリアンに譲渡してしまったわけではなかった。

セレソ政府唯一ともいうべき功績はエスキプラス合意の調印であろう。1986年5月グアテマラはホンジュラス国境近くの町エスキプラス（第54章参照）を会議の場所に提供して、ここに中米5カ国代表が集まり、中米に平和を回復し、民主主義を確立、将来中米議会を設立しようというものである。第1回エスキプラス会議は合意にいたらなかったが、翌年具体的条項を定めて調印した。この第2回エスキプラス合意（1987年）が後の和平交渉開催のきっかけとなるのである。

政府とゲリラ・グループ（URNG）が最終平和合意に署名した1996年12月29日夜、大統領官邸前の憲法広場で、36年におよぶ武装闘争の停戦を祝って平和の松明をともし、ともに喜び合うグアテマラ大統領（当時）アルバロ・アルスー（中央左）とゲリラ側最高司令官ロランド・モラン（中央右）［提供：AFP＝時事］

1990年3月29日ノルウェーの首都オスロで、グアテマラ政府の全面的支援を受けて調停役を務める和解調停委員会（CNR）とゲリラ・グループのグアテマラ民族革命連合（URNG）との会談が行われた。政府およびゲリラ・グループ代表が、平和と民主主義確立のために初めて真摯な話し合いのテーブルについた。続いて同年5月スペインのマドリードでグアテマラ各政党代表とURNG代表が、和解調停委員を交えて第2回会談に臨み、初めて「恒久の確固たる平和」を確立する強い意思を表明した。「恒久の確固たる平和」、それこそ和平合意のモットーであった。その後政府とURNG代表は会談を重ね、1996年12月29日、30年以上に及ぶ武装闘争を終結し、最終合意に署名した。こうして、グアテマラの歴史の最も悲惨な時代は終わった。

（近藤敦子）

26

あそこに火を放ったのは誰だ

★スペイン大使館の悪夢★

和平協定への道程

１９９６年12月29日、グアテマラ共和国政府代表とゲリラ組織（グアテマラ民族革命連合、ＵＲＮＧ）の代表は、これまで36年間続いた国内武装闘争の終結を宣言し、両者の間に「和平協定」が締結された。グアテマラ市において、政府代表と民族革命連合（ＵＲＮＧ）は「恒久の確固たる和平協定」の実施、遂行、検証に取り組むことを誓った。

１９８７年に始まった和平交渉締結の長い旅（それはまさに世界諸国の諸都市を渡り歩く旅であった）の間に確かに武装闘争は減少した。意外なことに和平協定に対する熱意は、ゲリラ側よりむしろ軍政府の方が強かった。軍政府は国際社会から激しい非難を浴び、国内は疲弊し、長引く武装闘争の愚かしさを身をもって感じ取っていた。和平協定のための会議が行われた外国諸都市の人々は、ゲリラ・グループのコマンダンテたち（司令官、指揮官）の礼儀正しさ、教養の深さを一様に称賛している。彼らは平和の日がくることを心して戦闘の合間に、非識字者の若いゲリラたちに読み書きを教えてもいた。

ゲリラ軍にはいくつかの集団があるが、「武装人民軍ＯＲＰ

A」を一例をとして取りあげてみると、コマンダンテはロドリゴ・アストリアス、ゲリラ名ガスパル・ヨム、その名前は彼の父で外交官であり、ノーベル賞作家ミゲル・アンヘル・アストリアスの作品の作中人物の名前に由来している。父は高名な作家であり、かつ各国大使を務めた外交官であったが、息子のゲリラへの転向のため不遇な晩年をおくった。

グアテマラの1970年代から1980年代ほど、おぞましい軍事政権の歴史を体験した国はあまり見当たらないのではなかろうか。この国の軍事政権はアルベンス政府の崩壊（1954年）以後約30年間続き、その間ロメオ・ルーカス・ガルシア（1978〜1982年）、1982年より6月までの3カ月間は軍事評議会、その後引き続いてエフライン・リオス・モントは1982年6月より1983年8月までの1年3カ月間、オスカー・メヒア・ビクトレス（1983年8月〜1986年1月）など将軍と称する軍人独裁者たちが圧政を国民に強いた年月であった。

「あそこに火を放ったのは誰だ」

1980年1月31日午前、駐グアテマラ・スペイン大使館にエル・キチェ州から先住民の農民たちが来訪した。大使館表玄関は開放されており、出入りは自由であった。彼らはスペイン大使に面談を求めた。自分たちの州のウスパンタンのある村で、9人の農民がゲリラの嫌疑を受けて軍に拉致されて殺害され、道路に放置された。当時その地域では弾圧が激しくなり、役所はもちろんのこと、メディアにも陳情できない、また陳情しても取りあげてもらえない。そこでどこか外国の大使館にこの事実を話して、当地域の悲惨な出来事を国際的に取りあげてもらえないか。そのような願いからスペイン大使館を選んでやってきたのであった。もちろん来訪の約束も取りつけていなかった。農民たちは総勢25名でスペイン語はあまり話せない。彼らは暫時滞在するつもりで、若干の食糧を携帯していた。この農民のなかには、ノーベル平和賞を受賞したリゴベルタ・メンチュウの父も含まれている。娘のリゴベルタによると、父親はすでに政治犯として追われ通しで危険な生活を続けていたので、スペイン大使館に行く時は、もう心の準備ができていたと語っている（『わたしの名はリゴベルタ・メンチュウ』新潮社、1987年）。娘の同行は固く拒否した。農民には数名の学生が付き添っていた。話を聞いたマクシモ・カハル・スペイン大使は「あなた方の心情は理解できるが、これはちょっとまずい。もしこれがグアテマラ当局の知るところとなり、警察に通報されたら、あなた方の立場は非常に困難なものとなる。もちろん私の国スペインは民主国家である。しかしグアテマラ政府もスペイン政府も、あなた方の現在の行為を、友好的とは判断するまい。すぐにここを退去しなさい」。しかしその時はすでに遅かった。

スペイン大使マクシモ・カハルにとっても、農民にとってもそれから起こった凄惨な事実は、どんな言葉を使っても語り尽くせない。警察軍は強力な火炎放射器で陳情にきた農民、大使館員もろとも焼き尽くした。37名が犠牲となった。当局からは全員殺害せよという暗黙の指令が出ていた。マクシモ・カハル大使は、その事件の唯一の生存者であった（註：正確にはもう一人先住民農民がその時は死を免れた）。しかし生き残った大使は、以後20年間この事件について語ることを封印して、一言も話していない。20年後の2000年、やっと一冊の著作を発表した。本のタイトルは『あそこに火を放ったのは誰だ（*Saber quien puso fuego ahi!*）』。それはこの事件を体験した農民で唯一死を免れ、助け出された後、軍に拉致されて殺害されたエル・キチェ州の先住民農民グレゴリオ・ユハのたどたどしいスペイン語の最期の言葉である。グレゴリオ・ユハは大使と同じ病院に収容されたが、同夜拉致され、翌朝遺体はサンカルロス大学のある建物の前で発見された。遺体の上には走り書きをした紙切れが置かれ、それにこう記されていた「大使も同じ目に遭うぞ」と。

マクシモ・カハル大使と農民たちの会話はものの10分も続いたであろうか、その時はすでに遅かった。誰の通報なのか、大使館の前には警察のパトロール車と警察軍が到着していた。大使館は治外法権である。マクシモ・カハル大使は、何としても警察軍の突入は回避しなければならないと考え、すぐに所轄官庁に電話をしたが、外務省、内務省、どことも連絡はとれなかった。その上、電話線はすぐさま切断され不通となった。それは1980年代の始まりで独裁軍事政権ルカス・ガルシア政権下であり、政府は先住民農民をすべて、ゲリラ、あるいはゲリラのシンパと見なしていた。ちょうどこの時間大使館には来客があり、大使はその来客の安全を確保するべく窓際に座らせた。来客は元副大統領カセレス・レンホッフ、元外務次官モリナ・オランテス、弁護士のアギーレ・ゴドイの3人で、ゴドイ弁護士のみは所用のため先に大使館を辞して難を免れた。

マクシモ・カハル元スペイン大使
［出所：*El Pais semanal,* 2000年4月23日号］

マクシモ・カハル大使は侵入してきた警察軍に向かって、「発砲はしないでくれ、彼らはきわめておとなしく訪問してきた。第一、大使館から警官隊の出動など要請していないではないか」と必死に警官隊に抗議した。しかし大使と書記官の必死の説得も空しく、警官隊は発砲して皆殺しにして火を放った。

『沈黙の記憶』（1994年6月23日ノルウェー、オスロで設立された歴史的真実解明委員会『グアテマラ、沈黙の記憶』全12巻、第6巻第79例「スペイン大使館における殺戮」参照）では事件を次のように記録している。「警察軍の侵入により大使執務室に避難した農民は動けなくなった。警察軍は避難した全員に火炎放射器か不活性ガス放射器を浴びせかけた。凄まじい高温度の火力であった。マクシモ・カハル大使は警官隊を説得しようとして、本能的にドアの方へ身を乗り出したのであろう。それが彼の生命を救った。大使館の入り口までやっとたどり着いた大使を警官たちは小突きまわしていた。赤十字の素早い動きで救われた大使は、エレラ・ジェランディィ病院に収容された」。もちろんスペインは直ちにグアテマラと国交を断絶した。和平協定が締結される前の1996年3月、スペインを公式訪問したアルスー内閣の外務大臣エドワルド・ステインは「わが国の卑劣な行為に屈辱の思いがする」と述べて真摯な謝罪の意を表している。もちろんそれまでにもグアテマラから政府要人がスペインを訪問していた。しかし正式の謝罪はなかった。

大使館焼き討ちという忌まわしい事実を経て35年後の2015年、元スペイン大使館跡に遺族や関係者が集まり、涙とともに追悼した。「誰も生きて外に出すな」と指令した警察軍責任者は逮捕され裁判にかけられた。しかし、グアテマラは本当に民主国家となったのか。永遠の常春の国は胸を張って民主主義を唱えられる国になったのか、もう一度検証する必要がある。

（近藤敦子）

27

2015年大統領選挙

★コメディアン出身の大統領誕生★

２０１６年１月、グアテマラにコメディアン出身の大統領が誕生した。前年の２０１５年に大統領選挙が実施されたが、選挙戦開始前、まさかコメディアンのジミー・モラレス氏が大統領になるとは誰もが予想していなかったことだろう。２０１５年は予想だにしないことが次々と起こり、グアテマラにとって激動の一年となった。現職大統領の辞任、そして、その直後に実施された大統領選挙において、政治とはほとんど無縁であったコメディアンが圧勝したことは、グアテマラにとって１９９６年の和平協定締結以来の大きな出来事であり、大手新聞紙は後々「市民革命」として歴史に刻まれるだろうと評している。

グアテマラでは、４年に一度、大統領・副大統領選挙、国会議員選挙、市長選挙、中米議会議員選挙が同時に実施される。２０１５年は選挙年であったが、選挙年を迎える前から与野党は対立し、国会は空転していた。そのため、軍出身のオットー・ペレス・モリーナ大統領（当時）は、当初は高い人気を誇っていたが、具体的な成果を出せないまま選挙年を迎えることとなり、支持率が急落していた。

２０１５年４月時点では、最大野党の自由民主会派党（ＬＩ

DER）のマヌエル・バルディソン候補が次期大統領になるのではないかというのがメディアの大方の論調であり、それをアレハンドロ・シニバルディ与党愛国党（PP）候補とサンドラ・トーレス国民希望党（UNE）候補が追いかけるという構図であった。なお、近年の大統領選挙では、「前回の大統領選挙で次点となった候補が大統領に選ばれる」という傾向があり、実際、1995年の大統領選挙以降、その「伝統」が続いていた。そのため、今回の大統領選挙においても、2011年の大統領選挙で次点となったバルディソン候補が勝利するだろうとの見方が強かった（バルディソン候補は、この伝統を意識して、選挙キャンペーンで「次は彼の番である（Le toca）」というスローガンを掲げたため、有権者の意思を軽視しているとして批判された）。

しかし、2015年4月16日、検察庁およびグアテマラ無処罰問題対策国際委員会（CICIG。グアテマラ政府と国連の合意に基づき設置された組織）が税関における脱税汚職組織「ラ・リネア」を摘発すると、状況が大きく変わった。なぜなら、その脱税汚職組織のリーダーがペレス・モリーナ大統領とロクサーナ・バルデッティ副大統領（いずれも当時）であるとの疑いが浮上したからである。

これにより、与党PPへの信頼が失墜したことは言うまでもないが、シニバルディPP候補も早々に見切りをつけて同党を離党し、選挙戦から離脱した。その後、CICIGは選挙戦に狙いを定めたかのように、現職国会議員の汚職を追及した。汚職追及の手がエドガル・バルキンLIDER副大統領候補にも及ぶと、それに引きずられる形でバルディソンLIDER候補の支持率が急落した（グアテマラでは大統領と副大統領がセットで選出されるため、副大統領候補のイメージも重要となる）。一方、トーレスUNE候補も最高選挙裁判所に選挙法違反を指摘されたが、大きな傷とはならず、手堅く選挙戦を進めた。

２０１５年９月６日の大統領選挙が近づくにつれて、現職大統領や国会議員に対する汚職追及は激しさを増し、首都グアテマラ市では毎週末、大規模なデモが繰り広げられた。度重なる汚職摘発により、有権者は既存政治家への不信感を募らせ、大統領選挙の争点は「反汚職」に絞られていった。このような政治的混乱の中、支持を急速に拡大したのがジミー・モラレス国民集中戦線（ＦＣＮ）候補である。モラレスＦＣＮ候補は政治経験がなかったため、選挙戦序盤は泡沫候補であったが、政治経験のなさがかえってクリーンなイメージへとつながったのである。大統領選挙を5日後に控えた9月1日、国会でペレス・モリーナ大統領（当時）の不逮捕特権剝奪が可決されると、逮捕状が発付され、同大統領は辞任した。3日、アレハンドロ・マルドナド副大統領（当時。バルデッティ副大統領は汚職容疑で同年5月に辞任していた）が新政権までのつなぎ役として大統領に就任した。大統領選挙直前の現職大統領の辞任は、国民を動揺させたが、選挙自体は概ね平和裏に行われた。

大統領選挙第１回投票後の独立記念日（9月15日）。憲法広場では毎週デモが行われていた

図１　大統領選挙主要候補の支持率推移

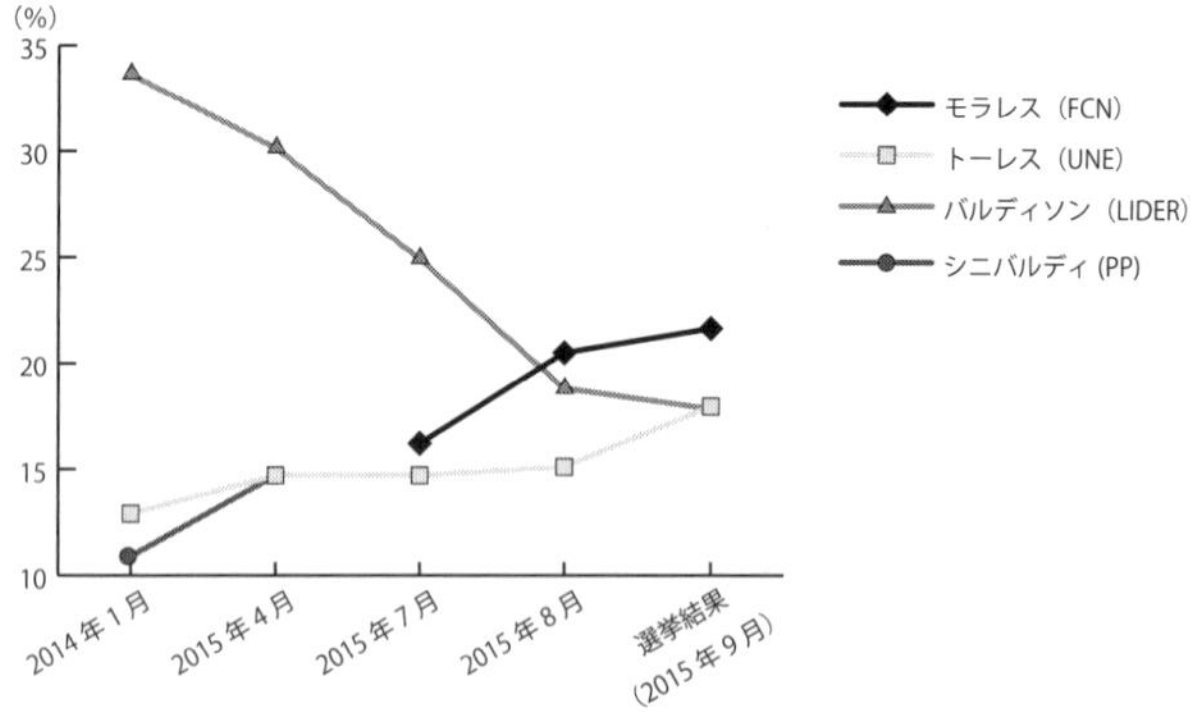

出所：プレンサ・リブレ紙及びグアテマラ最高選挙裁判所のデータを基に筆者作成。なお、モラレスFCN候補は2015年4月時点では泡沫候補であったため、それ以前の世論調査では支持率が掲載されていない。

２０１５年の大統領選挙の結果は、蓋を開けてみるとモラレス氏の圧勝であった。９月６日の大統領選挙（第１回投票）では、モラレスＦＣＮ候補が23・85％の票を獲得して首位に立つ一方、トーレスＵＮＥ候補とバルディソンＬＩＤＥＲ候補が接戦を繰り広げ、最終的にトーレスＵＮＥ候補が第２位となった。10月25日、モラレスＦＣＮ候補とトーレスＵＮＥ候補による決選投票が実施されたが、モラレスＦＣＮ候補が全23選挙区中21選挙区で過半数の票を獲得するという圧勝劇であった。

汚職への関与が疑われるペレス・モリーナ前大統領も、元々は民主主義に基づいて実施された選挙で選ばれた大統領である。モラレス大統領も、国民の高い支持を受けて大統領に選出されたが、大規模デモを起こせば大統領を辞任させることができるというグアテマラ国民の「成功体験」は、今後の政権にとっては大きなリスクとなりうるだろう。モラレス大統領は、政権発足後２年以内に結果が出せず、また、10万人規模の自身に対する辞任要求デモがあれば、辞任する旨述べている。

モラレス新政権は、早急に政策を実行し、成果を出すことが求められているが、就任直後から混乱が続いている。２０１６年1月の大統領就任式直後には、自身が任命した閣僚が国民からの批判を受けて辞任した。２０１６年末には、大統領選挙におけるＦＣＮの政治資金に関する報告書に問題があったとして、最高選挙裁判所から指摘を受けている。その後も、モラレス大統領の息子のホセ・モラレス氏と実兄であるサミー・モラレス氏が汚職事件に関与していたとして逮捕されている。

このような中、２０１７年1月、モラレス大統領は政権1年目の成果について発表した。行政改革や歳出削減、殺人率の低下、過去最大のコカイン押収、医薬品提供等の成果を並べたが、モラレス政権の目玉政策であった汚職撲滅の具体的な成果がなく、また国家戦略が欠けているとして批判を受けた。国民からの大きな期待を受けて発足したモラレス政権であるが、長期的な戦略もなく、政策の綻びが見え始めている。

（大木雅志）

V

現代の政治と経済

28

新自由主義

★開発につながらない自由化・開放化★

新自由主義（ネオ・リベラリズム）とはラテンアメリカでは1980〜90年代に普及した政策で、多くはIMFコンデイショナリティーに基づいて、市場メカニズム・競争原理の導入と対外開放化を目指す改革である。その目的は輸出と外国企業主導で経済を再建し、同時に財政赤字を削減してインフレの原因を取り除くことにある。ただし実際にはこれだけの目標が達成された例はほとんど存在しない。市場経済・自由競争を重視する点では、米国の場合と同様に保守派が掲げる政策で、ラテンアメリカでは1980年代には、軍事政権がこの政策を実施するケースが多く、1990年代には民主化以後の政権がほとんど同じ政策を行った。

グアテマラの場合は1980年代後半から徐々に貿易自由化が開始され、1996年の和平合意において「社会的・生産的活動と投資の開始」「税制改革」が盛り込まれて、新自由主義改革が本格化したかと思われた。そして中道左派・社会民主主義を掲げたコロム政権（2008〜2012年）の登場によって、同国もポスト新自由主義の段階に入るとみられた。しかし同政権が、貿易自由化、外国企業重視を打ち出し、さらに（親米右派で知られるサントス政権下の）コロンビアと自由貿易協定を締結するなど、単純には図式化できない難しさがある。

まずマクロ経済における改革の成果（?）を見ておこう。インフレを示す消費者物価上昇率は、1990年の38%から低下して、96年以後は1ケタ台が続いている。他方で1人当たりGDP成長率は2007年を例外としてほぼ2%以下にとどまり、リーマン・ショックの影響を受けてマイナス成長となった年もある。これらの指標で見る限り、経済再建と安定化という目標達成は程遠い。

民営化については、電信電話会社グアテル（GUATEL）株式が1998年に85%売却され、同年に電気公社（EEGSA）株も80%売却されてスペイン企業が買い取った。2000年以後は水資源の管理を民間個人・法人が買い取ることを認める「水資源の持続可能な利用・管理に関する法」が検討されている。グアテマラでは水資源の管理を定めた明確な法律が存在しないため、各政権がこうした法案を成立させようと努めてきたが、そのつど反対が多く難航している。

税制改革には国連開発プログラム（UNDP）や世界銀行からの支援もあって、和平合意における「税制合意」が着手された。まず1996年に付加価値税が引き上げられたが、さらに新たな所得税も設けられて同年の税収は対GDP比8・7%だった。ところが1997年の税制改革では最高税率が30%から25%に引き下げられる一方で課税ベースは拡大され、税体系の逆進化が進められた。そして「税制合意」の取り組みとしては、各階層に対して納税意識の改革と財政のマクロ効果を説く試みがはじめられた。「合意」では2003年までに税収の対GDP比12%以上を達成することが掲げられ、統計ではこれは一時的に実現されたが、リーマン・ショック以後の成長率減退によって再び低下

図1　マクロ経済指標、対GDP比（%）

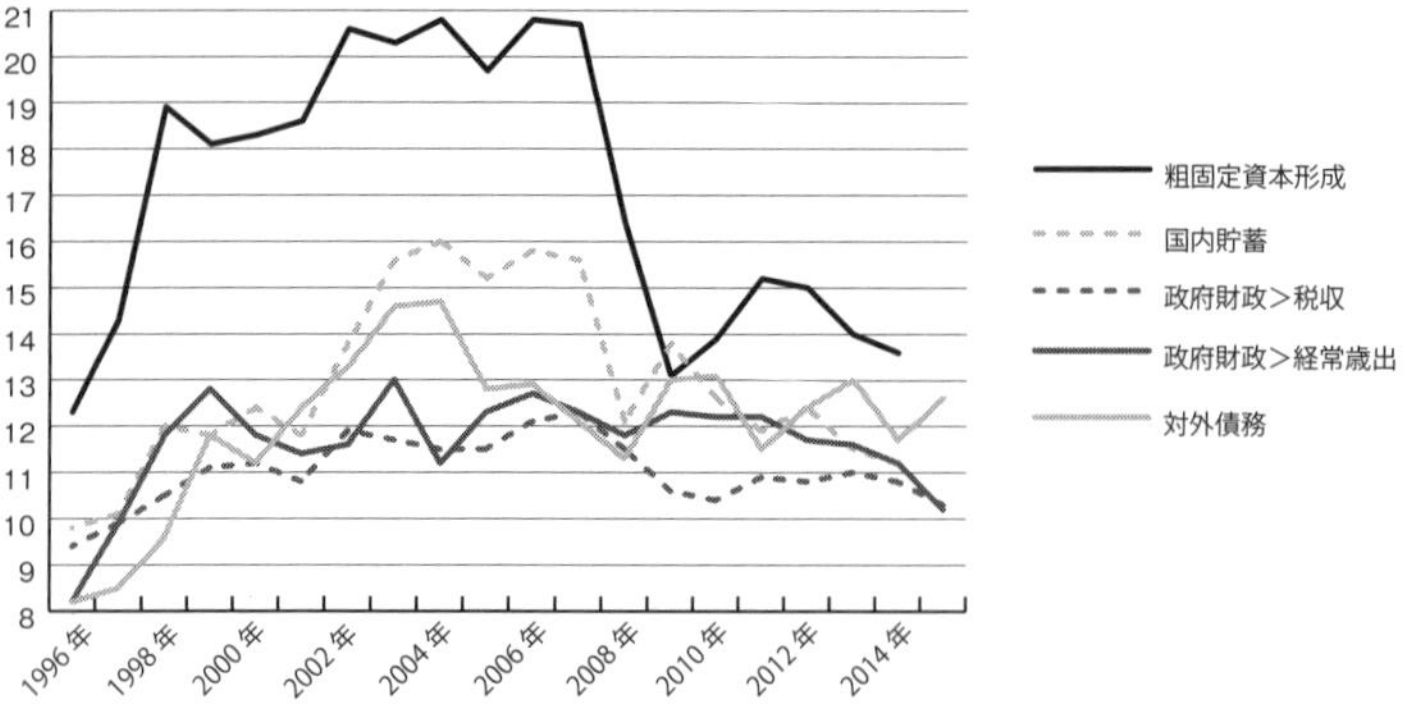

出所：Comisión Económica para América Latina y el Caribe *Estudios económicos de América Latina* 各年版 CEPAL, Santiago de Chile

表1　GDPに占める各産業の産出比率（%）

	1997～2001年	2002～2003年	2004～2007年	2008～2012年
農牧畜水産業	14.4	14.1	13.9	13.4
製造業	20.4	19.3	19.1	18.0
商業	12.8	12.7	12.4	11.7
運輸・通信業	4.9	5.6	7.8	10.5
その他	47.6	48.3	46.9	46.4

出所：グアテマラ中央銀行
Banguat> Estadísticas Macroeconómicas>Actividad económica

している（図1）。他方で財政支出の対GDP比はラテンアメリカの中でも低水準にあり、近年は教育、福祉といった社会関連支出の比率の低さが目立つ。

グアテマラにおける貿易自由化は1985年に開始され、マキラドーラ企業と非伝統的一次産品部門を中心に関税・非関税障壁が徐々に削減された。平均関税率は1995年の8・66%から2005年に5・82%、2015年には1・39%まで削減されたが、とくにDR－CAFTA発効以後2年間で約2・6%引き下げられた。この期間にグアテマラを含む中米5カ国が締結・発効に至った自由貿易協定FTA（あるいは経済連携協定EPA）は以下の通りである。

中米5カ国―チリ：FTA、グアテマラとチリは2010年発効

中米5カ国―パナマ：FTA、2009年発効
ホンジュラス・ニカラグア・グアテマラ―メキシコ：FTA、2001年発効
中米5カ国―メキシコ：FTA、2011年発効
　中米各国が各々メキシコと締結していたFTAを一本化
グアテマラ・エルサルバドル・ホンジュラス―コロンビア：FTA、2009年発効
　財・サービスの53％の関税が最長15年かけ撤廃
グアテマラ―台湾：FTA、2006年発効
グアテマラ・エルサルバドル・ホンジュラス―台湾：FTA、2008年発効
中米5カ国・ドミニカ共和国―米国：FTA（DR－CAFTA）、2004年締結、2007年発効
　グアテマラでは2005年批准。中米の対米輸入の8割強の関税が撤廃されたが米国の一次産品、繊維産業には保護が適用
中米5カ国・パナマ―ヨーロッパ連合：経済連携協定EPA、2013年発効
グアテマラ―スイス、リヒテンシュタイン・ノルウェー・アイスランド：FTA、2017年締結

グアテマラでも2000年以後製造業製品輸出が急増し、2016年には財輸出の60％以上を占める。製造業の中では繊維産業と砂糖産業が最も多く、輸出先は40％前後が米国だが近年はエルサルバドルとホンジュラス向けが増加傾向にある。他方、輸入も40％強が米国でメキシコと中国が続き、品目では原材料・中間財と資本財の合計が50％を上回る。繊維部門に関しては2001年から翌年まで

図2　品目別輸出入総額（単位100万ドル）

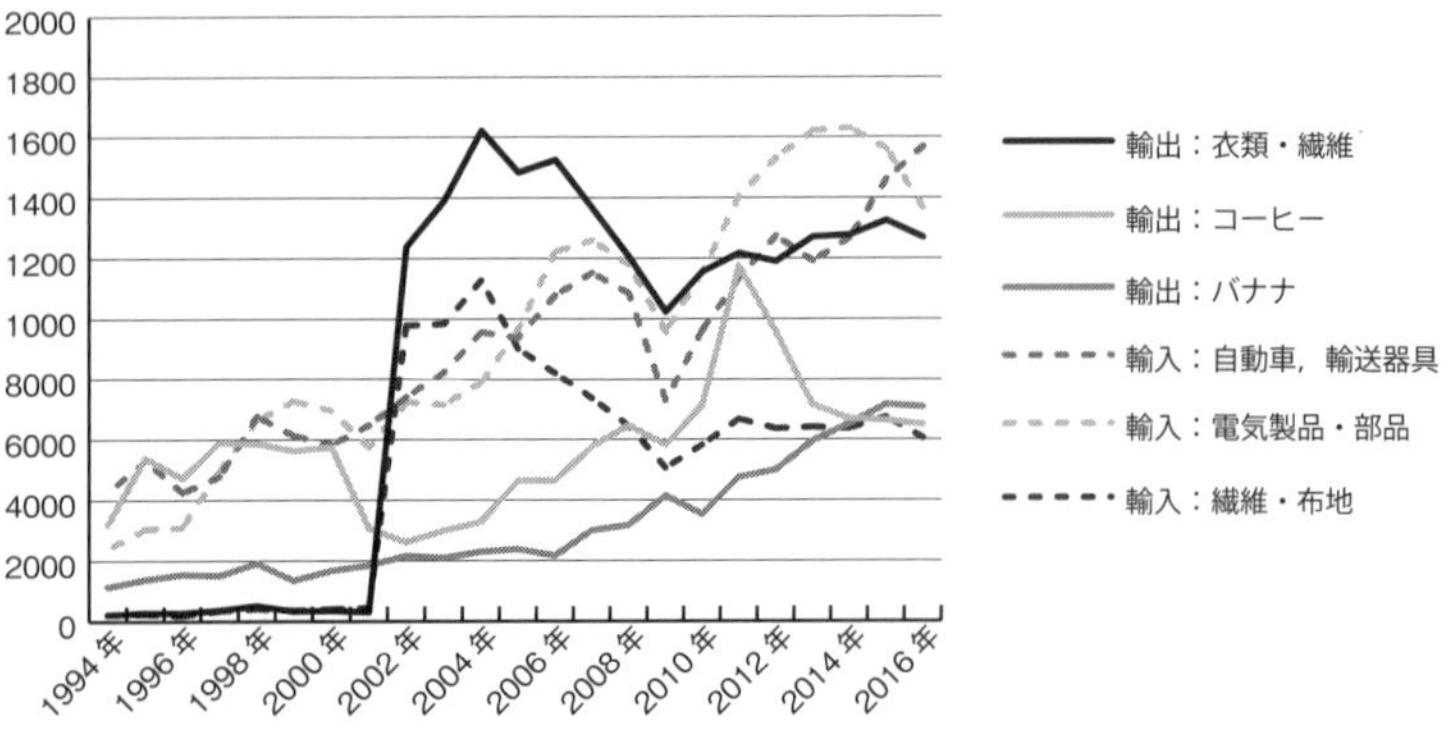

出所：グアテマラ中央銀行 Banco de Guatemala>Estadísticas Macroeconómicas>Sector externo

に倍増したのち２００６年以後は５億ドル減少した。この輸出額の変化は数量の増減によると考えられるし、米国向けが大部分を占めることを考慮すれば、当時のブッシュ政権によるアフガニスタン侵攻で発生した軍需向けの特需をうけて繊維輸出が急増したと考えられよう。

繊維産業については別の見方もできる。２００２年には繊維原材料の輸入も９億ドル強増加し、それ以後輸出と輸入の増減はほぼ並行している。つまり同国の繊維産業は輸出を伸ばしたとはいえ、実は中間財である布地を輸入して衣類を輸出する加工産業の立場にある。これでは原材料から製造する場合に比べて国内付加価値産出は小さく、雇用創出や他部門への投資の波及効果は限られる。実はこうした「輸出増加、同時に輸入増加」という特徴は製造業全般について言えることで、近年は電気器具とその部品が「中間財・資本財」として輸入される構造になっている。

貿易の増加と同時に直接投資受け入れも急増し、２００７年の５・３億ドルから２０１４年には14億ドルまで増加した。部門別ではサービス産業が70％前後を占め、国別でも米国、カナダ、メキシコの合計が75％を超える。

（安原　毅）

29

米国企業の利権

★バナナ産業を中心に★

米国の農業企業といえば、穀物メジャーと呼ばれるアグリビジネスの寡占体制で知られるが、扱うのは穀物に限らずフルーツや牧畜まで幅広い。この中でグアテマラはじめ中米では、バナナ農園を展開したユナイテッド・フルーツ社（United Fruit Company）が有名である。1870年代にコスタリカで鉄道建設に着手した投資家が、沿線でバナナ栽培を始めたのが起源で、1899年にバナナ輸入会社と合併してユナイテッド・フルーツ社が設立された。20世紀初頭には中米全域に鉄道とバナナ栽培を拡張し、最大の土地所有法人となった。もちろんユナイテッド・フルーツ社には肯定的な評価もある。同社の土地買収は合法的に行われたし、当時としては比較的高い労賃を支払って未開拓地の開発に尽力した。同じ20世紀初頭、米国の反トラスト法の規制によって同社は分割され、後にフィリピンでバナナ栽培を始めるスタンダード・フルーツ社（後のドール社）が誕生した。

グアテマラではもう一つ、1886年に農作物会社を母体に立ち上げられたデルモンテ社（Del Monte Foods Incorporated）が、1960年代からバナナ栽培に参入した。ユナイテッド・フ

図1　グアテマラ　バナナ輸出価格（右軸：箱当たりドル建て価格）と輸出数量（左軸：箱数1000箱）

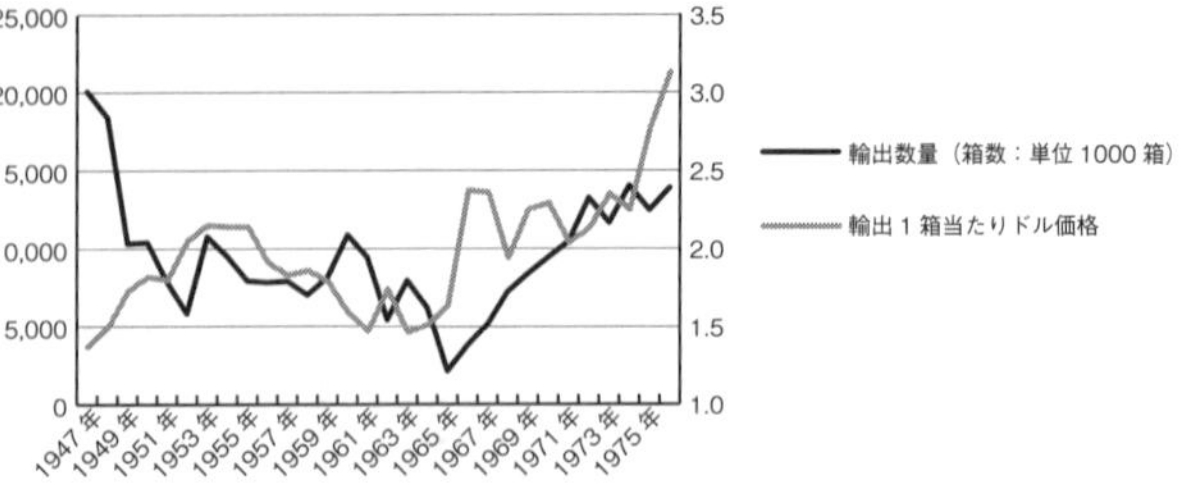

出　所：Ellis, Frank (1983) *Las transnacionales del banano en Centroamérica,* Colección SEIS, pp.400, 402.

図2　バナナ農園全耕作面積（右軸：ヘクタール）と1ヘクタール当たり産出箱数（左軸：1000箱）、労働者1人当たり産出箱数（左軸：1000箱）

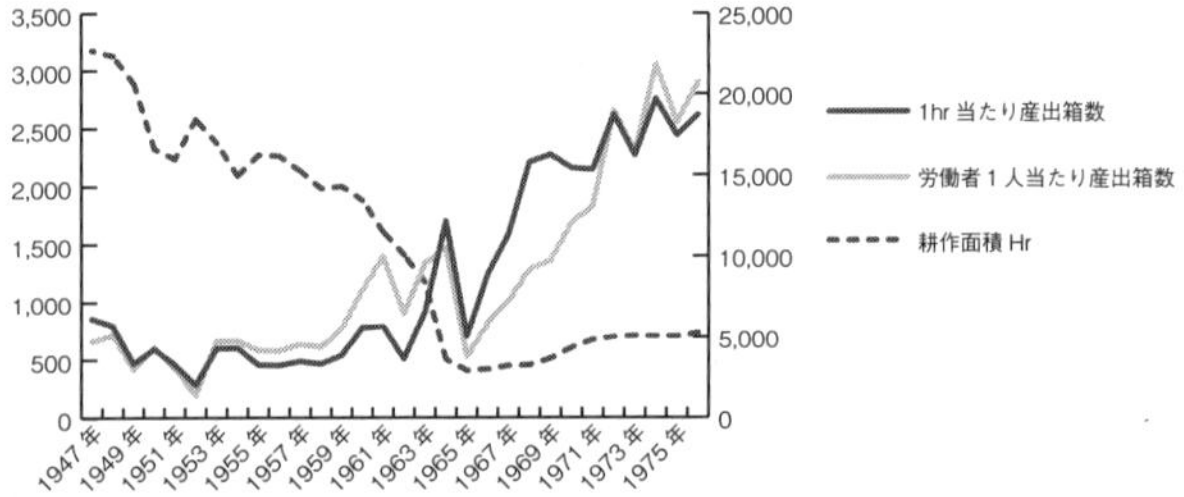

出所：Ellis 前掲書、pp.401, 408, 409.

ルーツ社はこの時ユナイテッド・ブランズ社になっていたが、1972年にバナナ事業の一部をデルモンテに売却した。このように穀物メジャーと呼ばれるアグリビジネス各社は相互に競争関係にあると同時に、反トラスト法の規制を逃れるため、また課税対策のために、密接な協力を築いていた。こうしたアグリビジネスについては、フィリピンを舞台にした鶴見良行のルポの言葉が有名である。「かれら（フィリピン・バナナ農園の労働者）の不自由が私たちの自由を可能にしている」（『バナナと日本人——フィリピン農園と食卓のあいだ』162頁）。

ユナイテッド・フルーツ社とグアテマラ政府との関係に変化が生じたのは、アレバロ政権（194

表1　バナナ農園労働生産性（労働者1人当たり生産箱数：1000箱）

	1947〜1951年	1952〜1956年	1957〜1961年	1962〜1966年	1967〜1971年	1972〜1976年
グアテマラ	609.8	563.3	896.8	1063.2	1466.2	2721.9
コスタリカ	815.8	858.3	1036.9	1255.5	1624	2410.5
ホンジュラス	645.2	575.6	1202.3	1555.6	2218.2	2215.5
パナマ	780.6	786.6	1151.5	1431.7	1851.5	2417.3

出所：Ellis 前掲書、pp.163.

0〜1950年）が労働法を制定した1947年だった。同法では500人以上の正規雇用を抱える農園での労働者には産業労働者と同等の団結権等が認められた。さらにアルベンス政権（1950〜1957年）は農地改革法を制定し、耕作されていない個人所有地は保証を付けたうえで没収し、この没収地は個人農民に分配されて終身所有を認めた。こうして84万ヘクタールの農地が約8万世帯に分配された。

1953年にはユナイテッド・フルーツ社のバナナ農園12万ヘクタールのうちの未開拓地約11万ヘクタールの没収が発表され、7・5万ヘクタールが実際に没収された。さらにこのときの補償が低かったことに反発して、同社は米国の支援を受けた元軍人のアルマス（1955〜1957年の大統領）の軍事作戦によるアルベンス政権打倒に積極的に協力した。農地改革として分配された土地は元の所有者に返還され、ユナイテッド・フルーツ社はグアテマラ軍事政権と結びつきを強めて、再び大規模農園経営に着手した。その後1960年以来同社は多角化計画を開始し、パイナップル栽培から牧畜産業にも進出した。

1940年代からグアテマラのバナナ耕作・輸出は、ユナイテッド・フルーツ社とデルモンテ社の2社が大部分を占める体制となり、1962年からは2社による完全寡占体制となった。そこで図1と図2でバナナの輸出と耕作の動向を見れば、ともに1962〜1965年に構造変化があったことがわかる。

つまりバナナ輸出価格の上昇に伴い輸出数量も拡張されたので、輸出額は倍増した。1950、1960年代には中米全体の農産物輸出ブームと言われるほど輸出が急増したのだが、この数量増加は、同社が冷蔵設備を開発していたことに加えて、ヨーロッパ向けに輸出を広げ始めたことにもよる。

他方で1964年以後は、耕作面積が縮小したまま横ばいであるにもかかわらず、生産数量は急増した。そして労働者数も、耕作地面積とほぼ同様に縮小され、1965年以後は1947年の4分の1程度である。これは他の作物や牧畜業にも多角化された結果だが、特に農耕には適さない山間部でも牧畜は可能だったため、多くの先住民が土地を「買い上げ」られて「土地から切り離された労働力」となった。こうしてユナイテッド・フルーツ社とデルモンテ社が農作物輸出を支配すると同時に、土地と労働力の投入構造も確定された。

この1962〜1965年は、国内外で後戻り不可能な変化があった時期でもある。

・山間部と都市部で反政府武装ゲリラ集団が結成され、
・1965年憲法で法的には民主的な政権交代が謳われたにもかかわらず、軍の力による大統領解任が続き、
・革命後キューバを舞台に米ソが核戦争の一歩手前にまで至り、
・いわゆるトンキン湾事件を口実に米国がベトナム戦争に軍事介入し、同様にソ連も軍事介入を始め、
・米国国際開発庁（USAID）の公安協力プログラムの一環として派遣された安全保障顧問が、グアテマラ軍幹部とともに「掃討作戦」を立案し、合計8000人が処刑された。

バナナについて見れば、1960年代後半から中米諸国全体で労働生産性が引き上げられたのだが、中でもグアテマラのそれが上昇率は最高だった。1967〜1975年に限れば、土地当たり生産性の上昇よりも労働生産性の上昇の方がはるかに大きいが、この間輸出価格の上昇は小さい。つまり両社は輸出価格の上昇が見込めない分を、ほぼ一定人数の労働を強化する（賃金コストを一定に保つ）ことで、利潤を拡大したといえる。

この時期は、スタンダード・フルーツ社がフィリピンでバナナの生産・輸出を開始した時期で、世界的にバナナは供給過剰の状態にあったとする見方もある。確かに輸出数量も1971年以後は増加が鈍ったが、耕作地と労働力を完全に確保する体制を確立した米国系2社は、需要の変化に対応して生産コストを抑えて利潤を確保することができた。

ユナイテッド・フルーツ社は1970年に吸収合併されユナイテッド・ブランズ社（United Brands）となった。同社は農業生産部門として中米各国で7社、食品加工部門に6社、工業部門に6社、その他8社の計27社を擁する大アグリビジネスとなり、現在はチキータ・バナナ（Chiquita）として知られる。

（安原　毅）

30

新経済政策

★貧困問題をどうとらえるか★

グアテマラにおける緊急の課題が、貧困対策と人間開発・社会開発の目標——教育、医療、社会的公正——達成であることは、疑問の余地がない。所得貧困についてみれば、2000年以降でも貧困率（貧困ライン以下人口の割合）は53～56％で、うち極貧率は13・3％と依然高い。中でも先住民人口が多い北西部の県では貧困率は70％以上、極貧率は21～38％である（Instituto Nacional de Estadística Guatemala 2011 *Caracterización república de Guatemala* p.10）。さらに教育、医療などへのアクセスも著しく制限されている。

社会民主主義を掲げる国民希望党から出馬して当選したアルバロ・コロム政権（2008～2012年）は貧困撲滅を訴え、特に貧困層の食糧事情・栄養状況の改善のためのプログラムを発表した。

・ミ・ファミリア・プログレサ：15歳以下の子供がいる貧困家庭に資金援助し、子供の教育や医療に投資させる、

・ボルサ・ソリダリア：栄養不足の家庭向けの食糧支援、

これらは他のラテンアメリカ諸国で実施された政策を取り入れたもので、グアテマラでの有効性には疑問もあった。とはい

え次のモリーナ政権もこれらの一部を引き継いだので、コロム政権がその後の経済政策に方向性を与えたことは確かである。

つづいて右派の愛国党・大国民同盟から当選したペレス・モリーナ政権（２０１２〜２０１５年）は主要課題として、①民主主義と社会的公正、②競争力強化による経済開発、③生産的な社会インフラ整備、④社会開発、⑤持続的な農村開発、を掲げ、そのための重要政策として、(1)公正と治安・安全、(2)『飢餓ゼロ』、(3)財政管理、競争力強化と制度強化、をあげた（『人口・社会開発政策年次報告２０１５』）。『飢餓ゼロ』とは乳幼児・子供の慢性的・急性栄養失調の解決を目的として、食糧の安定的確保、栄養補助食料の供給、家族農業の支援などの活動を盛り込んだプログラムである。

しかし現実に貧困人口は増加しているのだから、成果が上がっているとは言えない。むしろ社会的に見て、貧困が新たに作り出されていると考えるべきである。グアテマラではこうした経済・社会開発の何が問題なのか。

政府関係の年次報告書を読めば、上記の「課題」「政策」は基本的に以下の論理に基づいている。

(1)「農牧畜業、製造業ともに労働生産性が低いため低賃金が続いており、そのため貧困率が高い」。とくに農業では小規模農家が多いために生産性が低く、その結果貧困が解決されない、といった議論が多い。

(2)「グアテマラでは扶養家族である子供や高齢者が増えたために貯蓄率が低く、社会的に貯蓄が不足する結果、投資も増加しない」。貯蓄が不足しているために投資がファイナンスされず、経済成長が制約されるといった論理はしばしば見受けられる。

(3)「(2)と同じ理由で課税ベースが拡大しないため、税収が増えず、それが制約となって政府は十分な経済政策を実行できない」。この議論に基づいて、国民の納税意識を高めるといった意識改革がすすめられた。

いずれも標準的な経済学の論理をそのままあてはめたような議論である。まず「労働生産性によって賃金上昇が決まる」という議論は、完全雇用に近い状態でなければ成立しない。グアテマラの完全失業率は公式には、2014年に2・9%、2016年に3・1%で、これは中米5カ国の中では最低である。しかしこの「失業」に含まれない不完全就労（国際労働機関〔ILO〕の定義では、平均的な労働時間・労働生産性を下回る条件で働く労働者）比率は2010年に21%まで上昇し、2014年にも12%だった。インフォーマル・セクター比率は2012年以前には74・5%で2014年でも65・8%、都市部では59%、農村では81%である。そして「自家経営」労働者の比率も2010年以後40%以上が続き、農村部では依然42・6%にある（『人口・社会開発政策年次報告2015』41頁）。特に農村部では、2006～2014年の間に「一時雇用（日雇い）」労働者が農業労働者に占める比率が20・5%から38%に上昇した。こうした「労働の脆弱性という条件」がある場合、労働生産性によって賃金が決まるという論理は成立しない。

次に「貧困の多さ＝国内貯蓄が不足」というのは事実としても、それが原因で投資が増えないという論理はあくまでも事後的なバランスを見た論理である。製造業が十分には育っていないうちに外国資本導入と貿易自由化を進めた結果、製造業はかえって減退して輸送業・サービス業が比重を増し、そのため雇用創出効果も投資の波及効果も小さい、という因果関係を看過してはならない。こうして生産的投資が形成されない結果、フォーマル・セクターにおける雇用が創出されず、従って貧困問題も解決されない。つまり貧困率の高さや貯蓄率の低さは、投資の停滞の結果であって、原因ではない。実際第28章の図1を見ても、設備投資（固定資本形成）の急激な増減は、貯蓄率の変化の結果として発生したとは考え難い。

そして先進国では、財政の世代間分配の公平性が問題となる（「財政赤字は次世代にツケを残す」という議論）。しかし低所得国では財政政策の目的は、将来における所得を創出するために現在の所得を動員することであって、世代間分配ではない。つまりこの場合の財政は「ある所からとった金を他に分け与える」と理解できるものではないし、とる金がなければ政策を実行できないという論理も通用しない。視点を変えて、将来にかけて雇用と所得を生み出す生産的活動に投資を行えば、現在において財政支出は増えるが、雇用と投資が生み出されて所得が増える。この場合現在において国内外の政府債務が増えたとしても、将来に所得が増加して債務を返済できれば、問題は最小限で済む。貧困対策が急務である社会にまで世代間分配の公平の論理を持ち込むことは、無意味である。

２０１５年には多くの閣僚が汚職への関与を疑われて辞任し、モリーナ大統領も刑事告発されて任期途中で辞任に追い込まれた。その後は暫定政権に続いて、２０１６年からジミー・モラレス政権が誕生し現在に至っている

同政権は1年目には「開かれた政府」を掲げたが、新たな経済・開発政策は何も打ち出さなかった。実際、地域開発や地方行政の強化を掲げるプログラムはいくつか出されたが、いずれも従来の政権によるものから変わってはいない。

（安原　毅）

31

マキラドーラ

★韓国資本に支えられるアパレル産業の発展★

製造業のグローバル化は、生産工程の細分化による世界規模での機能的分業をもたらし、欧米や日本の巨大市場の周辺の途上国が労働集約的な生産工程の集積地としてグローバル経済に急速に取り込まれてきた。グアテマラも、1980年代後半に米国市場への輸出拠点のひとつとしてアパレル産業のグローバル化に取り込まれた。グアテマラのアパレル輸出は30年近い歴史を持ち、アパレル製品は同国の主要輸出品目である砂糖とコーヒーと並ぶ輸出品目となっている。

グアテマラのアパレル産業は、いわゆるマキラドーラ制度によって始まった。マキラドーラとは、国内外からの直接投資を呼び込む目的で、輸出向け生産を行う企業に対して、原材料、機械、設備等の輸入関税の免除および法人税や売上税の面での優遇措置を付与する保税加工制度を指す。現地では、その制度の下で輸出加工を担う工場は慣習的に「マキラ」と呼ばれている。1984年に米国が中米・カリブ諸国に対して輸入関税の優遇を与える中米カリブ支援構想（CBI）を打ち出し、それを制度的に補完する形でグアテマラは同年に最初のマキラドーラ法として「輸出産業振興法」（法令21－84）を、続いて198

9年には改正法である「輸出活動とマキラの発展振興法」（法令29－89）を制定した。これ以降、グアテマラは急速に対米アパレル生産拠点となっていった。ＷＴＯ協定に基づき法令29－89は２０１５年末に廃止され、２０１６年から新たに「雇用保護のための緊急措置法」（法令19－２０１６）がアパレル輸出産業の優遇制度の枠組みとなっている。

グアテマラ市のソウル通り（2015年）

グアテマラと同様に他の中米諸国も同じ時期に対米アパレル輸出生産に着手し、今日まで輸出加工業を発展させてきたが、グアテマラを特徴づけるのは、なによりも韓国資本の存在感である。１９８９年以降、韓国系企業の進出が目立つようになり、２０００年には２５８の事業所のうち１６６カ所を韓国系が占めるに至った。２０１７年３月時点でも１７２の縫製事業所のうち韓国系は１００カ所を数え、アパレル輸出の約60％を占めている。１９９０年代までのアパレル工場の多くは、単身で移住してきた韓国人が設立した親会社を韓国に持たない個人経営の企業であった。韓国人がアパレル工場経営のために大挙して移住してから20年を超えており、グアテマラ生まれの韓国系二世が経営する国内企業も増えてきている。アパレル産業における韓国人の存在感は、さらに高まっているといえる。

アパレル産業を長年主導してきた韓国系企業だが、その構成は2006年の米国－中米自由貿易協定（以下CAFTAと表記）の発効と前後して大きく変貌している。ひとつは、製品の種類と企業の変化である。初期のアパレル輸出品目はスラックスやコートなどの織物衣服だったが、2000年を境にTシャツやタンクトップといったニット衣服が主力品目となった。その変化の要因となったのが、韓国大手ニットアパレルメーカーの直接進出であった。セア（Sae-A）商易、ハンセ（Hansae）実業、ハンソル（Hansoll）繊維の大手三社は、2000年前後に相次いで大規模な自社工場を設立し、ニット衣服の対米輸出生産量を劇的に増加させた。現在、セア商易はグアテマラに4工場、ハンセ実業とハンソル繊維はともに2工場を保有するほか、中小縫製企業を傘下に収め、国内下請け網を発達させている。アパレル業界団体のVESTEXによれば、セア商易はグループ企業全体の輸出量がグアテマラの総アパレル輸出の40％を占めるほど突出した存在となっている。

もうひとつの変化は、CAFTAの原材料の原産地規則を活用するために、2000年代半ば以降、韓国資本の直接投資による糸・生地サプライヤーの集積が進んでいることである。CAFTAの原産地規則では、原糸原則が採用されている。つまり、自由貿易圏内で生産された原糸（生地用の糸）で作られた生地を使ったアパレル製品が無関税となる。この優位性を活用すべく、韓国系大手・中堅ニットアパレルメーカーは、グアテマラに系列の韓国系の糸・生地メーカーを誘致しており、南部のエスクィントラ県パリン村付近が韓国系生地サプライヤーの集積地となっている。これにより、糸から完成品までの生産を一括してグアテマラで行う産業クラスターが形成されることになった。

CAFTAを契機として、グアテマラのアパレル産業が縫製特化から一括（フルパッケージ）生産へ

図1　中米・カリブ諸国の対米アパレル輸出（単位：100万ドル）

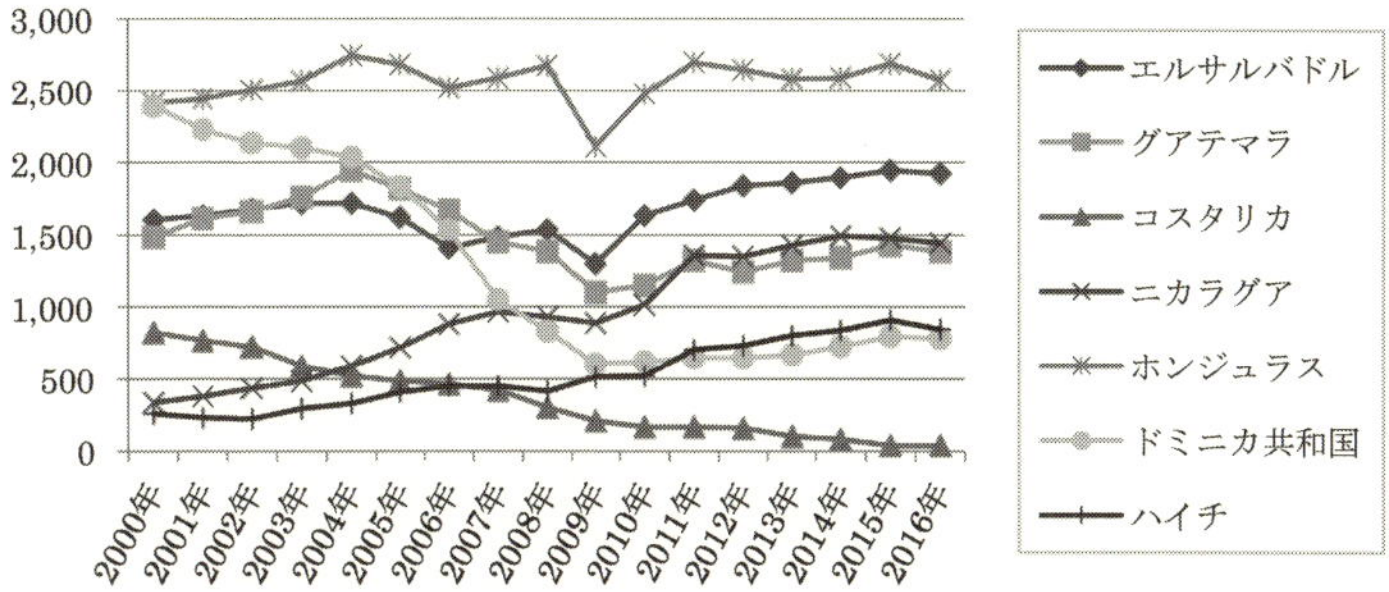

出所：USITC, Interactive Tariff and Trade Data web (http://dataweb.usitc.gov/) の米国関税率表 HTS 61（ニット衣服）と HTS 62（織物衣服）をもとに筆者作成。

と成熟する一方で、国別の繊維製品の輸出量の規制枠組みであった多角的繊維協定（Multifiber Arrangement: MFA）の2004年末の撤廃は、グアテマラにアジアとの国際競争という課題を突き付けることになった。グアテマラのアパレル輸出は2004年をピークに減少、横ばい傾向にある（図1）。輸出の減少と先述の産業クラスター化は一見矛盾するようだが、これは国際競争に対する韓国系企業の戦略とかかわっている。CAFTA期にグアテマラの韓国系大手メーカーはニカラグアとハイチに工場を新設し、グアテマラとの間で製品の分業体制を進めている。グアテマラは中米でも労賃が高い。そこで、それまでグアテマラ工場で生産していた量産品の生産をニカラグアなどの工場に回し、グアテマラ工場では小ロットで高付加価値の製品を生産するようになったのである。つまり、韓国系企業は、米国市場に近いというグアテマラの地理的優位性と自社工場の一括生産能力を組み合わせて、付加価値の高い製品の迅速供給を可能にし、米国市場をめぐる国際競争力を高めようとしているのである。

ここまで存在の際立つ韓国系企業を中心に紹介してきたが、

グアテマラの国内企業にも言及しておこう。グアテマラのアパレル産業では韓国セクターと国内セクターがほぼ分離しており、生産システムの点でも異なる。韓国セクターでは生産を受注するアパレルメーカーを頂点として、その下に生地サプライヤー、縫製下請けサプライヤーが付き従う構造になっているが、国内セクターではリステックス（Liztex）とグルポ・インペリアル（Grupo Imperial）などの国内資本の大手生地メーカー4社がアパレル生産を受注し、生地を生産・裁断し、「サブマキラ」と呼ばれる小規模・零細サプライヤーに縫製工程のみを下請けに出す構造になっている。しかし、これらの生地メーカーの本業は、CAFTA域内およびメキシコへの生地の輸出である。韓国系企業の存在が際立ち、国内セクターとの産業連関の希薄さが懸念材料ではあるものの、国内セクターもCAFTAを契機として独自の戦略の下で着実に成長しているといえる。

（藤井嘉祥）

32

マキラドーラの労働問題

★深まる労働者の窮状★

グアテマラのアパレル・マキラドーラ産業は、国際生産ネットワークへの参入以来、中心的な輸出セクターとして着実に成長してきた。だが、その裏返しとして、労働者が安い賃金での就労を余儀なくされ、また労働者としての権利を享受できていないという労働問題が横たわっている。

日本で時折ニュースになるユニクロの下請け工場の労働条件の問題など、輸出加工業の労働問題は、途上国のみならず先進国企業にも跳ね返ってくるグローバルな問題である。企業の社会的責任（CSR）が浸透してきた今日、国際下請け生産の現場に対するNGOや消費者からの厳しい視線が注がれている。自由貿易協定でも労働者の権利や労働法の遵守を謳う社会条項の内容が厳しくなってきている。グアテマラの輸出産業のこれからの発展は、労働者の権利の擁護や適正な労働条件の保障によって国際社会からの信頼を得られるかにかかっているといっても過言ではない。

グアテマラのアパレル工場の労働者は産業発展の恩恵を享受できているのだろうか。最も重要な賃金については、2004年末の多角的繊維協定（MFA）の撤廃以降、大きな変化がみられる。2004年頃までは生産量がきわめて多く、労働者は早朝から深夜まで長時間労働を強いられていたが、労働者は最低賃金レベルの基本給のほかに、生産量に応じた奨励給を得ていた。より多く稼ぎたい者は、時給が2倍となる深夜残業で多くの残業代を手にすることができた。たいていの工場は通勤バスを提供していたため、通勤費も割安だった。ある韓国系工場の2004年2月の給与台帳では、平均的な縫製工の月給は基本給と奨励給で約1480ケツァル（当時のレートで約188ドル）だった。深夜残業代はたいてい現金で1000ケツァル程度支払われた。長時間労働に対する激しい批判が起きていたものの、収入が必要な者には稼ぐ機会があった。

MFA撤廃以降の変化は、奨励給の大幅カット、残業時間の短縮、通勤バスの廃止の形で表れている。先ほどの工場の2005年10月の給与記録では、同様の縫製工の月給は、奨励給のない基本給のみの約1300ケツァル（当時のレートで約163ドル）に下がっていた。2016年に労働者に話を聞いた時にも、以前は200〜500ケツァルあった奨励給が、今では50ケツァルもらえれば良いほうだとの嘆き節が聞かれた。MFA撤廃による国際価格競争の激化によって、労働コスト削減が顕著になり、残業も21時までに終わらせるよう求められるようになったと労働者は語る。さらに追い打ちをかけるように、2008年には、最低賃金の上昇による外資の逃避を防ぐ措置として最低賃金法が改正され、それまでの農業部門と非農業部門の二本立ての最低賃金から輸出・マキラ部門を分離させ、三本立てとなり、マキラドーラ部門の最低賃金が最も低く設定されることになった（図1）。

アパレル産業の発展は、労働者の生活をいっそう圧迫している。このことはグアテマラ政府が発表している最低限の生活の充足の指標となる基礎的食糧バスケットおよび基礎的生活バスケットと最低

図1　最低賃金、基礎的食糧バスケット、基礎的生活バスケットの推移

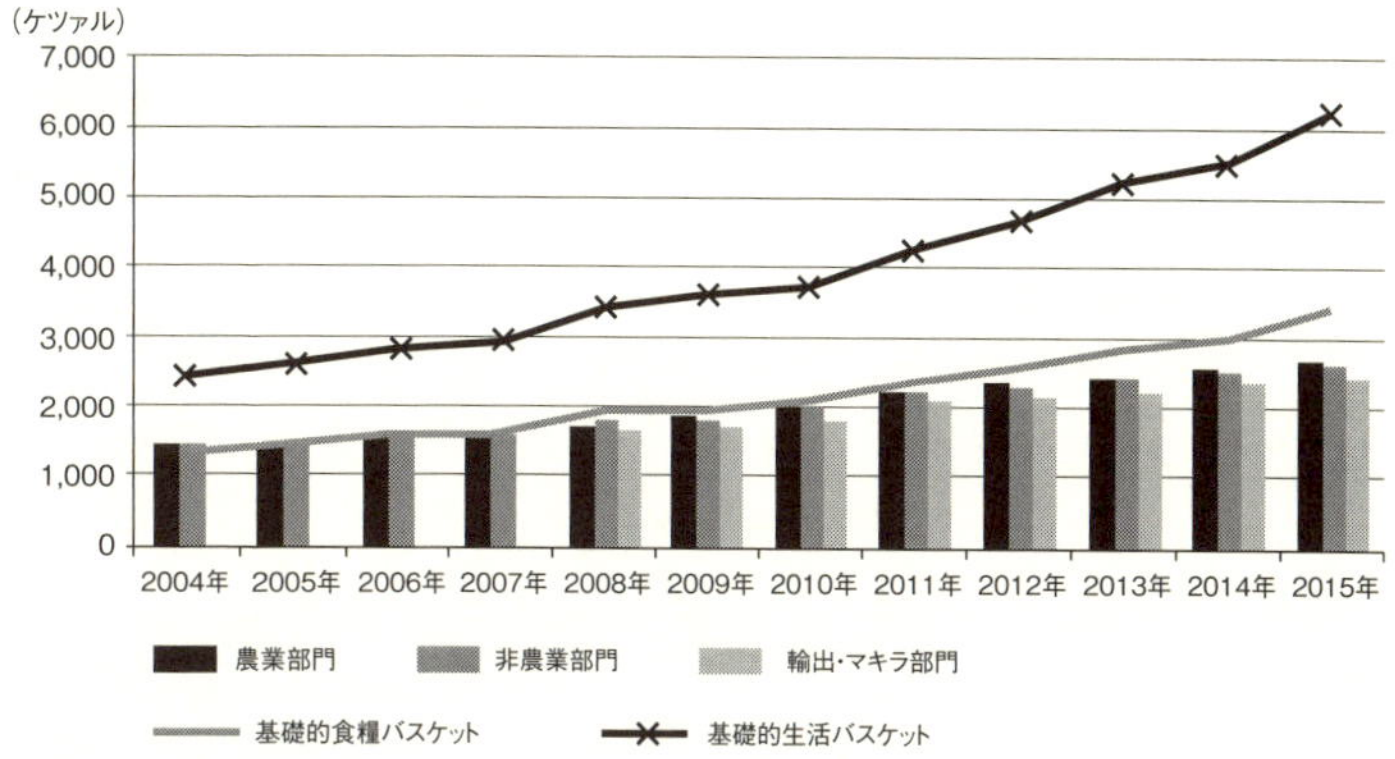

出　所：Instituto Nacional de Estadística (INE), http://www.ine.gob.gt/index.php/estadisticas-continuas/indice-de-precio-al-consumidos より筆者作成。

賃金の推移をみるとよく分かる。基礎的食糧バスケットは1世帯5・38人分の必要最低限の栄養摂取を満たすための食料26品目の価格である。基礎的生活バスケットは食糧バスケットに光熱費、家賃、学費等の費用を追加したものである。2015年の基礎的食糧バスケットは3405・60ケツァル（約450ドル）、基礎的生活バスケットは6214・60ケツァル（約810ドル）で、輸出・マキラ部門の最低賃金は2450・95ケツァル（約320ドル）である。図1から、CAFTA期に食糧バスケット、生活バスケットともに価格が大きく上がる一方で、最低賃金の上昇は弱いことが分かる。1世帯5・38人分は余裕を持った設定のように思われるが、工場労働者は自身の世帯だけでなく、兄弟・姉妹、両親、祖父母の生活も支えている場合が多い。たいていの労働者は子ども2～3人と、両親、兄弟・姉妹、祖父母のうち1～3人の生計支持者である。それゆえに夫婦ともに工場で働くケースが多いが、それでも食べるだけで精一杯の水準だといえる。

アパレル労働者（エルテハール村、2005年）

生活バスケットと最低賃金の乖離を見ると、学業の継続や整った家に住むことがいかに難しいかが分かるだろう。

こうした低賃金状況にありながらも、労働者は金銭的にやりくりし、生地の裁断や縫製などのある意味単調な仕事を日々懸命にこなしている。低賃金に抗議して会社と衝突することはない。しかし、グアテマラのアパレル工場では頻繁に労働争議が起きている。労働者が怒って抗議行動に出るのは、給与と手当に関する権利が保障されない時である。具体的には、2週間ごとの給与の支払いが遅れた時や残業代をごまかされた時、そしてそれに対して抗議したことで解雇され、解雇手当が支払われない時である。給料が安くても我慢して働くが、報酬が支払われなければ不満が噴出する。労働者は定期的な収入を頼りにぎりぎりの生活を送っているのである。

給与未払いは大きな争議に発展する。グアテマラには争議の一般的なプロセスがある。給与支払いを求めて、労働者がグループを組んで、経営者に直談判に行くと、経営者は労働組合の結成を恐れて、グループの労働者とその仲間を即座に解雇する。解雇された労働者は、地元の労組やNGOの支援を受けて労働裁判所に解雇不服申し立てをする。同時に、NGOは国際人権NGOと連携して、その工場に生産委託しているアパレル・ブランドを労働者の人権侵害の加担者として批判する。アパレル・ブランド企業は自社ブランドのイメージを守ろうとして、生産委託を停止し、工場は閉鎖を余儀なくされる。この争議のパターンは、CSRが問われるようになった1990年代後半から目立つようになった。なかには、経営者があらかじめ会社に親和的な労働者グループを抱き込んでおき、反企業的な労働者グループが現れた時に、脅迫や暴力によって労働者の手で反乱分子を排除させるケースも少なからず見られる。

グアテマラの輸出産業では、労働法にある組合化や団体交渉といった労働権が実質的には認められておらず、労使の問題を社内で解決する手段がない。それゆえに、労働者の不満は人権NGOを介して国際的な社会運動に発展しやすい。グアテマラの労働権の侵害は、CAFTAの労働仲裁廷にも持ち込まれており、国際問題化している。外資誘致による産業発展のために企業を優遇せざるをえないのが途上国の実情ではあるが、CSRが厳しく問われるなかで、企業統治が輸出産業の持続的・安定的な発展には欠かせない。政府が、労働者の低賃金状況の改善のみならず、CSRの制度構築とその履行のために指導力を発揮できるかが問われている。

（藤井嘉祥）

33

拡大する中国のプレゼンスと台湾

★近年高まる中国との経済関係★

２０１７年1月、台湾の蔡英文総統がグアテマラを訪問した。米国経由で中米入りして話題になったことは記憶に新しい。米国、台湾、中国の今後の関係に関心が集まりがちであったが、台湾の総統がグアテマラを含む中米４カ国を訪問したこと自体にも政治的に深い意味があったと考えられる。

台湾と外交関係のある国は世界に計21カ国あるが、そのうち半分以上の12カ国が中南米カリブ地域にある（２０１７年1月時点）。その中でもグアテマラは人口が最も多く、台湾にとっては重要な位置づけとなっている。台湾は、２０１６年末にサントメ・プリンシペと断交したばかりであり、外交関係を有する国との良好な関係を維持することがより一層重要となっている（２０１７年6月に中米のパナマが、２０１８年4月にはカリブのドミニカ共和国が台湾との断交および中国との国交樹立を発表した）。

グアテマラにおける台湾のプレゼンスは高く、１９３３年の国交樹立以来、台湾による援助政策によって良好な関係が維持されてきた。今次の蔡英文総統のグアテマラ訪問時においても、台湾はグアテマラで不足している医薬品や児童用通学かばんの贈与を発表している。その他にも、「ＣＡ－９号道路建設拡張工事」等のインフラ事業にも多額の資金を供与している。台湾による対グアテマラ援助額は公開されていないが、近年積極的に援助を実施している印象を受ける。なぜ台湾はグアテマラの関係維持・強化を図るのだろうか。

その理由のひとつがグアテマラにおける中国のプレゼンスの高まりである。グアテマラにおいて、中国は「大陸の中国（China Continental）」と呼ばれている。グアテマラは中国と外交関係がないので簡単に両国間を行き来することができないため、遠く離れた存在となっている。しかし、中国の経済成長とグローバル化により、グアテマラにも中国の波が少しずつ押し寄せてきている。

図1は、グアテマラと中国の貿易額の推移を示したものであるが、2002年以降、中国との貿易額が増加傾向にあることが分かる。特に、2010年以降は貿易が急増しており、2014年には米国、メキシコに次いで第三の貿易相手国となった。グアテマラと中国の貿易額拡大の要因は、中国からグアテマラへの輸入（主に織物・布、機械類、車両）の増加である。首都グアテマラ市内でもHuawei（通信機器メーカー）等の中国製品の広告を

図1　グアテマラの貿易額推移（対中国・日本・台湾）

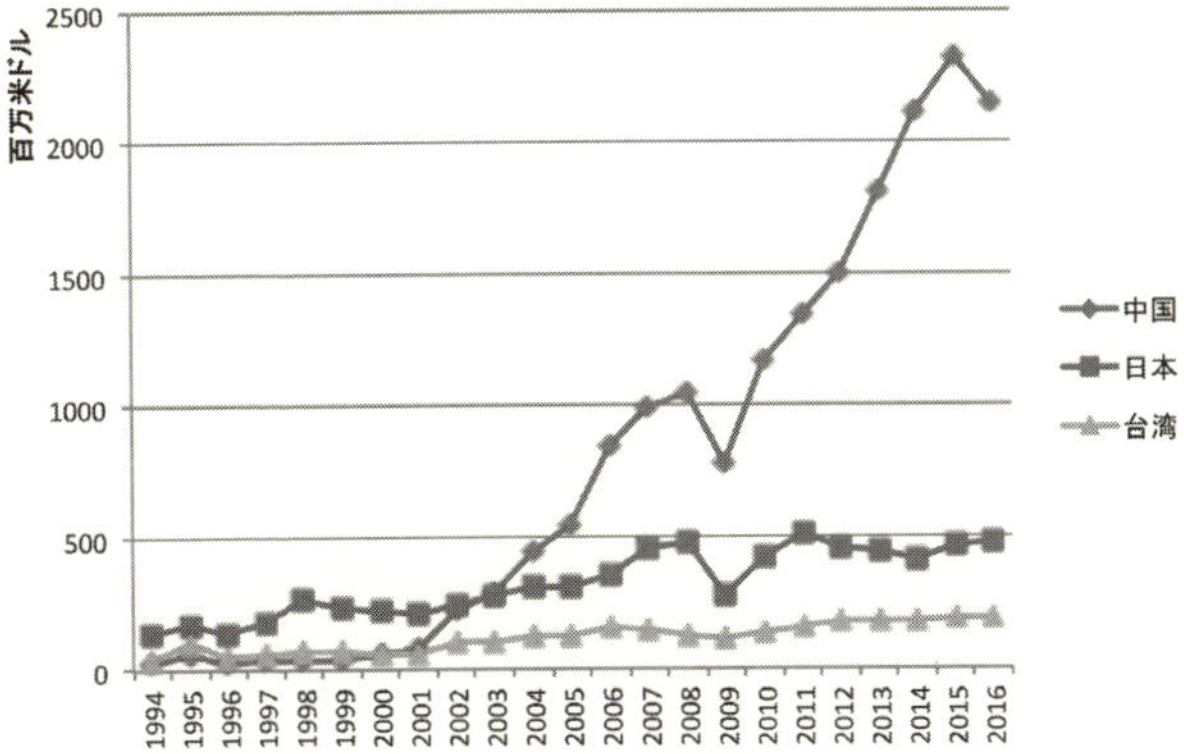

出所：グアテマラ中央銀行の統計を基に筆者作成。

ショッピングモールにおける中国製品の広告

見かけることが多くなってきた。また、グアテマラから中国への輸出（主に砂糖）も少しずつ増えている。グアテマラの主要産品であるコーヒーは中国へほとんど輸出されていないが、最近は中国のコーヒーショップチェーン「Fox Coffee」等を通じて、グアテマラ産コーヒーの販路拡大を図っている。

グアテマラと中国の貿易が急速に拡大しつつあるが、これを後押しする形で、２０１４年、グアテマラ政府は、香港におけるグアテマラ通商事務所の開設を発表した。グアテマラ経済省の発表によれば、同事務所の設立の目的は「香港との通商関係を改善し、グアテマラ産品の新市場を開拓するため」としているが、中国本土からの投資や貿易促進も視野に入れた動きと考えられる。

また、グアテマラ経済省だけでなく、グアテマラ外務省も中国との関係構築を図る動きを見せている。例えば、中国との外交関係がないにもかかわらず、グアテマラの外務大臣が中国を訪問している。グアテマラ外務省の出張記録データによれば、カルロス・ラウル・モラレス外務大臣（在任期間：２０１４〜２０１７年）は、少なくとも2度、中国の北京を訪問している。２０１５年1月、モラレス外務大臣は、北京市で開催された「第1回中国・ラテンアメリカ・カリブ諸国共同体（CELAC）フォーラム」に出席するため訪中した。同フォーラムでは、中国との外交関係がないグアテマラを含め、CELAC加盟国への中国による資金協力が承認された。モラレス外務大臣は、同フォーラムにおいて、グアテマラと中国の通商関係の強化および深化の必要性を述べている。また、モラレス外務大臣は、2015年3月にも訪中しており、中国政府外交部のラテンアメリカ局長と会談し、香港におけるグアテマラ通商事務所開設の許可を要請した（中国政府は開設を承認）。

グアテマラと中国は外交関係がないため、表立った動きは見せていないものの、経済関係が密接になるにしたがって、水面下で両国は関係強化に向けて交渉を進めているものと考えられる。このような動きを台湾が察知しないはずはなく、グアテマラとの関係強化のため、さらなる資金援助を行っているのかもしれない。このような背景を考えると、冒頭で述べた蔡英文総統のグアテマラ訪問には、グアテマラにおいてプレゼンスを拡大しつつある中国の動きを牽制する狙いがあると思われる。

他方、2014年、アルフォンソ・ポルティージョ元大統領（在任期間：2000〜2004年）は、過去に台湾との外交を維持する見返りに台湾から賄賂を受け取っていたことを明らかにした（台湾は賄賂の存在を否定）。また同年、グアテマラ外務省は、台湾から毎年100万米ドルの寄付を受け取っていたことを明らかにしている。グアテマラ外務省によれば、当該寄付は外務省の建物の改修工事や車両の購入に充てられていたとされるが、外交政策に影響を及ぼすのを防ぐため、寄付の存在に気付いた当時の外務大臣が寄付を中止させた。これまでグアテマラは、台湾と良好な関係を維持してきたが、中国との関係強化を模索し始めたタイミングで、台湾にとって不利益となる事実を明らかにしたのは興味深い。

民間レベルでのグアテマラと中国の交流も進みつつあり、2007年にグアテマラに「中国・グアテマラ協力商業会議所」が設立された。同会議所は、中国とのビジネスに関係する経営者らによって運営されており、2012年には上海事務所を設立している。また、同会議所は、「中国グアテマラ友好協会」を通じて、中国の孔子学院（中国政府教育部直轄の公的教育機関であり、海外の大学等と連携して中国語の普及を行っている）および中国人民対外友好協会に対し、中国語講座開設の協力を要請し、グアテマラ市内に「北京語アカデミー」を開設した。さらに、グアテマラ県サンタ・カタリーナ・ピヌラ市と協定を結び、同市の公立学校における中国語（北京語）教育が始まっている。

このように、近年グアテマラにおいては、中国との貿易の拡大に伴い、中国の重要性が高まり、政府・民間レベルでの交流が始まっている。中国の経済的プレゼンスはますます高まる傾向にあり、今後も両国間の動きから目が離せない状況である。一方、グアテマラにとっては、台湾は依然として重要な国であることに変わりはなく、台湾による援助政策を中心とした良好な関係が維持されると思われるが、グアテマラを舞台とした中国と台湾のせめぎあいが水面下で続くことであろう。（大木雅志）

34

ディィア・デ・プラサ

★買い物・情報交換の重要な場である定期市★

グアテマラには300以上の市町村があるが、そのうちの8割以上で、毎週決まった曜日に（定期）市《いち》が開かれる。たいていの市町村では、市は市役所や教会などが面するプラサ（広場）において朝早くから開かれることから、この市をディア・デ・プラサ（広場の日）と称する。トウモロコシやフリホル豆、野菜、果物、肉、魚介類などの食材をはじめ、衣類、日用雑器、家具など、生活必需品のほとんどすべてがまかなえる市は、スーパーマーケットなどの大規模店舗のある都市部においてでさえ、庶民にとってはまだまだ大事な購買先であることに違いはない。それだけではなく、市はさまざまな情報交換の場でもあるし、また教会へ足を運ぶ機会ともなっている。こうした社会的な機能も、ますます大勢の人びとを集める力となっているのである。

市を訪れる者は、それが外国人のような異邦人であるならなおさら、津波のような人の波に圧倒されるに違いない。しかし、よく目を凝らせば、取引される商品の種類や質から、地方地方の人びとの嗜好や家庭の台所事情などが手に取るようにわかるし、売られているさまざまな物を丹念に見るだけでも、ちょっとした民族学者になれる場でもある。もっともあまりに熱中しすぎると、背後から機を窺う盗人に隙を見せることになるので、それはまたそれで相応の注意は必要だ。

本書の冒頭でも触れられたように、北米大陸が中米地峡に向かって急激に細くなるくびき部分に位置するグアテマラは、非常に多彩な自然環境を有している。そうした自然環境に加えて、文化的、社会的な要件などを加味して、グアテマラでは以下のような七つの地域認識が一般的である。すなわち、①アルティプラノ（高原地帯）、②オリエンテ（東部地方）、③コスタ、あるいはコスタ・スール（太平洋沿岸部）、あるいはオクシデンテ（西部地方）、④カリブ、⑤ベラパス、⑥ペテン、⑦セントロ（首都近郊部）である。アルティプラノは、チマルテナンゴ西部、ソロラ、ケツァルテナンゴ、キチェ、トトニカパン、ウエウエテナンゴ、サンマルコス北部の各県が、オリエンテはサンタロサ北部、エル・プログレソ、サカパ、ハラパ、フティアパ北部、チキムラの各県が該当する。カリブはイサバル県の1県のみが、ベラパスはアルタ・ベラパス、バハ・ベラパスの両県が、ペテンはペテン県1県がほぼ該当する。コスタはサンマルコス南部、レタルレウ、スチテペケス、エスクィントラ、サンタロサ南部、フティアパ南部の各県が該当する。このうち、マヤ系言語集団が占める人口比が8割から9割以上と卓越しているのが、アルティプラノとベラパス地域である。

グアテマラ全体として見ると、定期市は近年ますます活性化してきているといえる。1972年から1992年までの20年間には、70の市町村で市場が新設されているし（その間七つの市町村で市場が廃された）、従来の市日に加えて新たな市日を設けた市町村も56を数えた（市日が減少した市町村数は40）。

1972年当時の市日は、日曜か木曜、もしくは日曜と木曜の両日に設定されているところが多い。

第34章
ディア・デ・プラサ

ソロラ市場の風景

休日と次の休日までの間で1日とって、日曜と木曜にする組み合わせが一般化したと考えられる。しかし、アルティプラノ南部とセントロ、ベラパスの一部では、日曜日を含むところが多いながらも、月曜から土曜までばらばらの市日設定である。こうした市日の差異は、商人たちの活動に起因すると考えられる。たとえばケツァルテナンゴ盆地内では、県都であるケツァルテナンゴ市を中心とした市場の統制機構である太陽系市場網の存在が指摘されてきた。キチェ・マヤの村落が多いケツァルテナンゴ盆地の村々では、隣村同士が市日をずらすことで、商人たちが巡回して商うことができるようになっているというのである。日曜日に大きな市が開かれるケツァルテナンゴ市を太陽に、周辺市町村を惑星に見立てて命名された用語である。

同じくマヤ系先住民が多いアルティプラノ北部やベラパス南部では、おしなべて日曜と木曜が市日となっている。ここは非常に急峻な山岳地形であり、20世紀のなかば頃は、トウモロコシ1キンタル（約45キロ）あたりの値段が首都近郊のチマルテナンゴ県の10分の1でも、商人が買い付けを渋ったといわれるほど交通の便が悪いとともに、ゲリラや盗賊団が頻繁に出没した地域である。このような地理的、社会的な要因が商人の往来を阻害しており、各市場の商人は比較的狭い範囲から集まっているのがその理由であろう。

またコスタ地方では20世紀後半より、売買の中心が日曜と週末（金・土曜）に集中する傾向を見せており、とくに新設された市場では日曜と週末が市日とされ、週の中日には開催されていない。コスタ地方のこのような変化は、農園経営の企業化の進展と、それに伴う農園労働者のサラリーマン化によって、休日である日曜日や土曜日に人びとが町にくり出すという、彼らの1週間の生活サイクルにあわせた変化のように考えられる。

このように市日の地域性やその変化を見るだけでも、市がそれぞれの地域の自然・社会条件を反映した活動であることがわかるのである。

（村上忠喜）

35

ソロラ地方の市場網

★アルティプラノ南部の市場から★

概して、アルティプラノ地方は市《いち》が活発である。とくに複雑な火山地形であるアルティプラノ南部地方では、規模の小さな市町村がひしめき合い、それぞれの中心集落はもちろん、街道の要所などでも大きな市が開催される。ここでは、アルティプラノ南部地域のほぼ中央に位置するソロラ地方の市を例に見てみよう。

県中央部に美しいカルデラ湖であるアティトラン湖をいただくソロラ県は、湖をはさんでカクチケル、キチェ、ツトゥヒルの三つのマヤ系言語集団が境を接しており、カクチケル人を主体とする12の村、キチェ人を主体とする四つの村、ツトゥヒル人を主体とする三つの村が、標高1500～2000メートル前後の高地に散在している。これらの先住民村落のいくつかでは、毎週決まった曜日に市が開催されている。市日には買い物客や仕入買いをする転売者がつめかけて、早朝より賑わいを見せる。

市に集う商人はいろんなタイプに分けることができる。たとえば、自家製の野菜や果物などの農作物、トルティーヤ等の食品を籠に入れて1、2時間ほど商った後、自家で必要なものだけを買い、さっさと帰る先住民の女性たちから、他の市場での販売用の商品（多くは農作物）を買い付けにまわる商人まで、扱う商品の規模もスタイルもまったく違う商人たちが集う。

市によっても集まる商人の性格が異なり、それが市全体の雰囲気を性格付けている。たとえば、サンティアゴ・アティトランの市は、毎週金曜日が市日であり、この日には500名以上の商人が集まる。ところが、取引が活発なこの日でさえ、商人の9割以上が村内出身者で占められているとともに、その8割以上が女性となっている。サンティアゴ・アティトラン村は人口の多さに比して耕地が少ないことから、商売を生計の柱としている村民が多いが、性別によって商売の方法が明確に分かれている。すなわち、男性はコスタ地方をはじめとする村外の市場への行商、女性は家事の合間を利用して村内の市場で商うのである。サンティアゴ・アティトラン村では昼日中から広場周辺で遊んでいる男性がやたらと目に留まる。他村のひっそりと静まり返った広場を見慣れると違和感を覚えるが、彼らは数日間に及ぶ行商を終えて帰村し、束の間の休日を楽しんでいる人びとなのである。

アティトラン湖の漁師

現在でも、サンティアゴ・アティトランの市に限らずソロラ県のたいていの市では、集まる商人の多くは同村か、近在の同じ言語集団の村から足を運ぶ者が多い。しかし一方において、村外専門に売

図１　村落の位置と断面模式図

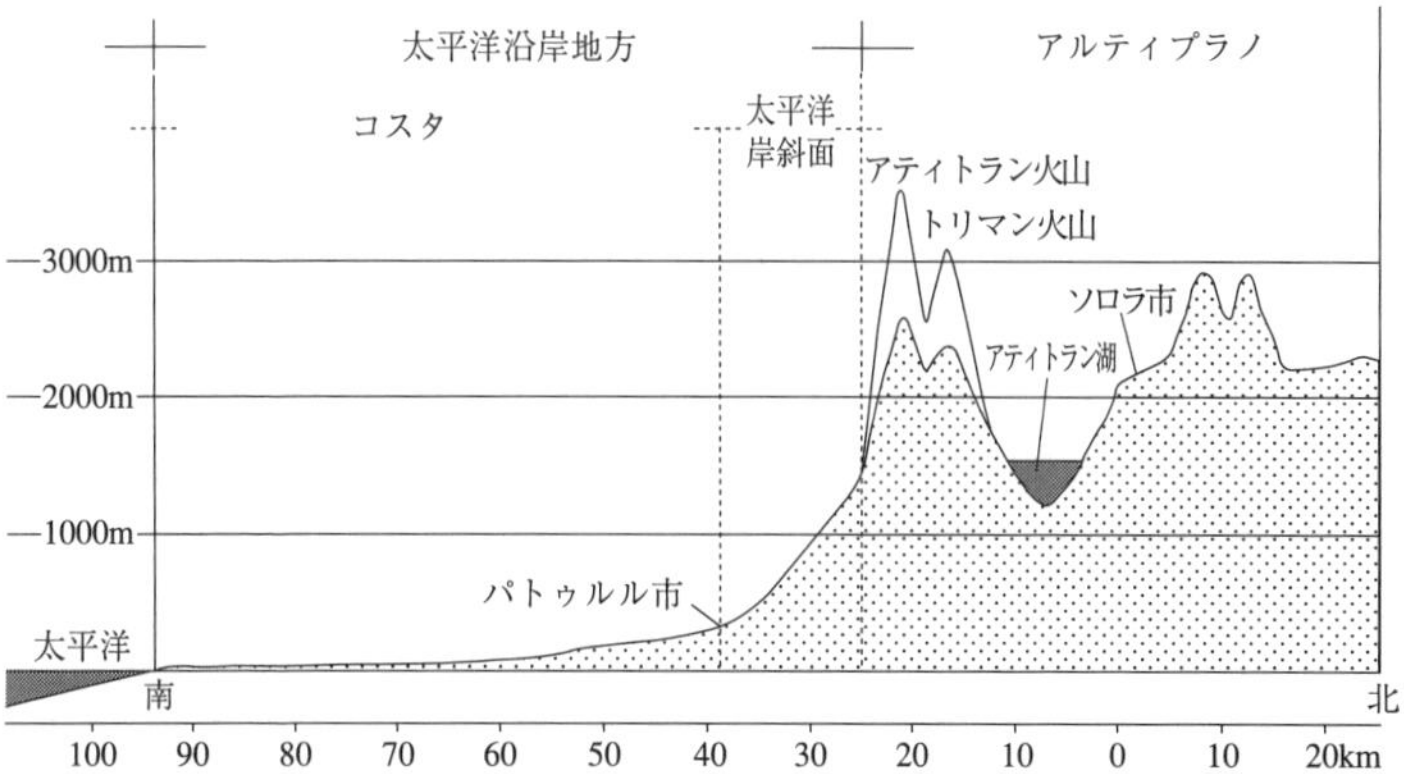

り歩く商人も古くから存在した。近年ではモータリゼーションにより、先住民マヤの商人たちの行動範囲も、首都グアテマラ市はむろんのこと、隣国のエルサルバドルまでの広がりを見せるが、ソロラ地方におけるモータリゼーション以前の村外交易の中心は、コスタ地方との高地—低地（アルティプラノ—コスタ）間流通であったことがわかっている。そしてその担い手は、アルティプラノの先住民マヤの人びとであった。

図1は、ソロラ県の村落位置図（平面図）とコスタまでの地形断面模式図である。サン・ルカス・トリマン村とサンティアゴ・アティトラン村の南側は、地形上高地と低地を分かつ火山列の間の谷間である。このコスタに向けて開いた土地を俗にボカ・コスタ（コスタ口）と称し、ここから旧道が急斜面を這うように走り低地にいたる。かつてこの旧道を、メカパルで荷を背負ったマヤの商人たちが通った。メカパルとは、マゲイ（サボテンの一種）の繊維や麻で作られた紐状のもので、額を支点として背中に荷を背負うようにして使う運搬具で、男性のみが使用する。頭上運搬具と背負子の中間的な運搬具で、アップ・ダウンの激しいこの地での陸上運送に適しており、車輪文化を持たなかったメソアメリカでは古くから使用された。アティトラン湖北岸の村々の商人たちは、それぞれの船着場から小舟を使ってサン・ルカス・トリマンかサンティアゴ・アティトランへ渡り、以後は徒歩でコスタまで下った。早朝に村を出て、途中コスタ口辺りの山中で野宿をして、翌日の朝に市場に到着するという片道一昼夜かけた行商の旅であったという。商人たちはコスタ地方で不足する野菜や、木材などを商品として毎週通ったのである。

（村上忠喜）

36

先住民の商人

★9割以上がマヤ系先住民★

1990年代前半筆者は、ソロラ地方のすべての市《いち》で、そこに集う全商人を対象にしたアンケート調査を行った。調査はグアテマラ市のデルバジェ大学の文化人類学講座の野外実習の一環をかねており、十数名の学生たちとともに行った。その結果は、商人の9割以上がマヤ系先住民で、そのうちの6割前後が女性の商人たちであった。筆者が住んでいたソロラ県の県都であるソロラ市に隣接したコンセプシオン村は、住民全員がマヤ系カクチケル人の村落であるが、90年代前半、同村の半数以上の世帯では、家族のうちの誰かが定期的に市に出て商売を行っていた。主として女性であり、彼女たちの多くは農民で、かつ家庭の主婦である場合がほとんどであった。彼女たちは、自家の消費を差し引いた余剰産物や彼女自身が前庭で栽培した季節の果物などを、セルビリェータに包んだり籠に入れて売りに出るのである。セルビリェータは風呂敷大の布で、ショールや荷物の持ち運び、赤ん坊のおんぶ紐としてなど、多種多様の用途に用いられる。

市では、近在の者同士が肩を寄せあうように座り込んで売場を確保し、ほんの数時間、おしゃべりをしながら商う。ソロラ市の市は早朝4時頃から準備が始まるが、彼女たちのような売り子は、朝6時頃から11時頃までに入れ替わり立ち替わり続々と訪れ、市の外延部で商うのである。彼女たちの目的は、自らの小遣い稼ぎか、余った作物を必要な品物と交換することで、実際1970年代までは、グアテマラの地方市場では物々交換が盛行していた。

こうした取引が多いことからか、ソロラの市に限らずアルティプラノの市場は、売り手と買い手を集めて1000人以上の大きな市でさえ、非常に静かである。掛け声を出して商う商人は、たとえば暦売りや腕時計、蠅取り紙などを売る一部の男性商人を除いて誰もいない。売り場の人数がピークを迎える午前9時頃の、まるで満員電車のなかのような雑踏時でさえ、ひっきりなしに発着するトラックとバスの音や、人の足音、そして商人たち同士の話し声が、バックグラウンド・ミュージックのように流れているだけである。

こうした静かな市は、ソロラ地方というよりもアルティプラノの市の特徴である。静かな取引ということでその最たるものは、夜のサンティアゴ・アティトランの市における魚取引である。植民地時代、アティトラン湖の南半分の漁業権を保有していた同村は、現在でも多くの漁業で生計を立てる人たちが住んでいる。漁師は毎日明け方と夕刻の2回、約2時間ほど小船を操って湖に出る。釣竿を使わず手で釣り糸を垂れる釣漁か、投網を使った網漁で魚を獲る。日没前の出漁で得られた魚を、漁家のおかみさん連中が、それぞれの籠に魚を携えて市に現れるのがだいたい午後8時頃からであろうか。市彼女たちは、めいめい気に入った場所に座り、目の前にろうそくを一本だけ点して客待ちをする。市といっても、昼間のような活気はないので、あちらこちらにゆらめくろうそくの灯のなかで、魚が取

第36章

先住民の商人

タマネギの播種（コンセプシオン村）

引される光景はなかなか情緒的だ。この取引は、ほとんど無言で行われる。彼女たちも売り尽くすとさっさと片付けていつの間にかいなくなってしまう。

地方市場においては、彼女たちのような商人が、全体として最も把握しにくい商人であると同時に、最も数の多い商人でもある。また、彼女たちの商人としてのメンタリティも興味深い。先のコンセプシオン村においても、隣村のソロラの市には毎週売りに出るにもかかわらず、わずか8キロしか離れていないパナハチェル村には、商売どころか、生まれてから一度も訪れたこともないというような中年の女性商人がけっこういる。コンセプシオン村の内婚率、すなわち村内の者同士が結婚する比率は、90年代当初でもほぼ100%に近いものがあった。商売をするといっても、極端なほどに移動することを嫌うようなパーソナリティを有する者もいるし、まして生まれてからソロラ以外の場所に行ったことがないような者もさほど珍しくはないのである。

一方、女性商人のなかにも、あちこちの市でたびたび見かける顔があったことも事実である。筆者は調査の関係で、あちこちの市に通い詰めたせいか、幾人かの女性行商人と顔なじみになった。彼女たちは観光客相手の織物売りで、全員スペイン語を巧みに操る。そのなかの一軒にお邪魔したこともあった。彼女の村はキチェ圏のナワラ村で、玄関にかわいらしい看板を出した織物の小売店を構え、村のなかではかなり裕福な階層に属するように思える家構えであった。一家の主婦でもある彼女の台所は、マヤ式の地炉ではなく、立ったまま調理できる調理台やかまどに造り替えてあった。私を招いていろいろと仕事や家族のことを話す彼女と、先の無言で魚を売る女性たちとの間には、単に個人の性格ではないなにものかがあるとその時私は感じた。理由はわからないが、商人としてのメンタリティが、村外での交易、とくに他の言語集団との交易をするかしないかで大きく分かれることのみを指摘しておきたい。

（村上忠喜）

37

大規模卸売商人の活動と生業構造の変動

★1990年代のマヨリスタたち★

ソロラ地方のみならず、90年代のグアテマラの地方市場を考える上で、大規模卸売商人（マヨリスタ）の存在は無視できない。マヨリスタとは、モータリゼーションの進展に伴って登場した新しい商人であり、各地方市場などから産物を大量に買い付け、首都などの消費地で小売等に売り捌く商人のことを指す。

高原野菜の産地であるソロラ地方を控えたソロラの市は、野菜取引の中心地である。

ソロラの市に集うマヨリスタの実態についての聞き取り調査や観察調査の結果、彼らに共通する性格として次の点が指摘できる。

まず、彼らの商売取引の特徴に関して

①卸売りのみおこなう（特別な場合を除いて小売りはしない）。
②大量の野菜（一回の商いにつき50荷前後以上）を買い付ける。
③一回の商売で扱う野菜の種類は1、2種類である。
④野菜は市で買い付けるか、契約栽培によって入手する。
⑤首都やコスタなどの市場に常設売り台を保有している。
⑥取引はすべて現金でおこなう。
⑦運送手段として、自前でトラックを所有する者と、専門の運

送業者を利用する者がいる。
⑧買い付け前に首都の市場などで、野菜の価格調査をおこなう。
彼らの出自、組織に関する特徴としては、
⑨すべてマヤ系先住民の男性であり、ラディーノはひとりとしていない。
⑩経営体は家族、もしくは親族である。
⑪農業もおこなっているが、数世代にわたって商業も営んできた家の者である。
その他、共通する特徴として、
⑫自家に礼拝所を設けている者が多い。
マヨリスタは系譜的には、高地低地間流通に携わった行商人が前身であり、現在第一線で働くマヨリスタの祖父あるいは父親の代にはそうした小売商人であった。現在のマヨリスタの仕事は、多少の危険は伴うかもしれないが、決して利益率の低い商売ではない。にもかかわらず、ソロラの市とその後背地農村の景気を左右するマヨリスタにラディーノがいないというのは特筆すべきことである。

マヨリスタの登場とその活動によって、地方市場は首都の商圏に組み込まれ、さらに国際市場の影響下にも入り込むことになった。アルティプラノの市場を歩いてみると、たくさんの輸入品が売られており、地方生活のなかにも国際市場が浸透していることを肌で感じ取ることができる。このような商品流通の変化は、先住民の生活様式にとどまらず、彼らのものの考え方や道徳観までにも影響を与えているように思うが、ソロラ周辺の先住民村落に限定した場合、より直接的でかつ大きな社会変動として生業構造の変化があげられる。すなわち、流通経路や手段の発達に伴い、農作物が直接首都な

テルミナル市場の売り場で野菜の到着を待つマヨリスタたち

どの一大消費地に迅速かつ大量に出荷できるようになったため、農作物の換金性が高くなり、従来主たる現金収入の方策であったコスタ地方への季節労働の必要性が低下したことである。

かつてソロラ地方の先住民のほとんどが、現金収入と主食であるトウモロコシを得るためにコスタ地方へ季節労働に出かけていた。この季節労働は、コーヒー園・綿園・砂糖きび園などへ出稼ぎに出る「賃稼ぎ」と、農地を借りてトウモロコシなどを栽培する「出作」に大別される。

コスタ地方の農園主たちは、常駐の雇い人だけでは手が足りなくなる収穫時期に、彼らアルティプラノの先住民の労働力をあおいだ。綿摘みは最盛期が11月後半で、ほぼ10月から12月にかけての3カ月が収穫時期である。コーヒーも綿同様、10月から12月が収穫時期であり、アルティプラノではトウモロコシ栽培の農閑期にあたることから、コスタ地方への賃稼ぎは彼らにとってほぼ年中行事化した労働であった。賃稼ぎの仕事が厳しいものであったことはいうまでもないが、加えて最低でも2週間から1カ月を必ずしも衛生的とはいえない条件下で過ごすことになるため、病気にかかるものが続出したという。にもかかわらず農園での賃稼ぎが一般的であったのは、高地で働く場合の約2～3倍の日当が見込めたことが大きな理由であった。

一方の出作は次のようなものであった。まず仲介者を通じて、出作者が、出作を希望する地主を探す。通常一年契約で、出作者は地主から一定の土地を借り受ける。借り受ける土地は未開墾地であることから、出作者はまず雑木などを取り払い、残った株などを焼き払った上で開墾し、トウモロコシを栽培する。小作料を払う必要はなく、収穫物はすべて出作者のものとなったが、土地の賃料として、トウモロコシの収穫後にサカテという牧草を植えることが義務付けられた。このシステムは、地主側からすれば、未開墾地がわずか1年待つだけで牧草地にかわり、一方の出作者からすれば、開墾に要する労力はかかるものの、小作料を納める必要がないという利点があった。出作地は、出作者と地主双方の思惑が重なり、海抜300メートル以下の低地に多かった。というのも、気温が高い低地ほど年2回のトウモロコシの収量が確実に増えたということと、太平洋沿岸部に近い土地に開発が遅れていた所が多かったためである。

出作は地主側に圧倒的に有利のようにも見えるが、往時の先住民の生活を考えた場合必ずしもそうとはいえない。出作は家族単位でおこなうことが多く、一家族平均の耕作面積はおおよそ5〜15クエルダ（約0・35〜1・10ヘクタール）であった。ちなみにクエルダは面積を示す単位で、グアテマラの先住民社会で一般的に使用される単位である（地方ごとに指し示す面積が異なり注意を要する）。ここではコンセプシオン村で使用される1クエルダ＝約715平方メートルを採用している。

さて、一家族が10クエルダの土地を出作したと仮定して話をすると、栽培1期目では、雑木などの伐採および農小屋の建設に2週間、焼畑に1週間、播種に3日、草取り（1回目）に2週間、草取り（2回目）に2週間、そして収穫（8月初旬頃）に1週間と、合計でほぼ2カ月間を出作地で過ごすことになる。栽培2期目は、まず草取りに1週間、播種に3日、草取りに2回出かけて計4週間、そして収穫およびサカテ植えに10日程度（1月下旬頃）と、合計で1カ月半ほどの労働であった。トウモロコシ収量は1クエルダにつき1回目が360～450キログラム、2回目が180～230キログラムと2回目は1回目の半分の収量に落ちるが、それでも高地での1クエルダ当たりの平均収量が180～230キログラムであることを考えれば、単位面積当たりの年間収量は高地でのほぼ3倍であった。先住民の成人男性で毎日約1キログラム弱のトウモロコシを消費するが、よしんば最低の収量であったとしても、成人男性が5400日食べられる収穫を1年間で得られたわけで、1家族の1年間の主食を十分に稼ぎ出すことができたのである。

以上のようにコスタ地方での季節労働は、単に現金稼ぎのみならず、主食であるトウモロコシの年間消費のほとんどを生産したとともに、出稼ぎ・出作双方の従事日数は、年間140～180日間と約半年を費やした。これはもはや農閑期の手間仕事というよりも、アルティプラノの先住民マヤの人びとにとって最も大切な生業のひとつであったといえよう。

90年代の当初コンセプシオン村では、コスタ地方の季節労働へ出かける世帯はわずか2、3世帯となった。もはやこの生業システムがほぼ消滅したといってよい数字である。それにかわる彼らの主たる生業となったのが、高原野菜の栽培である。ソロラ地方が野菜栽培に適した自然要件を満たしていたことはもちろんだが、なによりもマヨリスタ登場による地方市場での野菜取引の確立がこうした農業活動を支える要件であることに間違いはない。

（村上忠喜）

38

米国のグアテマラ人

★移民組織と国際送金★

グアテマラ人移民に関する先行研究が少ないことから、筆者が２０１３年から14年にかけてロサンゼルスとネブラスカ両市でフィールド調査したデータを扱っている。両市で様々なグアテマラ人移民組織代表者や個人と面談し、博士論文を作成し、その成果の一部を『私は移民（*YO, MIGRANTE*）』（写真１、２０１６年）として出版した。

移動のプロセス

グアテマラ人の移動は、植民地時代にスペイン人の下で農牧畜産業地帯へと強制的に移動させられたレパルティミエント制に端を発する。この移動は現代でも日雇労働システムとして継続され、南部沿岸部およびボカコスタとメキシコ南部国境のソコヌスコやチアパス農牧地に見られる。一方で、地方から都市部、わけても首都グアテマラ市を目指す移動や家族単位で米国へと向かう国際移動が顕著である。国際移動は20世紀中葉から始まり多くはビザを得て出国した。１９７０年代に国外移出が激増した理由は、ほぼ全国規模の１９７６年の大地震と軍部の圧政による。１９８０年代にはゲリラと軍部の確執が激化し、

写真1『私は移民』米国グアテマラ人移民面談記（A. マルティネス著）

経済難民が加わり避難場所を求めて人々は逃げまどった。1990年代には国営企業の民営化、コーヒー価格の暴落などの政治・経済の悪化が原因でグアテマラ人は国外へ流出した。この傾向は国内に就業機会が少ないことから21世紀現在まで続いている。

昨今では中米の若年者集団不法移民が、「コヨーテ」と呼ばれる密輸業者に手引きされ危険な旅を続けている。グアテマラ国内では以下4ルートがあるようだが、状況により臨機応変に変わりメキシコ国境をめざす。①サンマルコス・ルート（国境の町テクンウマン、エルカルメン）、②ウエウエテナンゴ・ルート（同ラメシジャ、ネントン）、③キチェ・ルート（同プラジャ・グランデ、イシュカン）、④ペテン・ルート（同エルナランホ）である。メキシコ国内に入ると今度は米国の国境を目指して北上する。①ティフアナ・ルート（米国バッハ・カリフォルニア州）、②ノガレス・ルート（メキシコのソノラ州）、③フアレス・ルート（チワワ州）、④ピエドラス・ネグラス・ルート（コアウイラ州）、そして⑤ヌエボ・ラレドおよびレイノサ・ルート（タマウリパス州）などである。「コヨーテ」に支払う報酬は2014年で5000ドルから7000ドルが相場だとも言われている。

米国在住のグアテマラ人

グアテマラの国外移動者の公的数字は不明であるが、移民局によれば2015年の国外移出者は1

01万に上り、うち87%が米国に向かった。ピュー・リサーチ・センターによれば、2013年の米国内のグアテマラ人は130万人でヒスパニック人口の2・4%を占める。また国際移住機関（IOM）によれば、米国には160万人のグアテマラ人が、主にロサンゼルスを中心にカリフォルニア（34%）、ニューヨーク（11%）、テキサス（10%）、フロリダ（7%）に居住している。

国内での就学期間が短いゆえ、米国では資格を問われないサービス業（27%）、建設業（15%）、ホテルや飲食店業（25%）、製造業（10%）などに従事している。彼らが故郷の家族や出身村落に送金する額は2000年から年ごとに増えている（グアテマラ銀行統計）。移民一人につき月額平均350ドルの送金は、最低賃金356米ドル（2747ケツァル）にほぼ匹敵する。2016年11月の報告によれば、648万1555米ドルで、年末にはおよそ700万ドルに達し前年より12%増、国内総生産の10%、輸出の65%を占める。

グアテマラ人移民組織

米国のグアテマラ人移民組織を示す正確な記録はないが、1980年代から国民的祝日やローカルな祭りを主催する組織ができるに伴い以下の要求がなされた。①出身国・移入国の両政府に対し移住者の法的庇護、②移住者の人権擁護、③包括的移住改革、④エスニシティと共同体の復活などである。当初は小規模な出身村落共同体単位で行われたが、2000年以降はデジタル通信により国内外で可視的存在となり、フェイスブックやツイッターを用いて社会活動領域を拡大し、イベント活動が効率的かつ経済的に周知されていく。2007年にはグアテマラ移民支援協議会（CONAMIGUA）が創設され、これにより全米のグアテマラ領事館内にデスクが設けられ、グアテマラ人協会が開設された。移民リーダーが相談員となり、領事館と移民組織を結び諸活動の原動力となっている。グアテマラ人協会、女性協会、宗教委員会、法律支援センター、移民業務代行サービス、スポーツクラブ、商工会議所などの組織の誕生で、横に繋がりグアテマラ人意識に目覚めていく。祖国側が在米グアテマラ人を支援し、在米側は祖国共同体の諸プロジェクトに送金した。在米側の活動資金や作業はボランティアが基本で、募金や寄付金によっており専属事務所や職員をもつ組織はほとんどない。WhatsAppのようなデジタル通信で連携を強化し、これが2015年大統領選挙にも影響力を与えた。

しかし問題もある。若者たちの繋がりは薄く利害関係のある団体としか連携せず、リーダー同士の対立が移民組織の活動をにぶらせ公的協力を妨げている。社会的分断や対立をもたらした軍政の影響も見逃せない。ネットによる連携はあっても移民全体を組織化するには至ってない。在米側とグアテマラ側双方が協力してこそ法的解決を促進させ、公的資金や助成を獲得できるのだが、グアテマラ移民増加が可視化されているのに問題視されず、少数者（11％）しか法的・経済的支援があることを知らず、組織に所属（14％）するのみである。共通目的のもとに出資や送金する企画をたて協力すれば政治的な効果が見込まれるが、現在そうした活動は不十分である。在米グアテマラ人移民組織は成立して日が

写真2 ロサンゼルス市グアテマラ移民ユニオン(UGE) のパレード車（2014年）

写真3 オマハ州ネブラスカ市、マリンバ楽団ピシャン・イシムの奏者たち（2014年）

浅く初期レベルの活動にとどまっている。今後は非営利集団組織として外的支援を受け、米国人、ラディーノ、グアテマラ人が連携することで政治的発言力をつけ、移民問題を解決していくことが望ましい。トランスナショナルな公民権運動の主体者となるには、公的・政治的に発言しその運動が可視化されることが必要だ（写真2、3）。

2017年9月に入りトランプ米大統領は、子供時代に親に連れられて不法入国した若者の強制送還猶予制度の撤廃を表明した。メキシコおよびグアテマラ、ホンジュラス、エルサルバドルの中米3カ国は保護措置を講じるよう米国議会に働きかける方針を明らかにした。オバマ前大統領による移民救済制度（DACA）で滞在資格を得た「ドリーマー」約80万人と、カリフォルニア大学を中心に原告とする関係者は、2018年3月5日にDACAの効力が撤廃されることに抗議し、これに対してカリフォルニア州連邦地方裁判所は原告側の主張を認めた。トランプ政権側は最高裁判所に上訴したが、最高裁は政権側の請求を棄却し、現時点（2018年6月）においてDACAは延長されている。

（アラセリ・マルティネス／桜井三枝子訳）

39

グアテマラとメキシコの国境

★トランスナショナルな空間から考える移民問題★

2016年の米大統領選は、メキシコとの国境に壁を建設する等の発言で注目を浴びた共和党のトランプ候補（当時）の勝利という大方の予想を裏切る結果に終わったが、国境および不法移民というイシューは今後も米墨関係の焦点であり続けるであろう。他方、メキシコ・グアテマラの国境には米墨国境のような関心は払われていないが、同国境は、メキシコ・グアテマラの二国間関係のみならず、北中米地域が直面する移民問題の現状を示唆している。メキシコ・グアテマラの国境には8カ所の正規の越境・出入国ポイントがあるが、両国政府は国境地帯を必ずしも適切に管理できていない。メキシコ・チアパス州イダルゴ市とグアテマラ・サンマルコス県テクン・ウマン市の国境地帯を実例に見てみよう。二つの市の間には、国境の役割を果たすスチアテ川が流れている。正規の越境を行う者は、川に架けられた国境橋を渡ることとなり、メキシコ・グアテマラ両側で入管および税関を通過しなければならない。他方、正規の国境橋の隣では、渡し船による非合法な形での越境が堂々と行われている。大型のゴムチューブの上に板を引いただけの簡単な渡し船が多くの人、物を運んでいく。また、乾期で水位が下

スチアテ川を渡って不法な形で越境する者たち。手前がメキシコのイダルゴ市、奥がグアテマラのテクン・ウマン市（2017年２月）

がる季節には、徒歩で川を渡る者も多い。そして、この非合法な形での越境は、メキシコ、グアテマラ両国の当局から完全に黙認されている。

メキシコ政府は、メキシコ・グアテマラ国境地帯の発展促進のために、２０１４年より、グアテマラ人に対し、国境に接する４州（チアパス、タバスコ、カンペチェ、キンタナ・ロー）への３日間までの滞在を許可する許可書を発給しているが、イダルゴ市とテクン・ウマン市の国境においては、正規の越境よりも、スチアテ川を渡る非合法な越境の方が圧倒的に多い。非合法な越境ポイントを通じて、メキシコの食料品、日用雑貨等が不法な形でグアテマラ側に運ばれていくが、この運搬には、イダルゴ市側で商品を仕入れる者、越境し運搬品を運ぶ者、渡し船業者、テクン・ウマン市側で商品を受け取る者、両替商など複数の者が関与する。正規の国境を越えることによって生じる運搬品への課税を避けるために、同運搬に関わる多くの人と物が非合法な形で越境していく。イダルゴ市とテクン・ウマン市の間には、このような非合法な形での越境を行う渡し船のポイントが、北から南の順にエル・カスカホ、ラス・アマカス、ロス・ロホス、エル・リモン、エル・パレンケ、エル・コヨーテの６カ所存在しており、両市間のインフォーマルな自由貿易を支えている。スチアテ川を渡河する渡し船の運賃は25ペソ（２０１７年３月のレートで約１５０円）であり、物の運搬に関わる以外の一般住民も、気軽にイダルゴ市とテクン・ウマン市を往来する。川という自然環境により分断されているイダルゴ市とテクン・ウマン市の国境地帯であるが、実質的には一つの

「自由貿易地帯」として、また、一つの生活圏として存在している。この地においては、国境という国民国家が生んだ概念はほとんど意味を有していない。

スペインによる植民地支配を受けたグアテマラは、メキシコと同じ1821年にいったん独立を果たすが、イツルビデ皇帝の第一次メキシコ帝国に併合されることとなった。1823年にメキシコ帝国が崩壊すると、グアテマラを含む旧グアテマラ総監領は中米連邦共和国として独立し、その後、1839年、グアテマラは独立国となる。1848年、グアテマラはメキシコと国交を樹立したが、メキシコが実効支配していたチアパス州ソコヌスコ地方の領有権は両国間の問題として残った。今日の国境線が制定されたのは、1882年のエレーラ－マリスカル条約によってである。このように、イダルゴ市、テクン・ウマン市の国境地帯の帰属は、両国の間で揺れ動いてきたが、同地に住む人々にとっては過去、また、現在においても国境は大きな意味を有さず、今日、同国境地帯はトランスナショナルな地域として存在している。

渡し船乗り場「エル・コヨーテ」。コヨーテはイヌ科の動物であるが、密入国の斡旋業者も一般的に「コヨーテ」と呼ばれる（2017年2月）

このように、実質的な「自由貿易地帯」として物品の往来が活発な日中のスチアテ川であるが、夜になると、24時間運行可能な渡し船を利用して、武器や麻薬が密輸され、米国を目指す中米出身者の移民が不法に越境していく。米国におけるメキシコ系不法移民の数は2007年をピークに減少に転じている一方で、中米北部三角地帯（グアテマラ、エルサルバドル、ホンジュラス）を中心とした中米諸国出身者の不法移民が増加している。これら米国を目指す中米諸国出身者が通過するのがメキシコであり、メキシコ・グアテマラ両政府による管理が脆弱な国境を不法に越境し、メキシコ国内を陸路で北上していく。その道程で犯罪組織の餌食になる者も多い。2014年以降、同中米諸国出身者を中心とする同伴者のいない未成年不法移民の増加が、国際問題になったことは記憶に新しい。メキシコは不法移民の取り締まりを強化しており、2012年、約3万人だったグアテマラ人のメキシコからの強制送還者数は、2015年には約7万人と急増している。

ボーダーレス化が進むとも思われた21世紀であるが、依然ボーダー（国境）は存在し、トランプ大統領の米国のように、国境管理を強化しようとする動きも見られる。そのようななかで、中米諸国出身移民たちは、グアテマラとメキシコの国境を越え、米国を目指す。移民問題への対策は、国境管理の強化のみならず、移民現象の根源的要因である移民送出国の経済、治安、社会の安定に関する問題の改善に向けた国を超えた取り組みが不可欠である。2017年3月現在、グアテマラとメキシコの両国政府の間には40以上の合意文書が取り交わされているが、そのうち21は2013〜16年に署名されたものであり、二国間の国境地帯に住む人々の発展、繁栄、安全のための二国間協力の強化が謳われている。また、2017年2月には、米墨閣僚の間で、米墨のみならず、中米北部三角地帯諸国および他の関係国の参加を求めて、中米地域の発展のために取り組む会合を開催する必要性が確認された。これら地域をあげた取り組みが、グアテマラを含む中米地域における移民問題の解決につながるのか、今後の動向に注目する必要があるが、中米北部地域における移民問題に対し、グアテマラおよびメキシコが中心的役割を担っていくことが求められるであろう。

（吉田和隆）

Ⅵ

紛争を乗り越え
多文化主義へ

40

反乱と抵抗の500年

★先住民による大地と尊厳の防衛★

貢納賦課、労働徴発、キリスト教布教に伴う集落統合など様々な植民地政策の強制に対して、先住民族は粘り強く抵抗し、共同体の土地を護る戦いを継続してきた。植民地期後半、とくに独立直前の19世紀初頭には多くの先住民反乱が記録されている。1820年7月のトトニカパンの先住民反乱はキチェ王国復活という復古主義的な様相を帯びていた。スペイン本国のカディス憲法発布を知った先住民指導者アナスタシオ・ツルはインディオ王と称し、ルカス・アギラールを大統領に任命し、植民地当局の徴税拒否を呼びかけた。

独立後の歴代保守派政権は「弱者のインディオ」の保護政策をとったにもかかわらず、先住民共同体の土地は借上制度によってラディーノに蚕食されていく。1870年代に実権を握った自由派政権は、先住民を対象とする労働徴発制を導入し、1877年には共同体の土地を競売可能とする布告を出した。その結果、ボカコスタ一帯ではコーヒー農園が拡大し、共同体の土地喪失は加速化した。1872年創設の国軍は、軍人を地区司令官として派遣し、農村部に敷かれた強権的な支配管理体制は1944年のウビコ大統領の退陣まで続いた。

ウビコ退陣直後の「10月革命」の期間中、グアテマラ市郊外のアウロラ地区（現国際空港地区）、チマルテナンゴ県パツィシア、サンアンドレス・イツァパ、ケツァルテナンゴ県オストゥンカルコ、キチェ県チチカステナンゴなど各地で農民や先住民の反乱が起きている。1954年までの10年間の「グアテマラ革命」では、先住民の無償強制労働廃止、給与差別撤廃、小規模農民への土地分配などの民主的改革が行われたが、先住民にとっては「グアテマラの春」ではなかった。先住民の窮状を告発した知識人カルドサ・イ・アラゴンすらグアテマラを指導するのはラディーノと断言し、1945年設立の国立先住民庁の姿勢は発展の阻害要因である先住民を文明化させるというものだった。

キューバ革命の国内波及を危惧した諸勢力は、革命の温床となりうる農村部の貧困問題に対処する必要性を感じ、1960年代以降、米国の「進歩のための同盟」政策のもと、多様な農村開発戦略が展開されることになった。米国に活動基盤を持つプロテスタント教会は積極的に布教活動を展開し、農村社会の近代化の一端を担った。因習的カトリック信仰を打破する活動をしてきたアクシオン・カトリカは、肥料購入のために組織された貯蓄クレジット協同組合を基盤として、先住民・農民の協同組合化、共同体指導者養成事業などを展開した。先住民社会への現金経済の浸透とともに共同体の亀裂が始まり、台頭する先住民の富裕層の一部は、共同体の伝統派支配構造に対抗するようになる。1970年代、先住民アイデンティティを再確立する動きも始まった。司牧活動に従事する先住民組織「パストラル・インディヘナ」が結成され、マヤ文化擁護の先住民協会がケツァルテナンゴ市などで組織された。1974年の選挙では、先住民富裕層がキリスト教民主党や革命党の候補となり、初の先住民国会議員が誕生した。支持母体だった先住民組織パティナミトは先住民政党立ち上げを宣言し、民族統合戦線を結成するにいたった。

1976年2月のグアテマラ大地震の被害者支援を契機に、グアテマラ各地で草の根的な社会運動が活性化していくようになった。1977年10月には先住民月刊誌『イシム』が創刊された。同年11月にはサンマルコス県イシュタウァカン鉱山の労働者を支援するため、15万人が首都に結集するなど、労働運動においても先住民とラディーノの新しい関係が構築されていくようになる。1978年には高原地域の農民・農業労働者によって農民統一委員会（CUC）が結成され、太平洋岸の大農園で働く農業労働者や西部地域において支持を広めていく。1978年5月のメーデーには、民族衣装をまとった先住民が首都を行進し、グアテマラの政治過程に先住民族が存在していることが示された。

反政府ゲリラ運動による先住民社会への働きかけは1970年代半ばから本格的になった。グアテマラ民族革命連合（URNG）傘下のゲリラ組織は、社会主義革命こそが「文化的抑圧と差別を終わらせラディーノと先住民の平等を保障できる」という立場（マルティネス・ペラエス『クリオーリョの祖国』1971年）に固執し、先住民の政治的主体性を無視していた。1975年、貧民ゲリラ軍の公然活動を口実に、国軍は北部横断地帯の村々に進駐し、国軍による人権侵害が頻発していった。1976年には、イシルが居住するイシュカン地区の協同組合指導者やキチェの共同体指導者など約200名が軍によって殺害された。1978年5月にはアルタ・ベラパス県パンソスで土地要求運動を行なっていたケクチ農民が虐殺された。国軍の蛮行や人権侵害を告発するため、1980年1月末、グアテマラ市のスペイン大使館を平和的占拠していた先住民・農民は全員殺害されてしまった（第26章参照）。先住民族は潜在的ゲリラ協力者とみなされ、ゲリラ支援者を摘発する民間自警団が組織された。1982年3月のクーデターで政権についたリオス・モントは「フリホールと銃」と呼ばれるゲリラ掃討作戦を展開し、先住民・農民は戦略モデル村に囲い込まれた。1982年からの焦土作戦は、440の村の消滅、7万人以上の殺害、100万人を超す国内避難民、30万人の国外難民を生み、第二の先住民族大量殺害、民族抹殺の時代となった。

この先住民族の大量殺害の時期、山岳地帯に逃れた約2万人の先住民・農民は「抵抗の共同体」を組織し、拉致・行方不明となった親族を探す人々は相互扶助組織を組織していた。1986年の文民政権発足以降、自警団解体・人権尊重・人種差別撤廃を求める民族集団共同体協議会レヌヘル・フナム、連れ合いをなくした女性の経済支援や生活改善を求める「連れ合いを奪われたグアテマラ女性の会」(CONAVIGUA, 第45章参照)、避難民の権利と帰村を求める「避難民全国協議会」(CONDEG)などが相次いで結成された。「先住民族であるため迫害虐殺された」という認識に基づく先住民族としての権利意識が徐々に形成され、1991年のケツァルテナンゴ市で第2回「抵抗の500年」大陸会議、1992年のリゴベルタ・メンチュウのノーベル平和賞受賞へと繋がっていくことになる。(小林致広)

イシュカンの抵抗の共同体。保健集会の様子(1993年12月)[太田裕之撮影]

41

先住民族の権利

★多文化性認知と自治権行使★

1985年の文民政権発足に伴って制定された憲法では「多様性のなかの統一」が謳われ、統合・同化・文化変容を機軸とした開発計画に先住民を参加させる方針が打ち出された。国立先住民庁やグアテマラ社会統合セミナーは廃止され、二言語・通文化教育計画を推進し、マヤ諸語表記を規則化する目的で、マヤ言語アカデミーが結成された。アカデミーの活動は、政権の思惑を超えてマヤ文化復興運動（汎マヤ運動）の重要な橋頭堡となり、文化再興や出版活動に携わる組織によってグアテマラ・マヤ組織協議会が結成される。汎マヤ運動の担い手は高等教育を受けた恵まれた中間層であったため、先住民族の民衆組織の運動とは一定の距離があった。両者の距離を縮める契機となったのが、1991年のケツァルテナンゴ市で開催された第2回「抵抗の500年」大陸会議である。大陸会議実行委員会(CUC, CONAVIGUA, CONDEG) は、多方面に共同主催者として参加することを呼びかけ、人権問題、経済・社会的状況の改善を掲げる先住民族の民衆組織によってマヤ調整委員会マハイル・キフが結成された。大陸会議にはマヤ神官も儀礼執行者として参加し、民衆組織の間でもマヤ文化や民族性の問題への関心が増加していった。

1992年のノーベル平和賞受賞者リゴベルタ・メンチュウが呼びかけた第1回世界先住民サミット（1993年5月チマルテナンゴ市）の期間中に起きたセラノ大統領自主クーデターが失敗した後、政府とグアテマラ民族革命連合（URNG）との和平交渉が再開された。交渉に直接参加できない民衆組織や汎マヤ運動組織はグアテマラ・マヤ民族組織調整員会を結成し、「先住民族のアイデンティティと権利」に関する独自案を提起した。その結果、先住民族の諸権利を定めた国際労働機関169号条約に沿った内容を盛り込んだ合意案が作成され、1995年3月、政府とURNGは「先住民族のアイデンティティと権利に関する合意」に調印することになる。「合意」では、先住民族に対する差別の歴史を踏まえ、グアテマラが多民族・多文化・多言語で構成される多元社会であることが確認された。マヤ、ガリフナ、シンカが先住民族として認定され、固有文化（言語、精神性、衣装、科学、知識など）を育成することが謳われた。地方自治における先住民共同体の伝統的統治体制や慣習的法規範の認知、先住民族の土地に関する権利に関しても、憲法改正を行うことが明言された。教育改革・政治参加・土地問題に関しては同数委員会が設置され、八つの作業委員会での議論を踏まえて憲法改正案が作成された。1998年末に国会を通過し、翌年5月の国民投票に付された憲法改正案は、低投票率と反対が過半数だったため採択されなかった。1999年末総選挙で右派グアテマラ共和国戦線が勝利し、「合意」履行は足踏み状態となってしまった。

1950年センサスで53・65％だった先住民比率は、1964年に42・16％と大幅に減少したが、その後は40％前後で現在まで推移している。2011年の生活実態調査でも、先住民約585万人は総人口の40%を占めている。民族集団帰属が自己申告制のセンサスでは先住民の実数は過小評価されているとして、先住民族運動陣営は先住民比率を6割以上と推定している。先住民族集団への帰属意識に関しては興味深い現象も起きている。アグアタンに居住するチャルチテコがアワカテコからの分離を申請し、2003年に国会によって民族集団として承認された。絶滅危機言語とされたシンカの場合、1981年には約100名とされていた人口が2002年センサスでは10

先住民族の人口

民族集団	1981年センサス		2002年センサス		
	人口	比率	人口	比率	母語率
マヤ民族	2,533,606	41.85	4,411,961	39.34	72
A キチェ	796,069	13.14	1,270,953	11.31	70
B ケクチ	427,911	7.07	852,012	7.58	84
C カクチケル	303,622	5.02	832,968	7.41	53
D マム	467,228	7.72	617,171	5.49	77
E カンホバル	97,764	1.61	159,030	1.41	88
F ポコムチ	110,592	1.83	114,423	1.68	81
G アチー	—*	—*	105,992	1.56	78
H イシル	55,804	0.92	95,325	1.02	88
I ツトゥヒル	66,711	1.10	78,498	0.85	81
J チュフ	36,272	0.60	64,438	0.70	91
K ハカルテコ	35,765	0.59	47,024	0.57	72
L チョルティ	31,833	0.52	46,833	0.42	25
M ポコマム	54,282	0.90	42,009	0.37	27
N アカテコ	16,995	0.29	39,370	0.35	91
O アワカテコ **	14,712	0.24	11,068	0.10	62
P シパカペンセ	2,537	0.04	10,652	0.09	53
Q サカプルテコ	18,009	0.30	9,763	0.09	71
R ウスパンテコ	9,131	0.15	7,494	0.07	53
S モパン	5,580	0.09	2,891	0.03	85
T テクティテコ	2,029	0.03	2,077	0.02	55
U イツァ	761	0.01	1,983	0.02	55
ガリフナ民族	2,790	0.04	5,040	0.04	71
シンカ民族	127	0.00	16,214	0.14	8
先住民族	2,536,523	41.90	4,433,218	39.52	71
非先住民	3,510,627	58.10	6,803,978	60.48	
グアテマラ総人口	6,054,227		11,237,206		

* 1981年センサスではキチェに分類、** 2003年チャルチテコが分離。

グアテマラ先住民族の分布

0倍以上に増加している。この背景に「合意」でのシンカの先住民族認知があったことはいうまでもない。その後センサスは実施されていないが、シンカ民族議会は16万人（2007年）に達するという。

先住民族集団意識の再構築・強化という現象の一方で、都市部や若年層において先住民帰属意識が相対的に低くなっていることも否定できない。近年の生活実態調査では、両親は先住民と回答するが自分は非先住民とする若い世代が増えている。2002年センサスでは、脱先住民化が顕著な東部の民族集団の母語話者の比率は低く、首都近辺居住のカクチケルでは約50%だが、西部の民族集団では依然として7割以上が母語話者となっている。先住民であることによる明白な差別は徐々に不可視化されている。21世紀の新自由主義的多文化政策のもと、一部の先住民出身エリートは、二言語教育や文化資源保護の部局などに先住民族代理人として取り込まれていく。2002年の地方自治法改正によって、先住民族キチェ、カクチケル、マム、ツトゥヒル、アチーなどで15の先住民行政区が認知されている。近年の地方選挙では、先住民が多数を占める157行政区の8割以上で先住民が首長となっている。2015年の国会議員候補者に占める先住民比率32％は、先住民人口比率40％とそれほど大きな差はない。

文化的多元性が認知された「合意」では、自決権や自治など先住民族の集団的権利は認知されないままだった。先住民族の土地に関する権利を求め、CUCや先住民農民全国調整委員会などが活動してきたが、プロジェクト・メソアメリカに代表される略奪的な開発の波には十分に対応できていない。テクパン市郊外イシムチェ遺跡での第3回アビヤヤラ（Abya Yala）大陸先住民族サミット（2007年3月）を契機に、「よく生きる（utzilaj k'aslemal）」という理念の具体的実践が試みられている。国連先住民族権利宣言（2007年）で明記された先住民族の土地領域の権利、開発に関する事前協議の履行を求め、2008年以降、西部マヤ民族協議会が核となって、西部高地一帯の鉱山開発やダム建設に関する事前協議が組織されるようになった。一方で、20世紀末に活動していた先住民族民衆組織によって新たに組織されたマヤ全国調整コンベルヘンシア「ワキブ・ケフ」（Waquib K'ej、2003年、CUCやCONAVIGUAなど15組織）やリゴベルタ・メンチュウが組織したウィナク（Winaq）政治運動など先住民主体の政治組織は、国内の有力な政治勢力となりえていない。先住民族の土地領域の権利を防衛する運動、地方・共同体レベルでの先住民自治の具体的実践を通じ、先住民運動は「合意」で謳われた多民族国家構築を目指していると言えよう。

（小林致広）

42

国内武力紛争・ジェノサイド

★長期内戦の構図★

1961年から1996年にいたる36年間の武力紛争は、諸局面に応じて著しく異なる様相を示した。ラディーノ（非先住民）エリート間の権力闘争として始まった小規模な紛争が80年代初頭にマヤ民族へのジェノサイド（集団殺害）に至ったプロセスを中心に、紛争の大きな見取り図を示す。

紛争のレベルとしては、国際関係、ナショナル、ローカルの3レベルに分ける。そのうえで、各レベルにおける諸局面の特徴を把握する。

(1)国際関係

①1960年代から70年代にいたる米国・ソ連・キューバ間の冷戦構造

②1970年代末から80年代にいたる中米地域紛争

③1990年代のポスト冷戦時代

(2)ナショナル・レベル

①前近代的な軍部対正統派マルクス主義ゲリラ間の権力闘争（1963～67年）

大農園主・政府軍・伝統政党の連合対左翼ゲリラが主たる対立軸で、戦場は主に東部地域のラディーノ居住地帯であった。60年代末には米軍特殊部隊（グリーンベレー）が直接介入し、多数の死者がでている。

②ラディーノ政府・軍部対マヤ民族の解放運動（1978～83年）

左翼ゲリラの統制を離れてマヤ民族の解放運動が高揚し、これに脅威を覚えた軍事国家の側が、国家安全保障上の潜在的脅威の対象を「国際共産主義・武装ゲリラ」から「インディオ」にシフトし、マヤ民族の集団殺害に及んだ。

③国家安全保障・開発ドクトリンにもとづく包括的な対ゲリラ戦略の遂行（1982～96年）

軍部はゲリラ勢力への軍事攻勢を強め、先住民族への統制を強化するため、先住民男性を「自警団」として軍の統制下に編制し、国内避難民を「モデル村」に収容して、軍への忠誠教育を強制していった。

(3)ローカル・レベル

①町（ラディーノ）対村落共同体（マヤ先住民）

②近隣の共同体同士の対立と虐殺

③共同体内部での対立

④親族・家族内部での対立

以上の3レベルを通底する形で、ジェノサイドへ至る局面を暴力の態様にしたがって整理してみると、グアテマラ紛争のむごたらしい様相が姿を現す。

(1)1960年代のラディーノ間の闘争における「死の部隊」を用いた「汚い戦争」の時代。少なくとも1万5000人の市民が殺害されている。

⑵１９７０年代前半から半ばにいたるラディーノ国家によるマヤ民族指導層をターゲットにした選別的殺害。

⑶１９７０年代後半から１９８０年前半にいたるラディーノ軍事国家の統制・指揮によるマヤ民族同士の虐殺。

⑴の局面では、国家が反体制派とみなす市民をリストアップし、政府軍や治安機関の手で拉致・拷問・殺害を繰り返しながらも、国家がその関与を否定し続けたことから「汚い戦争」と呼ばれる。

⑵の局面は、先住民共同体の伝統的権威・長老や若手指導者、マヤ農民組織の幹部らが、地元農園主や駐屯部隊によってリストアップされ、政府軍の手で選別的に殺害された時期にあたる。犠牲者は、マヤ祭祀やカトリックの講組織（コフラディア）の担い手であった伝統的権威者、マヤ人市長や市長補佐、正統派カトリシズムの布教を共同体で担うカトリック・アクションの幹部やカテキスト、識字教育や保健衛生の普及員、協同組合幹部など共同体や地域社会の新旧指導者たちであった。指導者を手始めに虐殺することは、地域社会全体の抵抗力を弱め、集団殺害を容易にするための常套手段である。

⑶の局面になると、軍に強要されたマヤ人によるマヤ人の無差別殺戮が常態となった。犠牲者にとってはなんの前触れもなしに、外部から暴力が字義通り不条理な形で共同体内部に浸透し、身内同士が殺しあうよう強要された。歴史的記憶の回復プロジェクトの調査に

激戦地アルタ・ベラパス県チセック市に建立された慰霊碑

よれば、犠牲者の3分の1は実行犯を知っており、17%が同じ村の人間、15%が近隣の村、2%が身内であったという（歴史的記憶の回復プロジェクト編『グアテマラ虐殺の記憶』岩波書店）。この調査プロジェクトを率いたヘラルディ司教が1998年、報告書の公表直後に軍高級将校らによって惨殺され、グアテマラ国内外に衝撃が及んだ。

リオ・ネグロ虐殺者を埋葬する集団墓地。ラビナル市郊外において

ジェノサイドの公的認定

ジェノサイドの認定は、和平協定にもとづいて国連が中心となって編成した真相究明委員会（CEH）が担い、1992年2月に全12巻からなる報告書を公刊し、以下の実態を解明した。36年間の紛争の死者・行方不明者は20万人以上、国内避難民が150万人、国外難民が15万人以上に達する。626の村落が破壊しつくされ、地図上から消滅した。死者・行方不明者の83%がマヤ民族であり、非戦闘員が90%である反面、加害責任の93%が国家機関（政府軍・治安維持機関、自警団）に帰する。ゲリラURNG（グアテマラ民族革命連合）の責任は3%であり、残りは不明とされた。

ジェノサイドについては、イシル地域など国内4地域を対象に検証した結果、CEHとして以下の事実を認定した。

「（政府軍の）攻撃パターンはジェノサイドを特徴づける。まず共同体の指導者を公の場で拷問のうえ殺害し、集団の抵抗力を奪った。絶滅・大量破壊作戦では、女性・子供・老人も対象に含まれ、拷問と集団的レイプの後に殺害が執行され、避難民への追撃が空爆を伴う形で行われ、集団成員間の社会的凝集性が根本から破壊された。さらに、集団の社会構造の再建のためのあらゆる可能性を打ち砕く試みが行われた」（CEH報告書第3巻417ページ）。「グアテマラで行使されたジェノサイドは、首謀者や実行犯といった個々人の罪に加えて、大半の行為が実行犯とは異なる高級幹部によって事前に計画された政策の産物であることから、国家としての責任が存在する。（中略）グアテマラ国家はジェノサイド条約が規定する自国領土で行われたジェノサイドを調査して処罰する義務を履行していない」（同上書、422〜423ページ）。

正義と和解への障害

CEHがジェノサイドをグアテマラ国家の責任に帰したことは、政府や軍部、財界の間で激しい反発を呼び起こし、CEHの勧告の大半は黙殺された。2013年5月、ジェノサイドの最高責任者リオス・モント将軍がイシル民族へのジェノサイドと人道に対する罪で禁固80年の有罪判決を受けるが、裁判手続きの不備を理由に上級審で判決が差し戻され、現時点に至るまで結審に至っていない。元国家元首がジェノサイドを容疑に自国の司法制度で裁かれた初めての事例であるが、一審判決では将軍個人の責任を超えて国家としての責任が問われたため、軍や財界を中心に再び激しい反発が起こり、訴訟を率いた検事総長が事実上の亡命に追い込まれるなど、司法を通した正義と和解の追求は和平協定から20年を経ても遅滞したままである。同将軍は2018年4月1日、心筋梗塞で死亡した。

（狐崎知己）

43

和平協定と残された課題

★道半ばの協定履行★

1996年12月、グアテマラ政府とURNG（グアテマラ民族革命連合）の間で「確たる恒久的和平協定」が署名され、36年間に及んだ国内武力紛争に終止符が打たれた。協定の履行期間は2000年12月末までの4年間と定められたが、854項目ものきわめて広範囲にわたる協定内容を履行する意志・能力・財源ともにグアテマラ国家には備わっておらず、当初から履行は疑問視されていた。他方、国際社会は米国と日本を中心に8年間で35億ドルを超える大規模な協力を行い、財政支援という面では協定履行への国際公約を果たした。

協定締結から20年後の現在までの履行状況を整理してみる。協定履行のための財源として、年間経済成長率6％、対GDP徴税比率12％という目標が設定されたが、一度も達成されることはなかった。グアテマラは世界的にみて徴税比率がきわめて低い国であり、12％という目標自体も中南米諸国の平均18％にくらべて非常にゆるい水準だったが、財政改革に対して大地主や財界が徹底的に抵抗したため、2016年に至っても11％に届いていない。この帳尻合わせのためにGDP成長率6％という非現実的な目標が置かれた。概算すると当初の成長予測と現実の成長率の間には、協定から8年間に経済規模でみて4割弱ものギャップが生じており、そのうえに徴税率の低迷、それに輪をかけるように大規模な汚職が横行した結果、和平庁（SEPAZ）によれば和平協定の履行率は52％に留まった。とりわけ紛争の構造的要因にかかわる「社会経済的側面と農業問題に関する協定」と「先住民族のアイデンティティと権利協定」は現在までほとんど進展が見られず、関連する司法制度改革や財政改革、農地改革に関する法制度が整備される見通しがたっていない。

2003年11月9日、アルタ・ベラパス県サンペドロ・カルチャ市の投票所。早朝から多数の市民が詰め掛け、投票所となった市役所ホールは文字通り立錐の余地もないほどで、危険を感じさせる。だが、女性の姿はほとんど見られない

問われる民主主義の質

他方、協定の半分が履行された結果、武力紛争が再燃することなく、競合選挙による政権交代という意味での民主体制が定着したことは重要な成果である。アルス政権期（1996〜2000年）にはURNGの武装解除と合法政党への転換がほぼ予定どおりに完了した。ポルティージョ政権期（2000〜2004年）には体系的人権侵害の総司令部であった大統領参謀本部（EMP）の解体や地方分権化、貧困対策などの分野で一部進展が見られた。2003年の選挙では、URNGが合法政党として参加し、グアテマラ史上初めて真

の競合選挙が実現した。筆者は99年と2003年の選挙を日本の選挙監視団の団長として見守ったが、一部の地方選挙を除いては、整然とした投票行動が行われ、敗北に異議を唱える候補や政党は現れなかった。ただし、政治資金の透明性や広報活動における公平性、多民族文化に配慮した投票の仕組みなど改善すべき点が現在に至るまで多々残されている。また、ポルティージョ政権では、ジェノサイドの最高責任者リオス・モント将軍が政権与党の党首として国会議長に就任したことで、人権分野や社会経済分野の改革が停滞した。なお、ポルティージョ政権の主たる閣僚は後に汚職で軒並み逮捕され、ポルティージョは国外に逃亡した後、資金洗浄の容疑で米国へ送還された。

2004年12月に国連グアテマラ和平検証ミッション（MINUGUA）が撤退し、以降、協定履行への国際社会の関心が低下していったが、ベルシェ政権（2004〜2008年）ではURNG、市民社会と政党の代表からなる「和平協定国民委員会」が創設され、グアテマラ独自に協定履行を検証する仕組みが整った。だが、URNGは総選挙での得票率が5%にも満たない弱小政党であり、他の政党も選挙のたびに現れては消え去る泡のような存在が多く、政策の継続性が期待できない。この結果、選挙のたびに大量の新人議員が出現し、弱体で能力の低い官僚制度と相まって、ただでさえ少ない予算の執行率が50%に満たないような状態が続いている。

左派勢力の支持を受けて誕生したアルバロ・コロン政権（2008〜2012年）では財政改革、総合的農村開発、地方分権化、先住民族の権利等の分野での進捗への期待が高まった。だが、政権基盤が弱体であるうえ、地主と財界からの激しい抵抗や人権状況の悪化のために政権末期は混乱が続き、成果がでなかった。オットー・ペレス・モリーナ政権（2012〜2015年）は、大統領と副大統領をはじめ主要閣僚の大規模汚職と逮捕で政権が崩壊し、犯罪組織の影響力が相変わらず政権深部まで及んでいることが明るみに出た結果、和平協定の目指した民主体制づくりが振り出しに戻った感がある。

グアテマラ・ソロラ県で生活改善の実践を視察する研修生たち

貧困の悪化と世界最悪の栄養不良

協定履行の遅れは、貧困率の悪化と世界最悪の水準にある慢性的栄養不良という形で顕著に出ている。包括的な家計調査（ENCOVI）によれば、グアテマラの貧困率は2000年の56・4％から2006年には51・2％に改善したものの、2014年には59・3％に悪化した。特にスペイン語を母語としない先住民世帯の貧困率は79％に達している。また最低限必要なカロリーを摂取できない絶対的貧困層も2006年の15・3％から2014年の23・4％に悪化しており、先住民世帯では27・3％から39・8％というきわめて高い水準へ悪化している。

この結果、慢性的栄養不良状態が世界最悪の水準にとどまったままである。世界保健機関（WHO）は年齢別の標準身長に応じて中度の慢性的栄養不良を標準偏差でマイナス2からマイナス3の間、重度をマイナス3以上と規定している。2015年に小学校1年生(6~9歳)を対象にした悉皆調査の結果、グアテマラでは中度が28・2%、重度が9・4%と全児童の37・6%が慢性的栄養不良状態にあることが判明した。母語がスペイン語の児童では26・4%、非スペイン語の児童では51・0%と先住民児童の半数が慢性的な栄養不良にある。

グアテマラ政府としても近年、栄養状況の改善を最優先政策に掲げて取り組んでいるが、2001年の慢性的栄養不良率が49・8%、2008年が45・6%、2015年が37・6%と非常にゆっくりとしたペースでしか改善していない。幼少時の慢性的な栄養不良がその後の教育や雇用、所得、犯罪率などに関係することが近年の研究で明らかになっており、この分野でのグアテマラ政府の総合的な政策能力の向上と財源の拡充が喫緊の課題である。日本としても戦後農村の生活改善の成功経験に依拠して、多数のグアテマラ人研修生を日本に招いて生活改善に依拠した保健・栄養改善に協力を続けているが、あくまで成果はグアテマラ政府や地方自治体、先住民共同体の意欲と能力の向上にかかっている。

(狐崎知己)

44

市民の安全保障・マラス

★治安悪化のコスト★

グアテマラ国民は自然災害、貧困、失業をはじめ、様々なリスクを抱えて暮らしているが、なかでも治安の悪化が各種世論調査で最大の心配事となっており、毎回の選挙で有権者が最も重視する争点である。和平協定が締結された1996年から2013年に至る17年間の殺人件数は8万件にのぼり、年間犠牲者数では内戦時代を上回る。人口10万人当たりの殺人数をみても、グアテマラはつねに世界のトップ10にランクインしているが、犯人が検挙され有罪判決に至るケースはきわめて稀である。このため市民の不安と警察・司法に対する不信不満が収まる気配はない。世界保健機関（WHO）のデータによれば、グアテマラ人の死因のうち暴力的な死因が第2位を占め、10代後半の男性では死因の48％、20代前半では40％が殺人によるという異常な状態が続いている。

暴力の直接的コストは毎年、GDPの8％近くに達する。WHOのデータベースからDALY（障害調整生命年）を算出した場合、たとえば2010年では殺人の犠牲者5600人に傷害による損失分をくわえると、本来全うできたはずの48万7000年分の命と労働力が失われた結果になる。治安や司法のコス

民主体制定着への第一歩。2003年総選挙で投票を見守る人たち（アルタ・ベラパス県サンペドロ・カルチャ村）

ト、民間警備への支出、生産性の低下、資本逃避、学校教育の質量の劣化、諸制度への信頼度の低下、社会関係資本の劣化など暴力の悪影響は社会経済に広範囲かつ長期に及んでいる。

組織犯罪の3類型

犯罪の実態について大きく3種類に分けることができる。

一つは内戦時代から続く人権関連の犯罪であり、とりわけ内戦の犠牲者が集団遺棄されている秘密墓地の発掘やジェノサイドと人道に対する罪の追及に関係する人々や団体への脅迫行為が減る気配がない。とりわけリオス・モント将軍を被告とするジェノサイド裁判の関係者には事実上の亡命に追い込まれた人々が少なくない。

第二は麻薬組織や旧軍人勢力が関与する犯罪組織など、内戦時代から国家機関の最深部にまでその影響力が浸透し、通常の手段では対処し難い凶悪かつ大規模な組織犯罪である。グアテマラは南米から米国へ密輸されるコカインの主要中継地であり、国内でのヘロインや覚せい剤の生産も増加している。国際的な人権団体や研究機関はグアテマラ国家について『マフィア国家』『組織犯罪国家』などと名付けた調査報告書を相次いで公表している。

国際社会は和平協定の履行支援の一環として、2006年に「グアテマラにおける免責対策国際委員会（CICIG）」を創設し、現在に至っている。CICIGのマンデートは「国家機関に直接的ないし間接的につながるか、もしくは非合法活動への免責をもたらす能力を備えた組織犯罪」の構造と活動形態、資金源の解明にある。これまで9年間の活動では、世界各国から参集した敏腕の検察官や判事らが公共省と一体となってグアテマラの政治、経済、司法に広く深く根を張った組織犯罪の実態を調査し、ペレス・モリーナ現職大統領とバルデティ副大統領の逮捕に象徴される組織的な汚職と免責構造の一端を解明し、市民から高い評価を得ている。だが、CICIGによれば、最大の課題である司法制度改革と法治主義を尊重する文化の定着にはまだ手つかずの状態にあり、犯罪組織と結託した司法関係者の浄化は進まず、市民の間でも汚職と免責を自然現象として受け止め、諦めるムードが定着しているという。2017年には警察の最高責任者であった内務大臣がコカイン密輸の警護に警察部隊を動員して賄賂を受け取った容疑で、米国から身柄引き渡しの請求を受けるなど、組織犯罪の根はあまりに深い。

以上の二つのタイプの犯罪が、内戦時代の負の遺産である軍情報機関と犯罪組織を中心とする陰の政府の存在にかかわるものとするならば、第三のタイプはマラス（maras〝ダチ〟〝群れ〟〝軍隊アリ〟などを意味）、もしくはパンディージャス（pandillasギャング）と呼ばれる青少年の組織犯罪である。マラスの活動は、窃盗、ドラッグや武器の売買、密入国の手配、縄張り地区における商店やバス運転手からの「みかじめ料」の取り立て、組織間の殺し合いなど多種多様な違法行為に及ぶ。マラスは近年、ストリートギャングから集権的に組織された犯罪シンジケートに進化しつつあるという報告もあり、実際、メキシコや中米諸国のみならず、米国やスペイン、イタリアなどの都市部でも中米からの移民青年を中心に増殖している。マラスの急速な拡大は低就学・貧困・失業・家庭崩壊・コミュニティの絆の切断など社会問題、武力紛争と終結後の暴力の蔓延、国家・軍・警察の構造的腐敗、米国の中米移民政策などに複雑に関係する。

迷走するマラス対策

グアテマラ政府は米国政府の支援も受けて、マラスを安全保障上の脅威とみなし、警察と軍隊の合同部隊による強権的な鎮圧対策を行使している。２００４年には米南方軍司令部がマラスをテロ組織や麻薬組織と同様に中南米における新たな安全保障上の脅威として規定した。オバマ政権は犯罪組織とマラス対策を主目的に、グアテマラ、エルサルバドル、ホンジュラスの中米3カ国に対する「繁栄のための同盟」を打ち出したが、トランプ政権では予算額が大幅に削減されるとともに、政策の比重が防犯的な社会経済開発から強権的な取り締まりにシフトする見通しである。

マラスに対する強権政策はグアテマラのみならず中米のどの国でも効果を上げていない。たしかに首都の周縁部など市民の日常生活に直接かかわる地域の一部はマラスが支配する事実上の無法地帯と化しており、世論では超法規的殺害を含めて強権的政策を支持する声が強い。だが、「マフィア国家」を牛耳る犯罪組織とマラスへの対策は、全く異なるアプローチが必要とされる。前者はCICIGなど国際的な関与と司法制度の総体的な改革が不可欠だが、マラスにはハイリスク地区に生まれ育った青少年を排除する土壌を社会的に改革し、教育と雇用の機会を優先的に与える総合的な社会開発プログラムが欠かせない。地域社会が一体となって、学校教育の質的向上や奨学金の整備による早期退学の防止、スポーツや音楽・演劇活動などを通して安全に自由時間をすごせるスペースづくり、地元企業と連携した職業訓練と雇用機会の拡大、家庭内暴力への対応、売春宿や賭博場の閉鎖、アルコール販売の制限などを組み合わせた対策が奏功している事例も報告されている。

米国は2007年から10年間で64万人もの在米グアテマラ人を強制送還しており、うち未成年が2016年には2万人弱にのぼった。他方、グアテマラ人の2割が治安や経済問題を理由に米国への移民を真剣に考えているとの調査結果も報告されている。強制送還された青少年の受け皿づくりをはじめ、マラス対策に欠かせない総合的な社会経済開発はグアテマラと米国、メキシコを含めた国際問題でもあり、主要ドナーとしての日本の協力成果も問われている。

（狐崎知己）

45

女性の権利拡大に向けて

★女性運動のプロセス★

19世紀前半、グアテマラ共和国前身の中米連邦共和国にペドロ・モリーナ大統領夫人ドローレス・ペドヤが、女性の政治・社会的参加の先駆者として現れた。彼女は男女間の権利の不平等を克服するために教育の重要性を説き、後日、「ドローレス・ペドヤ基金」が設立された。「初等教育法」（1835年）と「公教育法」（1875年）が制定され、1945年憲法で18歳以上の識字能力のある女性に参政権が認められた。47年に組合結成の自由とストライキ権を保障する労働法が制定され、48年「女性への市民権授与に関するラテンアメリカ協定」、51年「女性への参政権授与に関するラテンアメリカ協定」、59年国連にて「女性の参政権に関する協定」が批准された。1985年の新憲法制定により「自由と平等」「男女同権」が確立され、新労働法により有給休暇や母性保護が明記された。1996年A・アルスー大統領は、「グアテマラ民族革命連合（URNG）」との間に「最終和平合意協定」を締結し、36年間におよぶ中米最長の内戦が終結した。1987年に前述の「ドローレス・ペドヤ基金」による第1回中米女性会議がグアテマラ市で開催された。以下、1985年から女性運動の過程を3期に分けて解説してみたい。

女性運動組織の誕生（1985～1994年）

グアテマラでは1955年から軍部が政治を支配し人権を抑圧したが、それに対する抵抗運動ではノーベル平和賞受賞者リゴベルタ・メンチュウやコナビグア（CONAVIGUA）「連れ合いを奪われた女性たちの会」代表のロサリーナ・トゥユクのような先住民女性たちをはじめ、ラディーナ女性団体が重要な役割を果たした。

1987年メキシコのタスコ市開催のラテンアメリカ・フェミニスト会議後に女性運動組織が誕生した。最初が内戦時に拉致され行方不明となった失踪者家族の相互支援組織（GAM）である。ニネス・モンテネグロたちにより創設され、翌年にはその会員が600人超となった。組合指導者の夫が拉致されたモンテネグロは、後に政治家となる。1988年には、メキシコに亡命していたラディーナとグアテマラ首都圏の女性フェミニストがNGO「大地に生きる女性組織ティエラ・ビバ」と「グアテマラ女性組織GGM」を設立した。前者は情報収集と広報を中心に記録資料センターとして、また女性の健康・教育・暴力被害に関する出版活動をし、後者GGMは女性の社会福祉、精神的・法的支援のセンターとして、94年以降は家庭内暴力に特化し首都に女性用シェルターを運営している。政府は脆弱な財政から女性組織へ予算をつける余裕はなく、1981年に労働社会保障省女性室（ONAM）を設置したが女性組織に非協力的であった。しかし、次第に家庭内暴力の犠牲者をGGMのシェルターに送り込むようになり、コナビグアに先住民女性の識字教育を任せた。以上はラディーナ主体である。

コナビグアは、エスニック・階級・ジェンダーを視点にした最初の先住民女性団体である。カトリック教会と国際的NGOの支援を受けて発足し活動を展開した。コナビグアは強制的自警団の廃止、秘密墓地の発掘、地方先住民女性への識字教育の普及と保健への関心、内戦中の女性に対する強姦など人権弾圧の再調査を求めて組織されたものである。指導者トゥユクは親族を殺害され、自らもゲリラのシンパとして軍部から指弾されたが、1995年に新グアテマラ民主戦線（FDNG）から全国区で出馬し、2000年まで国会議員を務めた。メキシコの難民キャンプでは、マヤ女性たちが女性の権利、政治参加、意思決定を学んで「ママ・マキン」を1990年に結成し、祖国帰還を目指した。女性運動は拡大するにつれて専門化・制度化・NGO化され、法制度の改革が謳われた。

女性運動の隆盛期（1994〜1999年）

1994年に形成されたアメリカのフェミニスト左翼ネットワークの「女性セクター（Women's Sector）」は、エスニシティとジェンダー差別や社会的不正義と戦う姿勢をとり、約10県に散らばっていたフェミニスト女性組織を連携させ女性の権利を主張し、1996年の政府とURNGとの和平協定成立に際し、和平後の社会をテーマとした全国女性フォーラムの開催を提案した。この呼びかけにラディーナ・先住民・ガリフナ語集団・シンカ語集団などの30の女性集団が応じ、後述するように1997年11月13日に全国女性フォーラムが開催された。女性組織89団体の大半が94年以降に設立され、その規模は会員数50人から約千人など様々であった。この時期は女性の意識向上と運動の拡大期となり、国際的支援団体と地方女性団体が直結した。

サンカルロス国立自治大学、ランディバル大学、ラテンアメリカ社会科学研究科（FLACSO）グアテマラ分校などでジェンダー研究が盛んとなり、やがて、女性の地位改善を目指した「女性プロジェクトと法改革」団体がONAMと関わり、オランダやスペインの経済支援の下に活動を始め、女性の

服装に現れるエスニック集団の差異。マヤ先住民内戦未亡人を支援するラディーナ夫人（洋服）（サンティアゴ・アティトラン市にて、1999年）

教育・労働・市民規則・刑罰規則など法改正を提案した。1994年には女性運動参加者が増加し、対女性暴力反対国際記念日の11月25日にはデモ行進をした。同年、公的女性支援の大統領府女性庁（SEPREM）が設置され、初代長官にリリ・カラバンテスが指名された。1996年12月に国連の仲介で、政府とURNG間に和平協定が締結され、「銃から投票用紙へ」と民主体制が移行すると期待された。女性セクターは和平協定締結の場で土地所有に関するジェンダー平等、クレジット、開発援助、先住民女性に対する差別撤廃、家庭内ジェンダー平等、働く女性の権利平等、教育の男女平等など具体策を示した。ついに「和平協定履行のための実施計画」第29条のもと、1997年11月13日に全国女性フォーラムが開催された。全国8地域で22県代表と34言語の代表合計56市民団体が会議を開き、大統領府女性庁と全国女性フォー

ラムが共同で「グアテマラ女性完全参加のための行動計画２００２〜２０１２」を策定した。

21世紀における女性運動と政治参加

21世紀の幕開けに和平協定内容の実現が危ぶまれ、政党政治の衰弱、貧困の悪化がマイナス影響となり活動が90年代に比べ低下した。ＧＡＭ創設者の先述のモンテネグロは１９９６年に国会議員選挙で当選し（２００７年・２０１１年）、２０１２年には国会第二副議長を務めた。コナビグア所属のトゥユクは、次世代養成に努め女子教育を重視し、非識字女性に対して選挙参加を啓発し、１９９６年から国会議員を、２００４年から戦後補償委員会の議長となった。彼女は強制的徴兵制度廃止、徴兵と社会奉仕の選択制度の導入、先住民女性擁護官の設置を唱えた。一方オティリア・ルスは、１９９４年設立の歴史的真実究明委員会で国軍の人権侵害を追及し、文化・スポーツ省大臣に就任した（２０００年）。１９９７年国連ではグアテマラ内戦に関わる真相究明委員会が設置され、ルスは２００４年からユネスコ管理委員会に務め２００７年の総選挙で当選した。かつてラテンアメリカの特徴とされた性別役割分担、父権主義、大家族主義などに変化が現れ、女性世帯主が増加し家族形態が多様化している（詳細は拙稿２０００年および２０１５年参照）。

（桜井三枝子）

先住民サミットの「女性の政治参加」セッションで熱弁をふるうフェミニスト（イシムチェ市にて、2007年）

46

エリート教育から大衆教育への歩み

――★フェ・イ・アレグリア（信仰と喜び）教育の定着★――

イエズス会は5世紀にわたり教育による宣教を世界各地に展開してきた。1590年イグナティウス・ロヨラ、フランシスコ・ザビエル、ペドロ・ファブロ、他7人がイエズス会を創設し、必要とされるならばどこへでもという目的に従い、ヨーロッパの青年たちはアメリカ、インド、日本へと宣教の旅に出た。イエズス会士の教育の質の高さを知る親たちは、子供にその教育を受けさせることを願った。ヨーロッパの貴族たちの財政支援のもとにイエズス会は誕生し、授業料を徴集せずともレベルの高い教育を広めることで当時の社会と文化に貢献した。創立当初からイエズス会は教育を宣教の武器として重視する修道会として認識された。

1599年から1773年にかけてヨーロッパで学院数は増加した。グアテマラでは1606年にサンルカス神学院が創立され、1630年代初頭まで会士は初等教育に携わった。イエズス会士サリエゴによれば、「グアテマラに入植した会士はまず初等教育の読み書きをスペイン人入植者子弟に教え始めた」と記している。1635年にはその目的を果たし大学教育へと進展させた。初等教育や基礎教育を卒業した学生の中から哲学

アンティグア市の旧イエズス会聖堂（定礎1690年）正面入り口（左）と旧サンルカス学院・神学院校舎（右奥、1698年定礎）、スペイン国際協力（AECID）による修復（2015年）［桜井三枝子撮影］

や技術を学びたい学生が現れ、グアテマラとパナマ両国に最初の大学設立構想がなされた。17世紀当時一般教育と専門的大学教育の境界は現在ほど明確ではなく曖昧であった。17世紀にイエズス会学事規定が設けられ、全世界で宣教するイエズス会の宣教地・学院で共通指導が実施された。指導要領や学院経営に関する実践的規定は16世紀末に定められ、すでに教育上のメソッドや組織化が図られ、やがて現アンティグア市に初代司教フランシスコ・マロキン神父の意を得て、サンカルロス大学が1676年に創立された。

しかし、カルロス3世が全スペイン領からイエズス会の解散を発し（1767年）た結果、イエズス会追放後の教育機関の衰退は避けようもなく、グアテマラ議会は国王にイエズス会の入国を要請した。そのため1814年に教育活動が再開されたが、貴族による経済的支援はもはやなくなり、乏しい財源の修道会として再生したので、学生たちに授業料を課すことになり、授業料を納入できる中間階層以上の子弟を対象とせざるをえなかった。19世紀は再びイエズス会にとって試練の時代となった。すなわち、1871年に軍部出身のフスト・ルフィノ・バリオスが大統領に就任し、教会勢力を国家から分離すべきと主張し、自由主義者は反教会主義のもとにイエズス会士を追放し、再び学院を国家が没収した。

しかし、ホルヘ・ウビコ将軍時代になるとイエズス会士は呼び戻され、グアテマラ市の中心部にハビエル学院（1952年）とロヨラ学院（1958年）が創立された。前者はとくに学問的体系に則した講義内容に特徴があり、授業料を納入できる中産階級以上の子弟が対象で後者は中産階級以下の子弟を対象とした。やがて1962年、グアテマラ市にラファエル・ランディバル大学が創立された。

一般大衆を対象とした教育、フェ・イ・アレグリア（信仰と喜び）

1955年ベネズエラの首都カラカスの貧困地帯で、フェ・イ・アレグリア（Fe y Alegria 以下FyA）というNGO団体が、政府と社会の支持を得て教育活動を開始した。創立者イエズス会士ホセ・マリア・ベラスはアンドレス・ベリョ・カトリック大学学生を伴って週末ごとにカラカス市の外れのカティア貧困区を訪れ、カトリック要理を説いていたが、人々と交わるうちに多数の未就学児童の存在に気づいた。最初の教室はレンガ職人アブラハム・レイエスの自宅で始まった。彼の善意によりFyAの活動が軌道に乗り瞬く間にベネズエラ全土に広まり、ラテンアメリカ、カリブ地域にまで拡大した。エクアドル（1964）、パナマ（1965）、ペルー（1966）、ボリビア（1966）、エルサルバドル（1968）、コロンビア（1971）、ニカラグア（1974）、グアテマラ（1976）、ブラジル（1980）、ドミニカ共和国（1991）、パラグアイ（1992）、アルゼンチン

表1　フェ・イ・アレグリア（信仰と喜び）による大衆教育普及運動

教育・訓練方式	人数	%
公的学校教育	569,598	36%
非公的学校教育	590,645	38%
社会適応型訓練と通信技術	284,801	18%
通信教育、ラジオ放送による教育	65,647	4%
教師養成	55,118	4%
合計	1,565,809	100%

出所：Memoria 2015 Federación Internacional de Fe y Alegría.

（1996）、ホンジュラス（2000）、チリ（2001）、ハイチ（2006）、そしてウルグアイ（2009）へと続いた。

1985年スペインのイエズス会がラテンアメリカのFyAの支援に乗り出しインターカルチュラル財団を立ち上げ、1998年にはアフリカのチャド（2007）やマダガスカル（2015）にまで拡大した。2016年にはイタリアにも設立されたが、これは2001年にエクアドルからの移民を受け入れたことによる。2015年データを見ると、三大陸21カ国に広がり今後も拡大する勢いである（表1）。

グアテマラにおけるフェ・イ・アレグリア

1976年2月4日未明、突然マグニチュード7・5の大地震がグアテマラ市を襲った。国連ラテンアメリカ・カリブ経済委員会（CEPAL）によれば少なくとも死者2万3000人を出し、経済的損害は計り知れない。教育面では地震以前でさえ学齢人口の40％しか就学していなかったので地震後の状況は悪化した。4分の1の校舎が崩壊した。こうした状況のもとにメルセデス会修道女とイエズス会士より成るFyA団体が到着し、政府、教会、企業が救済と復興に力を合わせた。地震の数カ月後にはグアテマラ市貧困地域教区に最初の学校が開設された。グアテマラ市に隣接したミシュコ市郊外の避難地区に第二の学校が開設された。こうして5年間に7学校が開設され5000人以上が就学した。学校設立が迅速に実現したのは政府の再建委員会、企業、国際的ドナーが当企画を信頼し、土地や資金や物資を提供したからである。重要なのは様々な修道会が力を合わせ学校建設に協力したことだ。イエズス会はラジオ放送による通信教育を開始し、貧困地域の成人を対象に裁縫・工作・文字教育などの職業教育を始め、さらに低価格医療を実施した。

イエズス会の無償教育に倣いグアテマラ政府も２０１６年に教育活動資金助成を制定し、ＦｙＡ校を支援した。これより当活動の継続が国家と連携して実践され、現在、８都市（グアテマラ、キチェ、トトニカパン、チキムラ、ペテン、サンマルコ、ウエウエテナンゴ、ソロラの諸市）に開設された学校数は49にのぼり、さらに公教育とは異なるレベルの生徒1万５０００人を対象に、職業訓練や教員養成、社会的貢献、共同体発展のための講座を開講し、その受講生は３万２０００人に達した。首都第１区に位置する本部では教育指導に関する様々な取り組みが企画され、グアテマラ社会の礎となる人々の養成に貢献している。

（マルコ・トゥリオ・ゴメス／桜井三枝子訳）

グアテマラ市第18区のフェ・イ・アレグリア第４教育センターで無償の教育を受ける児童（2017年）［Sofia Gutierrez Santos 提供］

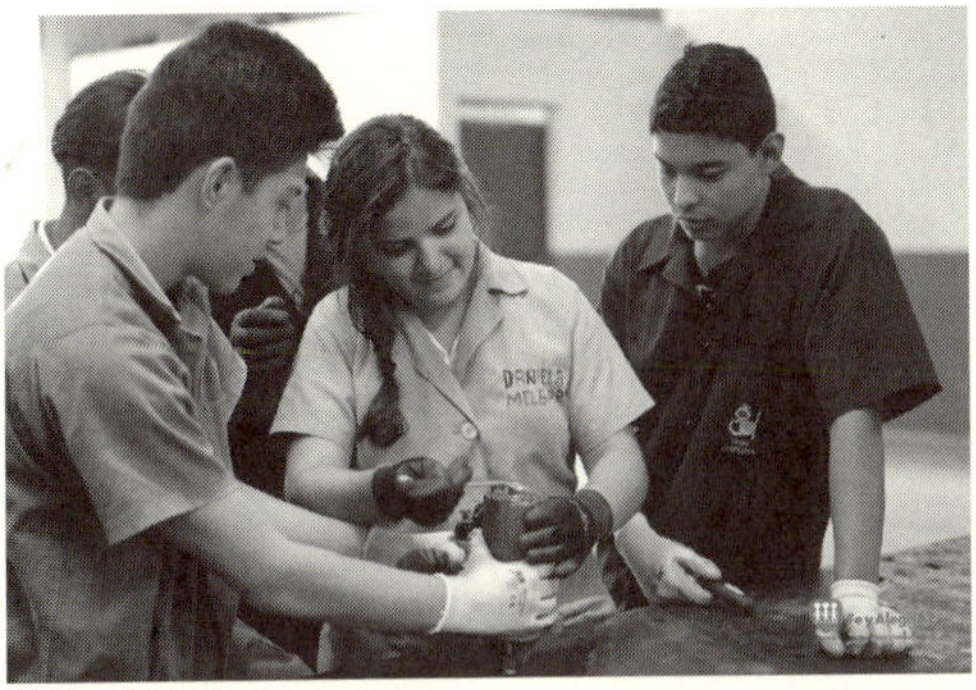

グアテマラ市第７区のフェ・イ・アレグリア第９教育センターで職業訓練を受ける青少年（2016年）［Sofia Gutierrez Santos 提供］

VII

宗教と伝統

47

プロテスタントの布教とカトリックの対応

★カトリック改革派の浸透★

ラテンアメリカへのプロテスタント布教が本格化した第一の波は、19世紀前半以降、南米に移住したヨーロッパのプロテスタント移民で、バプティスト派、メソジスト派、プレスビテリアン派などの主流派である。第二の波は19世紀末から20世紀にかけての米国の伝道を中心にしており、第三の波は１９３０年代以降の米国から伝えられたペンテコステ派で、１９６０年代以降の政治・社会変動を背景に急速に増加している。

グアテマラで驚異的にプロテスタント人口が増えたのは、米国の強い影響のもとに、１８８０年代に宗教的自由を標榜するルフィノ・バリオス大統領の要請で、プロテスタント牧師を受け入れて以来である。これより1世紀後、リオス・モント将軍がカトリックから「御言葉の教会（Iglesia del Verbo）」に改宗した。彼は１９８２年のクーデターで実権を掌握し、政府の精神的助言者として福音派教会の長老を下院議員に指名した。ゲリラ壊滅作戦の一策としてカトリック住民を「共産主義者」と呼び共同体から追放し、強制的にプロテスタントに改宗させた。後にリオス・モント大統領は追放されたが改宗者数は増大し、１９９１年には福音派の政治家ホルヘ・セラーノが大統領に選出された。

「御言葉の教会」はカリフォルニアを拠点とする福音派布教団の分派で、他の米国のファンダメンタリストの教会と同様に1976年のグアテマラ大地震以降に、教育・食糧支給・医療などの社会活動を開始した。プロテスタント大統領の出現を歓迎した米国のファンダメンタリストはグアテマラ政府に資金と食料、衣料、薬品など援助物資を送り、スペイン語訳の聖書を配布し貧困層の人々に改宗を促す動機となった。

グアテマラのプロテスタント人口は1990年代に35・0％に上り、エルサルバドルの21・0％、ニカラグアの20・0％と比較すると中米随一となっている。ラテンアメリカでは福音派をエバンヘリコ（evangélico）と呼び、非カトリック信者の総称としている。「エバンヘリコ」は、福音派をはじめ、ペンテコステ派やモルモン教徒、エホバの証人などをも含む広義の用語として定着している。

貧困層の人々にとってプロテスタントの魅力として以下の要因が考えられる。①改宗者は勤勉・節約に「目覚め」、飲酒やギャンブルなどの浪費を控え家庭を安定させる。②教会は宗教組織であると同時に信徒たちの物質的・心理的安全を保障する互助組織でもあるから、マチスモが根強いラテンアメリカの男性に貞節と家庭を守らせる傾向が女性信者の心を獲得した。③改宗により病人、失業者、アルコール依存症者、貧困者はプロテスタント共同体の手厚い保護を得た。④都市部プロテスタント教会は、地方から出稼ぎに来る青年たちに軽食と憩いの場を提供するサロン兼避難所として機能した。⑤プロテスタントは合理主義と近代化の担い手であり、改宗者は中産階級の上品なライフスタイルを模倣した。

男女別に円状になり歌と手拍子の伴奏で陶酔していくプロテスタント信者たち。サンティアゴ市のカトリック改革派活動に対抗するかのような風景

私のフィールド調査地であるアティトラン湖諸村落のプロテスタント布教は、1920年代に始まった。1966年、信者数が多い順から、ラ・セントロアメリカーナ、バウティスタ、エル・ブエン・パストール、ペンテコスタル、プリンシペ・デ・パスなど5「セクタ（＝セクト）」が数えられた。最初のラ・セントロアメリカーナだけでアティトラン湖諸村落の全プロテスタントのおよそ2分の1の信者を擁した。数あるプロテスタントのセクトの中で、ラ・セントロアメリカーナがサンティアゴ村の信者数を獲得した要因は以下となる。同教団は1981年に栄養不良児童のための給食センターを設立し、同年私立学校を創立し、そこでは教育のみならず、給食、制服、靴などを供給し医療ケアをした。1986年に診療所を開設し250世帯に施療し、物質的・精神的支援をした。当教団は布教のために聖書のマヤ語翻訳、識字運動、近代化、西洋的健康の増進を図り、伝統的な祝祭儀礼に批判的な態度をとった。1981年といえば、サンティア

サンティアゴ・アティトラン市のプロテスタント集会はライブのノリで若者を惹き寄せる

ゴ・アティトラン・カトリック教会の司祭F・スタンレー神父が国軍の凶弾に倒れた年である。カトリック派は国軍の虐殺を恐れプロテスタント教会に流入した。

診療所で雑役夫として働いている情報提供者（35歳）によれば、両親の代からセントロアメリカーナ所属である。日曜学校に両親が子供を連れていき、2時間の「ミサ」のあと子供は児童グループの中で聖書教育を受け、独身者、既婚者、青年などの各グループに分かれて活動の打ち合わせをする。アルコール依存症で兄を失った彼の説明によると、市内には若いうちから泥酔・酩酊・錯乱・栄養不良・暴力などアルコール依存症で心身ともに侵され若死にしている例が多く、そうした家庭の中からプロテスタント改宗者が多いという。上昇志向の強い家庭では子弟の教育に熱心で、教会の提供する機会を捉え、小学校を卒業すると、ケツアルテナンゴ市のラ・パトリア中・高一貫教育校に通学する機会を得て、大学進学する者や教諭・医師などの専門職に就く事例が出てきている。こうしたプロテスタント教会の目覚ましい活動に対してカトリック教会の対応はいかに。

世界で約10億のカトリック人口のうちでラテンアメリカ人はその44％を占め、面積・人口ともに世界最大のカトリック地域である。しかし、無関心派が増加し聖職者不足は深刻である。こうした事態を打開するためにうって出たのがカトリック改革派（Acción Católica）で、聖職者不足を補う形でバチカンの指導の下に俗信徒を直接社会問題に関与させ、司祭と（先）住民の仲介役として活動させた。この活動は1920年代にイタリア、ポーランドについでアルゼンチンに渡り急速にラテンアメリカ全域に拡大した。1953年グアテマラ、エルサルバドル、ホンジュラス3国の国境付近に位置するエスキプラスの黒いキリスト像（第54章参照）巡礼のための大衆動員は、当時の改革派アルベンス政権を弱体化させるほどであった。カトリック改革派は「事実を観察し、神学的に考察し、行動を始める」という3段階方法をとり、これがバチカン公会議で認められ解放の神学者に継承された。教皇直轄のカトリック改革派が対プロテスタント作戦として活動を開始し、無関心派のカトリック信者を減少させた。例えばサンティアゴ市の7月25日の守護聖人祭には64組の合同結婚式が挙げられ、8歳以上の子供たち約350名の初聖体拝領式が盛大にとりおこなわれ、旧伝統的信徒組織（コフラディア）派の存在を軽視させた（第53章参照）。すなわち、プロテスタントの布教の浸透に脅威をおぼえたカトリック派が改革運動を盛んにすることで対抗し、両派がともに隆盛をきわめる結果が生じているようだ。

（桜井三枝子）

48

中西部高地先住民の織りと装い

★民族衣装の語り①★

女性と機織り

先スペイン期に作成されたマドリード絵文書には、機織りにいそしむマヤの女神イシチェル（Ixchel）の姿が描かれている。この絵文書が作られてから何世紀もの時を隔てた今でも、グアテマラの中西部高地では数多の先住民女性たちが女神と同じ織機を使い、機織りをおこなうさまがいたるところで目にされる。

イシチェルとこの地に暮らす先住民女性たちが使うその機とは、数本の木の棒のあいだに経糸を張ったきわめて簡素なものである。植民地期に宗主国スペインからもたらされた据え置き型の織機とは異なり、持ち運びの自由な点がこの機の特質の一つだ。女性たちが機織りをするのは主に家事の合間の余暇時間である。庭先の木や家の軒先の柱など織機を固定するのにふさわしい場所を見つけ、その場所で思い思いに布を織りはじめる。織機の片端を柱に、もう一方の端につけられた革製のベルトを臀部に据え付ければ、織り手の体はたちまち織機の一部となる。体の屈伸を使い、機に張られた経糸の状態を巧みに調整しながら、女性たちは布を織り進めていく。織り手の腰にあてがわれたベルトが経糸の緊張を保つことから、こうした形状をもつ織

（右）後帯機を使って布を織るスンパンゴ村の女性。ベルトを腰に固定し正座の姿勢で布を織り進めていく
（左）後帯機を使って布を織るコマラパ村の女性たち。近年、若い織り手たちは椅子に座って、機織りをおこなっている

機は一般に後帯機《こうたいばた》と称される。中西部高地の先住民たちは、公用語のスペイン語とは明らかに音の響きの異なる彼らの日常の言葉で、この織機のことを棒の機、あるいは腰の機と呼ぶ。

織機と布という視点から先住民の人々の暮らしをたどると、誕生の瞬間から臨終の時を迎えるまで、彼らの人生はじつにさまざまな手織り布に彩られてきたことがわかる。それは、彼らの衣服にはじまり、タオルやテーブルクロス、彼らの主食であるトルティーヤを包むための小型の布、カトリック教会の装飾や聖人像に着せる衣服など、聖俗の枠組みを越え彼らの生活全般に広く浸透している。女性の機織りが盛んなこの地では、木の棒という身近な材料から織機を作り日々の暮らしを取り巻く布を織ることが、女性の果たすべき重要な役割と考えられてきた。ゆえに母親たちは女の子を授かると、その子のへその緒を織機の端にかけておいたり、紋様の織られた古い布や紋様織りに使われる色糸、紋様の糸目を拾うかぎ針などを子どもの枕の下にしのばせたり、娘の目に映るようにと、ゆりかごのそばに機や糸巻きといった機織りの道具を置いていたのだという。こうしたふるまいは、娘が一人前の織り手に育つようにとのおまじないだったそうだ。幹線道路の敷設とその拡大に伴い、現在、村の青空市場（決まった曜日に開かれる定期市）ではさまざまな布製品が売られ、既製品を購入・使用する機会に恵まれるようになったことから、女性の機織りの負担は以前に比べはるかに軽減されたといえる。例えば、入浴用の大型タオルには手織りの大型布ではなく工場生産品や中国製の安価な商品が好まれ、20代以下の若い世代の男女のあいだではTシャツにジーンズといった米国風の服装が好まれるようになるなど、物流の近代化やライフスタイルの多様化により、機織りという伝統的な手仕事のありかたそのものも抜本的な変化を遂げつつある。

グアテマラ先住民の民族衣装コレクション

先に述べたマドリード絵文書や女性の機織りの姿をかたどった土偶などの考古学資料から、先スペイン期の女性たちが後帯機での機織りをおこなっていたことがたどられる。ところが、織布という実物資料からうかがい知ることのできる機織りの歴史は、残念ながら１８９０年代あたりに留まってしまう。それは主に以下の二つの理由により、古い布が現存しえないためである。まず、グアテマラ高地の気候条件である。先住民の村々には、故人とともにその人が使っていた品々を埋葬する慣習がある。故人とともに埋められた織布や衣は亜熱帯特有の高温多湿な気候ゆえにその後腐敗し、やがて土

米国東海岸の都市フィラデルフィアにあるペンシルヴァニア大学の大学博物館。世界で最も規模の大きなグアテマラ高地先住民の民族衣装コレクションが収蔵されている

にかえってしまう。次に古布のリサイクル利用である。使い古しの布や衣は男性用のものは男の子の、女性用の布は女の子のおむつとして使われるか、あるいは布地から丹念に糸を抜き取り、新たな布を織るために再利用されてきた。そのため、古い布や衣が完全な状態で保存・保管されていることはきわめて稀である。仮に古い布が破損の少ないほぼ完全な状態で見つかったとしても、たいていの場合、その布は国内の古物商から外国人コレクターの手に渡ることが多いようだ。そうしたコレクターの中には、自身が集めた布や民族衣装のコレクションを、その後各地の学術機関に寄付する例も多く見られる。

コレクターの尽力によって集められたグアテマラの民族衣装コレクションは、現在グアテマラ本国をはじめ、米国、英国、カナダ、スペイン、日本などの学術機関に収蔵されている。中でも最も規模の大きなものの一つとして知られるのが、米国のペンシルヴァニア大学の大学博物館に収蔵されているオズボーン・コレクションである。大学博物館の古文書室には、１９３０年代から40年代にかけて先住民の衣装や織布、織機などを収集したリリー・オズボーン（Lily Osborne）氏の書簡が保管されており、そこにはオズボーン氏がグアテマラにて先住民の染織文化のすばらしさに魅せられ、染色や機織りといった伝統的な手仕事がいずれ廃れてしまうことを危惧し、資料の収集をおこなうに至った経緯が綴られている。オズボーン氏が中西部高地で収集した染織品は当時中米で隆盛を誇っていた多国籍企業ユナイテッド・フルーツ社の貨物として米国へ運ばれ、その後ペンシルヴァニア大学へと寄贈される運びとなった。

グアテマラ先住民の織りと装いのすばらしさを知るには、現地に足を運び、個々の村で独自に育まれてきた衣文化のバラエティに直接触れるのが最良の方法であるといえよう。だが、日本でも、かの地の織りと装いの文化の一端に触れられることをここに記しておきたい。大阪の国立民族学博物館、東京の東京家政大学大学博物館には、世界有数の、グアテマラ先住民の民族衣装コレクションが収蔵されている。それらはグアテマラ先住民の染織文化研究の草分け的存在である現地在住の児嶋英雄氏が、長きにわたって収集なさった資料を双方の学術機関が購入し、その後それぞれの学術機関で結成された研究チーム（国立民族学博物館は気鋭のメソアメリカ研究者と染織研究家の方々、東京家政大学は服飾学のエキスパート）が現地へ赴き、先住民の村々を直接訪ね歩き収集した資料である。ゆえに、この二つのコレクションは、専門家の目を通して収集された点において、グアテマラ高地の染織文化の実態を総括的に把握することのできる数少ない貴重な学術資料として、世界的にも希少なコレクションに位置づけられる。中西部高地に暮らす先住民の織りと装いの文化に関心のある方は、この二つの学術機関で特別展が開かれる折には、ぜひ足を運ばれることを強くおすすめしたい。

（本谷裕子）

49

村ごとに異なる華やかな祭礼衣装

★民族衣装の語り②★

コフラディアと祭礼衣装

中西部高地の先住民の村では、時折、思いがけないタイミングで賑やかなプロセシオンに出会うことがある。プロセシオンとはカトリック教会や礼拝堂などに安置されている聖人像に生花や織布などの装飾をあしらい台座の上に乗せ、信者がそれを肩に担いで村中を練り歩く祝祭行事である。村の守護聖人の祭りと聖週間（セマナ・サンタ）に最も華やかで大がかりなプロセシオンが行われる。ここでいう聖人とは、カトリック教の布教のために信者の模範となる行いをした功績がローマカトリック教会に認められた人物である。この地では、「特定の聖人を村の守り神（守護聖人あるいは守護聖女）として祀る」という、植民地期にスペインからもたらされた民俗的なカトリック信仰が今日まで継承されてきた。カトリック教会の祭壇にはイエス・キリスト像とともに守護聖人（女）像が村の守り神として大切に祀られ、中にはその聖像に村人と同じ衣を着せる村も見られる。手織り布を装う彼らの慣習を宗主国伝来のカトリック信仰と織り交ぜた守護聖人（女）への信心は、先スペイン期起源の機織りを継承するこの地ならではのシンクレティズムといえるかも

ナワラ村のコフラディアの女性（1993年）

しれない。

個々の村の守護聖人（女）がどのような経緯を経て決められたかを示す史料はいまだ発見されていないものの、たとえばサン・ミゲル・アルカンヘルを守護聖人とするトトニカパン村ではローマカトリック教会がサン・ミゲルの日と定めた9月29日に、サンタ・カタリーナを守護聖女とする村々ではサンタ・カタリーナの日にあたる11月26日に村の祭礼が祝われるといったように、先住民の村では守護聖人（女）の記念日にその聖人（女）を称えるプロセシオンが催される。美しく飾られたよそゆき姿の守護聖人（女）像に付き添い歩く村人の中に、ひときわきらびやかな装いをした男女の集団が見られたら、それはおそらくコフラディア（cofradía）というカトリック教の信徒集団の人々である。カトリック教会の祭事の一端をつかさどる彼らは教会のミサや祭礼のプロセシオンに参加する際、普段着の上から彼らのユニフォームと呼ぶにふさわしい特別な衣装を着る。守護聖人（女）とその祭礼の日取りが村ごとに異なるのと同じく、コフラディアの衣装にも村ごとの違いや好みがうかがえる。

スンパンゴ村のコフラディアの女性たちのまとうソブレウィピル（後姿）

ソブレウィピル

グアテマラ高地に暮らす先住民女性の服装は、Tシャツのような形状の貫頭衣ウィピル（huipil）、巻きスカートと腰帯という三種の衣から構成されている。コフラディアの女性成員が着る祭礼衣装ソブレウィピル（sobrehuipil）は「上に着るウィピル」という名のとおり、普段づかいのウィピルの上から着装される。このウィピルはプロセシオンや教会のミサといった非日常の場で、コフラディアの女性だけが着ることのできる特別な衣装である。

博物館の収蔵品や現存資料をもとに、着丈からこの衣を分類すると、①腰までの短い丈のもの（サント・ドミンゴ・シナコフ村、チュワランチョ村、チチカステナンゴ村、サカプラス村など）、②大腿丈のもの（ナワラ村やサンマルコス県のサン・ペドロ・サカテペケス村など）、③膝あるいは膝下にかかる丈の長いもの（ネバフ村、ソロラ村、サンタ・マリア・デ・ヘスス村など）となることから、ソブレウィピルの着丈は必ずしも一様でないことがわかる。ここに記した村々のソブレウィピルはいずれも、村人にとって特別な意味を示す紋様や色使いのほどこされた3枚の布から作られている。

地理的に近接するテクパン、サン・マルティン・ヒロテペケ、サン・ファン・コマラパの三村では2枚の布を縫い合わせたソブレウィピルが作られており、その身幅は他村の3枚構成のソブレウィピルよりも若干広くなっている。またサン・ペドロ・サカテペケス村（サカテペケス県）でも身幅の広い2枚仕立てのソブレウィピルが着装されるが、両脇を縫い合わせずそのまま使用されるため一見するとウィピルではなく中央に穴の開いた単なる1枚の布のように見える。この村では前身ごろの裾をスカートのなかに、後ろ身ごろの裾はスカートの上に出したまま装うが、それ以外の村ではウィピルの裾をスカートの上に出したまま、ポンチョのようにして着るのが主流となっている。

1960年代よりも前に収集されたソブレウィピルには、高価で入手困難な絹糸（チチカステナンゴ村、サカプラス村、ソロラ村、ケツァルテナンゴ村など）や貝紫で染められた貴重な綿糸（サン・ファン・サカテペケス村、サカテペケス県のサン・ペドロ・サカテペケス村、ミシュコ村など）で紋様が織られ、繊維が細く短いために、手で糸を紡がなければならない茶綿（テクパン村、サンタ・アポロニア村、コマラパ村など）の織布が下地として使われている。こうした希少な材料がふんだんに使われている点に鑑みると、祝祭用のこの衣がいかに特別視されていたかがうかがい知れる。また、1960年代以降に作られたソブレウィピルからは、紋様部分に工場で大量生産されるようになったさまざまな新素材の色糸、襟首や袖口、後ろ身ごろの装飾にはリボン、チロリアンテープ、ベルベットといった新たな装飾品が使われるなど、材料面に近代化の痕跡がたどられる。

祭礼衣装をとりまく現状

カトリック教会内での宗派の分裂やプロテスタントへの改宗者の増加といった信仰の多様化に伴い、因習的な要素が色濃く見られるコフラディアは正統派のカトリック信仰とはいいがたいという理由から、1990年代ごろより継続の是非が問われるようになった。その結果、後継者不足からコフラディアを解散せざるを得なくなった村が現れ、いまだ存続している村でさえ規模を縮小する等の策を講じながらどうにか生きながらえている。ゆえに現在、コフラディアが隆盛を誇っていた時代のような、華麗であでやかな祭礼衣装を目にすることはきわめて難しい。そうした中、コフラディアの消滅に伴い、新たなかたちでソブレウィピルを継承するようになった村がある。中部高地のナワラ村では1994年をもって5グループあったコフラディアがすべて解散された。すると、この村の女性たちは胸元に大きな双頭の鷲の紋様がほどこされたソブレウィピルを普段使いのものと同じ寸法に作り替え、カトリックやプロテスタントといった宗派の違いに関係なく、このウィピルを着るようになった。一方、隣村のサンタ・ルシア・ウタトランのソブレウィピルはコフラディアの消滅とともに完全に姿を消してしまった。こうしたソブレウィピルの現状は、これまで独自の風俗・習慣に支えられてきた彼らの服飾文化が、宗教観や生活様式の変化に見合った新たな変容を求められていることを如実に示しているのかもしれない。

（本谷裕子）

50

布が語るマヤ十字

★グアテマラの民族衣装に魅せられて★

それは1984年の夏の日のこと。私は東京の雑貨店で手織・手刺繍の端切れを雑に縫合したバッグに惹きつけられた。店員にグアテマラの手織民族衣装で作られたと説明されたが、グアテマラがどこにありどんな国なのか全く知らなかった。当時、私の関心はスペインに向いていたが、どうしてもグアテマラに行きたくなり初めて訪れたのが翌年で、その後、このバッグとの出会いがきっかけとなり、32年にもわたってグアテマラの布に魅せられるとは、その時は想像もできなかった。ましてや、現地でロイター通信の米国人カメラマンと出会い、そして娘が生まれる（1987年）など想定外であった。日本から米国に居住したが、その後、邦人や米国人の織物愛好者のためのテキスタイル・ツアー企画を今まで計約40回するほどの「グアテマラ中毒者」となってしまった。美術大学の油絵科を卒業しタペストリを糸で描画し織る私にとって、経糸《たていと》を数えて幾何学模様を入れるグアテマラ織技法は手に負えなかった。織技法を学ぶのをあきらめ織布蒐集者になったが、最近になって山のように集まった布たちが私に語りかける言葉が少しずつ理解できるようになった。

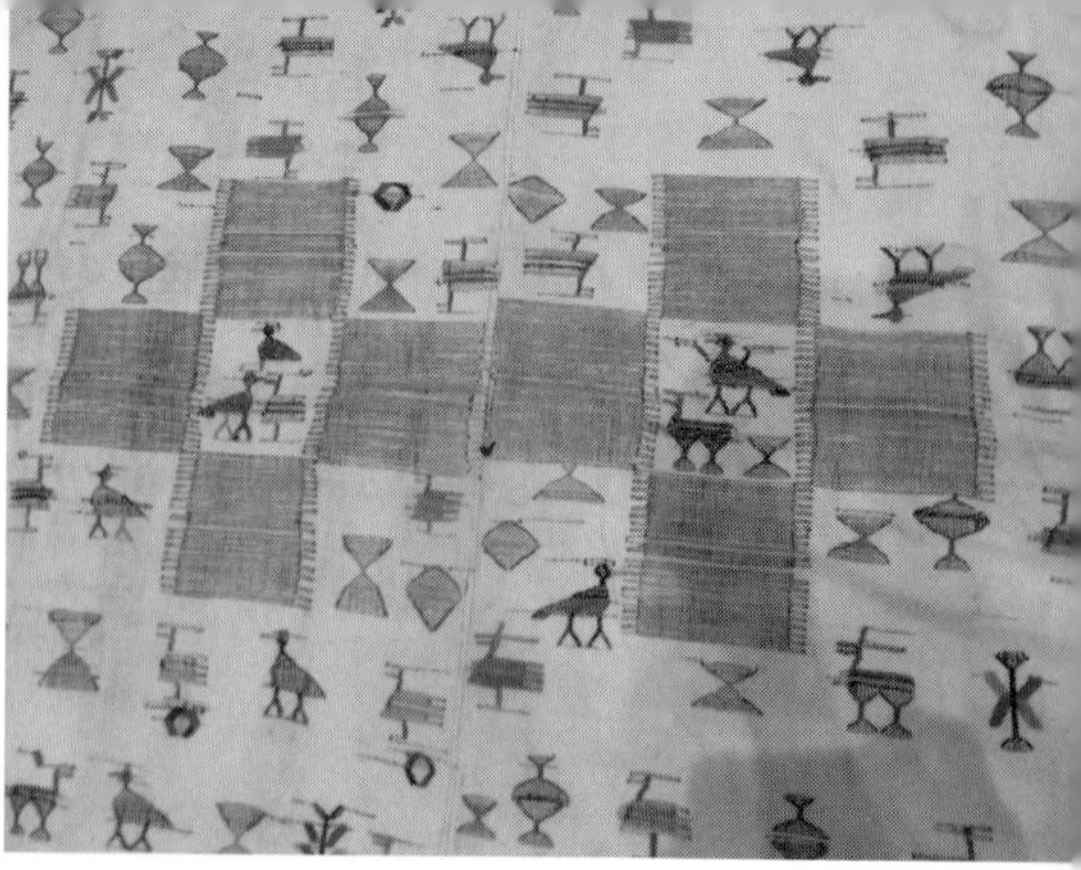

イシル地方ネバフ市の1930年代の儀式用かぶり布。マヤ十字の絵柄（2016年）

ブラウスに当たるウィピルは、後帯機（棒だけで構成された織機、バックベルトウィービングともいう）で織られた2枚または3枚の布をはぎ、それを二つに折り首の部分に穴を開け、腕を出した脇下を直線に縫い合わせた貫頭衣である。ウィピルの絵柄は以下のように様々である。双頭の鳥（マヤの二元論思想）、首の折れた七面鳥（儀式用供物）、霊鳥、聖樹セイバ、たばこの葉、カカオ、主食トウモロコシ（畑、植物、粒）、大地・山・樹木・花・風や稲光などの自然、蛇・蛙・サソリ・鹿・蜘蛛（織の神様）などの動物、生活道具、その他民話や伝説、マヤ暦などである。

マヤ十字絵柄に興味を持ったきっかけは、6年前友人ジムが私に見せてくれた一枚の布からであった。イシル地方ネバッフ市で１９３０年代に織られた儀式用の大きなストールである。白地にシンプルな鳥や幾何学模様の小さな柄が縫い取り織で中心に二つ、四隅にそれぞれ赤い十字型が織り込まれていた。2枚パネルの繋ぎ糸はコチニール染めと思われる淡い紫色のシルク糸で、絵柄刺繍の糸のほうは藍染の青や草木染めの黄色で織られていた。ジムも知らなかった赤い十字架の意味は、ネバッフのローサ婆ちゃんから街中にあるマヤ十字（現在も宗教儀式が行われている）だと教わった。以来、十字絵柄が気になり始め、まずマヤ十字について調べることにした。キリスト教十字架とは異なりマヤ十字は基本方位の東西南北を表し、それぞれの方位に色があり意味があり伝統的なセイバ聖樹信仰や自然信仰によると理解した（実松克義『マヤ文明』）。以来、今まで意識せずにいた図柄が意味を持ち語りかけてくる。しかもマヤ十字は織布の中だけでなくあらゆるところに出現する。教会の真正面にはセイバ大樹が心地よい日陰を作る。教会内に飾られた手織布は多弁に語りかけてくれる。チャフル市カトリック教会の中央祭壇は、菱形マヤ十字模様織布で覆われている。教会役職者によればクアトロ・プントス（東西南北の基本方位）、つまりマヤ十字だという説明である。カトリック教会はかつてマヤ神殿が存在した聖地に建設されることが多い。例えば、ソロラ県のサンティアゴ・アティトラン市のカトリック教会神殿底部は、友人ツトゥヒル・マヤ女性ドローレスによれば、マヤ十字となっているという。中央祭壇前の床面のタイル一枚が取り外せるようになっており、復活祭の聖金曜日に磔刑のイエス・キリストの十字架がその真上に立てられる。タイルの下にはマヤ十字があり各々四方角にトンネルがあると語る。彼女はタイルを指して「ここはカトリック教会に見えるけれど、中心である大事な世界の臍はマヤのもの。だから彼らのものではないのよ」と明るく笑った。スペイン人征服者はキリスト教の十字架をもってマヤ人を強制的に改宗させたわけだが、実際にはマヤ人は、取り込まれたように見せて彼らのマヤ十字をもって宗教観世界観を誇り高く持ち続けていたようだ（詳細は桜井三枝子『グローバル化時代を生きるマヤの人々』104〜105頁）。

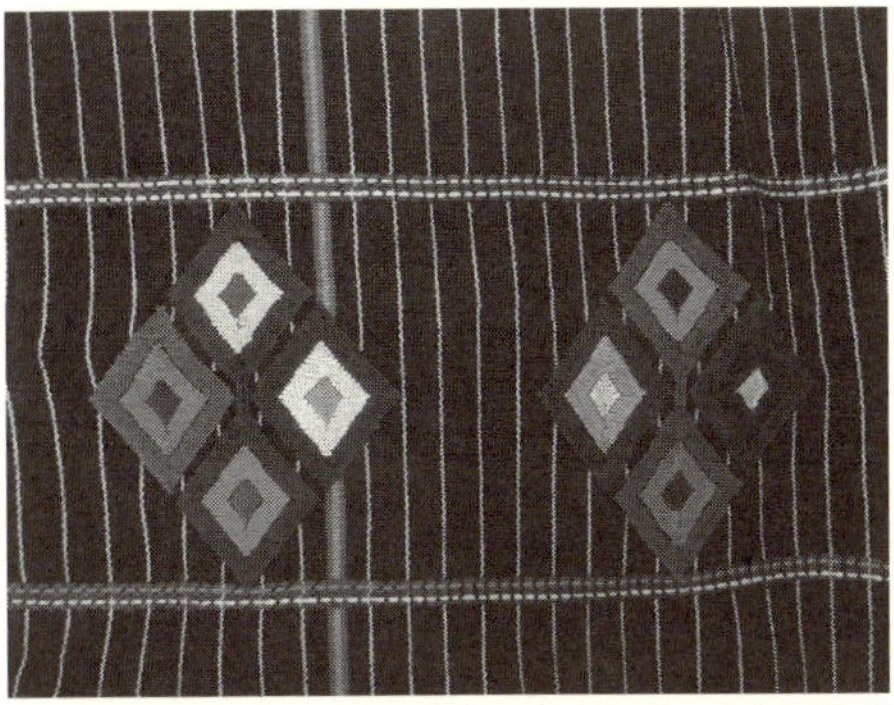
チャフル市のカトリック教会の中央祭壇の布と同じ菱形模様。これは1960年代の女性用ショール（2015年）

ウィピル襟首の丸形はその村にとって大事なものの象徴だ。

サンティアゴ・アティトランでは湖を表し、各左右に三つの火山が、そして湖岸にあたる外側には野生の猿の手が魔除けとして刺繍してある。特に旧式ウィピルには襟回りなどに双頭の鷲が小さく刺繍されている。

チチカステナンゴ市のウィピルの襟回りは太陽光線をギザギザ模様で表し、四つの丸い飾りは月のシンボルを表現している。儀式用のウィピルを広げた状態にすれば、これは明らかに基本方位の東西南北のマヤ十字となる。2016年秋、チチカステナンゴ市墓地で宗教儀式をしていた宗教職能者ドン・トマスは、最初に大きな円を石板上に白砂糖で描き、その外側に四つの十字を、次に中心方向を示しながら、円内の十字は天上界と下界を表すと説明する。マヤ十字の象徴性は丸形ウィピル襟回りと裾の縁を飾るモチーフや、教会や街中の十字架などの至る所に存在し、私に語りかけてくる。ウィピルを着る女性はマヤの世界観を表している。言い換えればマヤ十字の形のウィピルをまとう女性自身が、マヤ十字の象徴である聖樹セイバそのものを表しているともいえる。マヤ女性がいまだに織り続けている理由について考えてみると、経糸に緯糸《よこいと》を通して布にするという作業を通して、マヤの文化・歴史・宗教を糸で語らせる形なのだろうと思う。それは彼女らにとって貴重な時間概念を織り込んでいる作業ともいえる。謎であった図柄が少しずつ解けてくると、また新たな疑問がわいてくる。渦巻き模様の意味、カカオ柄の意味、マヤ暦との関係、そして、後帯機でしか作製できない四方耳（房が出ない織りきった状態）にする理由など。私はこれからも大好きでたまらないグアテマラ布の世界に、自分なりに関わり続けることをとても楽しみにしている。（※筆者ウェブサイト：www.aikokobayashi.com）

（小林グレイ愛子）

51

グアテマラの仮面

★伝統と変貌★

グアテマラの仮面の役割は、それを装着する人の素姓・正体を覆い隠すことにとどまらない。仮面は、それを身につける者本人にとっては、その面が表象するものになりきれるよう作用し、他方、他者に対しては装着者が仮面を用いない時とは別の人格を持つ者と見なされるように働く一つの文化装置である。したがって、仮面をつけた者はその変身により、神々・悪魔・民族の英雄、祖先、動物の精霊などと同一視され、普通の人間とは全く別の行動をとり、超自然力を発揮することができるとされる。

グアテマラでは仮面の習俗は、すでに有史以前から見られた。考古学的資料によれば、古代マヤの神官はどうやら、仮面の力を借りてこの世とあの世、あるいは人間の住む俗世界と神霊の棲む聖なる世界との交流を図っていたことが窺える。そればかりか、別の脈絡では、死者に仮面を被せて埋葬する、いわゆる葬送仮面の慣行が貴族、権力者の間に存在し、そのマスクは素焼きの土器、時にはヒスイなどの貴石で作られることもあった。

しかし、スペインによる征服を契機に先住民へのカトリック教化活動が開始されると、それまでの仮面の伝統とは異なる要

ソロラ県コンセプシオン村の聖週間。少年たちによるタイガー仮面ダンス［桜井三枝子撮影］

素が入り込んだ。教会は先住民に対しカトリックの祭礼、とりわけ村ごと、さらには地域ごとに振り分けられた聖人や聖母の祭りへの参加を命じた。植民地時代には未受洗の先住民を改宗させるとともに、すでにカトリックに改宗した先住民の信仰を確実なものにしようと、フランシスコ会やドミニコ会の聖職者が率先してダンスや演劇を利用し、マスクや華やかな祭礼用の衣装で民衆の関心を引きつけ、教化活動をますます活発化させていった。そしてこうした活気あふれる福音伝道の時代になって、はじめて私たちが今なおよく目にする木製仮面が制作される素地ができあがった。先住民の改宗・教化の推進に伴い聖人像などの需要が増加し、木工技術が発展し、化粧漆喰の使用、それを肌色に染める技術が編み出され、それが仮面づくりに応用されたのである。

こうしたマスクの制作は、近年、守護聖人祭を忌避するプロテスタント諸派やカトリックの中でも自己完成と聖性を純粋に追求しようとするオプスデイの影響によりやや低調になってきているが、かつては信徒の篤い信仰に支えられ、グアテマラの仮面は、質と量ともに大きな進展を遂げた。実際、カトリックの祭典の出し物に登場する人物、また各地で行

黒いキリストのエスキプラス大聖堂を背景に「征服のダンス」［桜井三枝子撮影］

われる独自の祭祀に関連する神霊や動物、異界に棲む存在の仮面――たとえば、有名な民俗芸能の一つ「征服のダンス」の登場人物、エルナン・コルテス、ペドロ・デ・アルバラード、ラ・マリンチェ、先住民の英雄キチェ王、アヒス王、さらには悪魔等――がこうした歴史的プロセスを経て大量に生産されるようになった。しかも、グアテマラには、仮面や祭り用の衣装を単に貸し出すだけでなく、振り付けや劇の台詞のレッスンまでしてくれるモレリアという独特の商売が成立し、祭りに関わる民俗芸能の伝統がそこで管理・伝承されてきた。

冒頭で、仮面にはそれが表象するものになりきらせる作用があると述べたが、グアテマラでは、登場人物各々に一面ずつ割り当てず、その人物がおかれた場面に応じそれに見合った役割を担わせることがある。一般に仮面には、それが表象する存在の特徴に対応するものが一面ずつあてがわれるが、グアテマラには一人の人物が三つの仮面を持つ珍しい事例がある。それは、グアテマラの国民的英雄、テクン・ウマンの踊りの場合である。この

ソロラ県、仮面の売店［桜井三枝子撮影］

ダンスは、スペインによる先住民社会の征服を物語るものである。先住民を代表するテクン・ウマンの面は最初、暗い色の仮面で巨大な口髭をたくわえて登場する。二番目の面は、白っぽい肌で、濃い眉毛を持ち恐ろしい形相で人を睨みつけている。攻め込む侵入者と果敢に戦っているところまでは凄味のあるその仮面が使われるが、侵略者にとどめを刺されると、テクンの演者は素早くマスクを取り替え、マヤの英雄は白目をむき、口と額から流血している顔（三番目の面）になっている。そしてこの仮面の「早替え」により、演者は、主人公の生と死、力と無力という真逆の関係を観客の前で可視化し、先住民の英雄に何が起こったかを鮮烈な形で証言しようとするわけである。

　グアテマラの民衆劇での仮面の使用に関してもう一つ忘れてはならないのは、面が表現するものと現実に日常の中で存在しているものとが写実性で繋がっていないという点である。グアテマラでは、先にも見たような先住民とスペイン人が戦う民衆劇が多い。たとえば征服のダンスは、植民地時代初期にスペインから導入された「モロとクリスティアノス」（「ムーア人とキリスト教徒」）という民俗芸能を下敷きにしており、本家で異教徒ムーア人の改宗が説かれているように、

第51章

グアテマラの仮面

グアテマラでは、異教徒役にグアテマラ人がキャスティングされ、キリスト教徒の勝利で終わることになっている。しかし、それらの仮面は一瞥しただけではそれがどちらを表象しているのか分からない場合がある。一般的にはスペイン人は白人で、それはステレオタイプ化されて、ピンクがかった白い肌、金髪、青い瞳で表される。一方、現実には肌は浅黒く、黒髪で黒い目を持つ先住民だが、仮面になるとピンクがかった白い肌、金髪の髭をしており、ほとんど白人の姿に同化している。両者を見分けるには面の表情に注目しなければならない。微笑んでいるのは先住民の仮面、それに対し、長い鼻をつけ、不機嫌そうに恐ろしい顔をしているものがスペイン人の面である。これは、文化人類学者の黒田悦子も指摘するように、自民族マヤのエスニシティに根差したマヤを美化する心的態度の顕れであり、そこには彼らの歴史認識、歴史の記憶が埋め込まれていると考えられる。

さて、近年、新しい宗教の影響、グローバル化、世俗化の荒波にさらされて、グアテマラの仮面は大きな変貌を余儀なくされている。また稚拙な粗悪品が多く出回り、大半の仮面は、観光客相手の商業的価値しか持たなくなっている。素材は、もともとスギであったが、今では安価で細工のしやすいマツに変わってしまった。民芸品を並べ販売している市場で取引されるものは、仮面がかつて担っていた聖性も神がかった価値も削ぎ落された商業的な装飾品に意味を変え、形態、色使い、大きさなどは観光客の好みに合わせて制作されたものが幅をきかせている。とはいえ、数はめっきり減ってしまったが、植民地時代から受け継いできた技法を駆使し実用に耐える作品を生みだす職人もモレリアもまだ共に健在である。

（加藤隆浩）

52

マシモン（サンシモン）儀礼の諸相

★甦るマヤの祖先神★

マシモンもしくはサンシモンと呼ばれる像は、カトリック聖人像と異なりスペイン系白人男性の容貌もあれば、人頭サイズの「包み」もあるし、また、木彫仮面に先住民男性の衣装を着けた像もある。グアテマラ国内は言うに及ばず、隣国エルサルバドルや北米の一部にまで見られる儀礼であるが、本章では次の4地点に限定しマシモン儀礼を報告したい。

①サンティアゴ村の事例

聖週間8日間の中でマシモン像に着目すると聖月曜日から5日間が中心となる。聖月曜日に聖十字架コフラディア（信徒集団組織）の役職者たちによって解体された後、マシモンは網袋の「包み」状となる。昼間に女性が湖畔の洗濯場で行うのと逆さまに、夜間にアティトラン湖畔の秘密の場所で男性役職者によって像の衣物が洗われる。逆さまの行為自体が非日常の聖性を表現している。聖火曜日にコフラディア宅の暗闇の中でマシモンが構成される。マシモンはキリストの復活を倣うかのように解体（死）され構成（復活）される。聖水曜日、村役場へと向かうマシモン行列がマヤの祖先神マムの甦りを喜び、村人あげて沸き立つような祝祭となる（写真1）。聖木曜日にはマシモンの祖形とも考えられる「包み状」のサンマルティン儀礼が聖フアンのコフラディアで行われ、聖金曜日に「寝棺のキリスト」一行を一足先に「復活」したマシモン像が出し抜く形で追い抜き疾走する。

②サンホルへ・ラ・ラグーナ村の事例

パナハチェルに向かう道路脇に位置する当村の聖十字架のコフラディアには、サンシモンと呼ばれる「包み」が祭壇に祀られている。10月28日のサンシモンの祝日になると、この「包み」から取り出された仮面にサングラスとメキシコのマリアッチ奏者風衣服が着けられる。前夜に人払いをして宗教的役職者だけが扉・窓を閉めて注意深く像を構成する。役職者は1年に犯した罪を告白し懺悔しなければ災いが起こると信じられている。像を仔細に観察すると唇から舌がべろりと突き出て奇妙な表情である。祭主の許可を得てサングラスを外すと両目が閉じられ首吊り自殺をした男の仮面である（写真2）。仮面は先住民よりはラディーノの容貌に近い。

③スニル村の事例

ケツァルテナンゴ県スニル村には8コフラディアが存在する。その中のアニマのコフラディアにサンシモン像が祀られている（写真3）。祭主は酒屋兼雑貨屋を営んでいる。階下の暗い部屋に行くと香煙がたちこめる中に、白人系の顔にサングラスをかけ黒い帽子と黒い背広の上下を着けた像が揺り椅

写真1　サンティアゴ村の復活祭で、聖水曜日、教会広場を埋め尽くす群集の中を進むマシモン仮面像と熱帯果実の供物行列

写真2　サンホルヘ・ラ・ラグーナ村の聖十字架のコフラディアのサンシモン像は、サングラスを取ると、首吊り自殺した人間のように両目を閉じ舌が出ている

写真3　スニル村のサンシモン像は身体の胴体部分が空洞で背広スーツ姿である［Dr. A. Mcckenney 提供］

子に腰掛けている。両脇に控えたラディーノのシャーマンが、順番を待つ参拝者をさばいている。床一面に広がるロウソクの火で浮かびあがる像とそれを取り囲む人々のシルエット。寄進された黒い帽子の山、サンシモン像の唇に差しこまれた葉巻の煙。クシャと呼ばれる酒が像の唇に注がれる。屋外に出るとサマラ川に面した庭では別のシャーマンがツィテと呼ばれる木の赤い実を使って占いをし、その答えを先住民女性が真剣な面持ちで聞いている。

④サンアンドレス・イツァパ村の事例

当村は首都からパン・アメリカン・ハイウェイに近接したチマルテナンゴ県に位置している。伝承によれば、いつ頃からかある男が自宅入口にラディーノ風服装をつけたユダ人形像を置き、聖週間が終わると天井裏にござで包み保管した。やがてこの男が死ぬと、新しい所有者が仮面をツィテの木で

写真4　サンアンドレス・イツァパ村のサンシモン像は軍服姿で蝋人形のようだ

作らせ着座姿勢ができるように膝に細工をした。その後、この像をめぐって奇蹟が語られると参拝者が多く訪れ1940年代には既に有名になった。像が軍服姿（写真4）の理由はマヌエル・アラーナ将軍が1970年に大統領選で勝ち、「約束」通り軍服をサンシモン像に寄進したからという。現在、軍服姿のマネキン人形のようなサンシモン像と、一段低い位置にタデオの聖シモン像が祀られている。10月28日のサンシモン祭には、国境を越えてメキシコ、ホンジュラス、エルサルバドル、米国から参拝者が訪れている。子授け、恋の成就などにご利益があると信じられ娼婦やゲイの一行が人目につく。礼拝所付近にはサンシモン・グッズ、薬草・香、占いグッズなどの店が軒をつらねている。

以上4例をみると、サンティアゴ村とサンホルヘ村では先住民が主で、スニル村では参拝者がラディーノおよび先住民で宗教職能者はラディーノである。イツァパ村では両者ともにラディーノが主体である。サンシモンの構成をみるとサンホルヘ村では祝祭時のみ身体が構成され通常は「包み」状で保管され、役職者がマシモン儀礼と同様に扉を閉め像を構成し、罪の懺悔やタブーを遵守している。この「包み」が気になるのでその説明をマヤ神話『ポポル・ヴフ』に求めると、「カヴェック族の祖父であり父であるバラム・キツェーは死の終末を予感し、別れ際に子供たちに『これはおまえたちに記念として与えるものだ。これはおまえたちの力だ……』としてピソム・ガガールという生の印を与えたが、包みを開くことができなかったので、子供たちはその中身を見ることができなかった。ピソム・ガガール（Pizom-Gagal）とは権力と尊厳の象徴の『包み』であり、神殿に仕える神官が権威と主権の印として守蔵していた神秘的な包みである」とある。

神話が儀礼に投影されるのがサンティアゴとサンホルへ両市と解釈できよう。スニルでは容貌と服装はまったくのラディーノであるが、マシモンのように身体が空洞である。イツァパでは容貌は権力者の白人紳士風で解体と再構成の行程が省略されている。二者の容貌と衣装はラディーノである点で一致しているが、先二市に比べるとマヤ神話との関連要素が少ない。植民地時代に自給的共同体を営んでいたマヤ人の社会は、近代資本主義や商業体系、警察国家体制などにより崩壊的危機にみまわれ、加えて現金経済というラディーノ的価値観が浸透した。サンティアゴ市では状況への対応として土着宗教にスペイン・カトリシズムを融合させ、コフラディア組織をもとに豊かな儀礼演出で、支配体制派を「頭脳的」に揶揄しマヤ伝統を表現している。一方、白人支配層から弾きだされ、さりとて先住民集団からもはぐれたラディーノ下層大衆は、マシモンをラディーノ風に衣替えしたサンシモン信仰を創造した。文化人類学者のサンチェス・オチョアによれば、サンシモン儀礼は道路網の発達に沿ってスニル（西）とイツァパ（東）に拡大した。個人所有のサンシモン像に帰依者が増大すると、像はコフラディアの所有となり寄進と布施が共同管理される。さらに広範囲から帰依者を呼ぶと、像固有の礼拝堂が建設され祀られる。こうして、下層民衆の活力がマシモンをモデルとして新しい「神」サンシモンを創造したと解釈するのは暴論であろうか。

（桜井三枝子）

53

サンティアゴ・アティトランの守護聖人祭

★祭儀でまとまる強い絆★

祭りの訪れは、6月末に教会前方にゲーム機の仮小屋が設営される頃から少しずつ意識されていく。やがて商品を山積みした仮設店舗が増え教会正面広場に観覧車やメリーゴーランドが設置され、菓子パン屋のテント売店が並ぶ頃には花火が打ち上げられ、威儀をただしたコフラディア団員の聖像行列が村内を巡り始める。守護聖人の祝日をめざして近隣村落から先住民たちが訪れ、カメラを抱えた外国人の姿が目立ち、都市部やプランテーションなどに出稼ぎに出て行った親族たちが帰郷してくる。

ツトゥヒル語マヤの古都チアアがあったとされるサンティアゴ・アティトラン市（以下サンティアゴ）は観光地パナハチェルとともにアティトラン湖交通の要衝である。古くから高地と低地の物産の交換地として栄え、人々は交易商人として活躍しトウモロコシやインゲンマメやコーヒーを栽培し、手製の木製小船で湖の漁撈に従事している。当地はプリミティブ・アートの画家や彫刻家を産出していることでも有名だ。人口約4・5万人で先住民が95％を占めている。村はパヌル、シェチボイ、パチチャ、ツァンフユ、パナッフなど5区とセロデオロ付属村と、

2005年10月に襲ったハリケーン・スタンの影響で崖崩れが生じ、土砂に埋まったパナバッフおよびツァンチャなどの集落を従えている。

1999年、カトリック教会主催行事は7月16日から8月2日まで2週間以上にわたる。人生儀礼の節目となる民事結婚式(22日)、子供たちの初聖体拝領式(24日)、教会結婚式(25日)など華やかな祝祭は守護聖人の祝日25日を中心に繰り広げられる。その後、内戦中に国軍の暴力の犠牲となった人々への追悼ミサが荘厳になされる。すなわち、1981年7月28日に暗殺された前司教スタンレー・ルーサー神父と、1990年12月に虐殺された村民13名への追悼である。8月2日に守護聖人サンティアゴのコフラディア役職者一同は新役職者と交替し、守護聖人祭の一連の行事が終了する。以下、祭りの光と影を織り成す光景を報告していきたい。

【7月22日】朝8時半、サンティアゴのコフラディア宅からマリンバ演奏が聞こえてくる。正装した夫人を従えて祭主アルカルデ一行十数人は教会をめざす。教会堂内中央の飾り衝立の前で祈禱を捧げた後、細心の注意をはらって衝立の聖人像6体の衣服の着替えを始める。傍らでは常に香が焚かれ、教会入り口ではマリンバの演奏が聞こえる。特に「道行きのキリスト像」の聖衣の着替えに際しては、「裸体」が人目にふれぬように白布で遮断されて行われる。

一方、教会中庭では64組の「新婚」夫妻が200名ほどの友人・知人・親戚の見守る中で民事上の婚姻儀式に参加している。カトリック改革派(以後改革派)委員長と村役場行政職ら6人が大机に座して威厳を示し、マイクで司式する役人は誓いの杖を「新婚」カップルに握らせ「結婚の誓い」を口上させる。多くは若い新婚カップルであるが、中には10歳くらいの子供を伴い参列する中年カップルも

写真１　初聖体拝領のミサに集まった児童たちと、アクシオン・カトリカの聖歌隊

いる。和やかでめでたい雰囲気が流れている。

午後４時のミサは改革派が米人トマス司祭のもとに典礼を進行していく。この日から職場によっては休暇に入るので、ミサ参加者は多く約６００席は満席である。ミサが終了すると、入れ替わるように、サンティアゴのコフラディア宅から輿に乗った聖ハコボ（サンティアゴと同一）像が堂内最奥部に祀られ、教会「常設」のサンティアゴ像と対面している。

［7月23日］教会では改革派青年たちが湖面に自生する葦で入り口飾りを作る。一方、役場前広場では役場主催でルマン・ツトゥヒル・ポプの女王（ツトゥヒル王の孫娘の意味、ミス・マヤ）、湖水の女王、スポーツの女王の表彰式があり、老いも若きも男性一同がおしあいへしあいして女王たちのスピーチを聞こうとしている。多分に政治的配慮もあり、ミス・マヤに先住民女性が、他の女王にラディーナ女性が選ばれた。その後商業的エンターテイナーが巨大なスピーカーの音にまかせて歌と踊りとコントを上演し、それは夜11時まで続いた。

［7月24日］早朝から教会中庭には、各地区ごとに8歳以上の子供たち３００余名が初聖体拝領儀式に参列するために集合している。午前8時、香持ち、十字架持ち、ロウソク持ち、典礼書持

写真2　新婚カップルは婚姻の秘跡のミサで宗教的感激の表情を見せている

ちの一行が入場するが、人々の視線は今年のミス・マヤの娘に注がれている。青年ギター奏者らに引率されて子供たちが入場すると、若い母親たちの瞳が感激に潤む。ミサ終了後は神父を囲んで記念撮影が笑い声に包まれる（写真1）。午後に聖フェリペ、聖フアン、騎馬上のサンティアギート（＝サンティアゴ）輿行列の風景が見られる。また、郊外のサッカー場ではサッカーやバスケットの試合が他村選手団を迎えて行われていた。

［7月25日］守護聖人サンティアゴの祝日当日、午前5時から花火が打ち上げられ、サンティアギートの輿と改革派重鎮がミス・マヤの娘を取り囲み、旗をたてた行列が村内を巡る。湖とサンペドロ火山を背景に色彩豊かな民族服の男女が街路を埋め尽くす。その一行の姿はさながら一幅の絵画を見るような伝統美を見せている。午前7時半、5区の集会所からギター奏者を先頭にして新婚カップル行列が教会を目指す。教会の鐘が鳴り響くとミサが始まる。新婚カップルは男女二列になって祭壇に進む。花嫁は白ベールを被り、花婿は白色長袖シャツにこの村の男性のユニフォームである刺繍入り七分ズボン姿だ（写真2）。教会内部は人々であふれ立錐の余地もない。トマス神父がミサ聖祭を進めている傍らで、並ぶ8聖像を目指して他村の参詣団が人々を押しのけて進むと、マヤのシャーマンが彼らの依頼に応えて香を焚き祈禱する。一つの

教会内で2人の異なる司祭が異なる信仰を目指す参拝者を受け付けている、そのような光景が矛盾なく流れていく。

［7月28日］ 教会では午前10時、故ルーサー神父の18回忌ミサが行われ、神父の偉業を讃える出版物『羊飼いは逃亡してはならない』という英語と西語版が関係者に配布された。国軍の犠牲となり暗殺された神父と無差別虐殺で尊い命を奪われた13人の村人の悲惨な共通体験が、今日のサンティアゴ市民の強固な団結心を育んでいるといえよう（写真3、4）。

（桜井三枝子）

写真３ 1990年12月2日、国軍により無差別に虐殺された市民13人への追悼ミサ（1999年）

写真４ 市民は強固な紐帯意識で市内駐屯地から国軍を追放し自治を取り戻した。追悼ミサの父と娘（1999年）

54

エスキプラスの黒いキリスト

★中米和平樹立の地に教皇訪問★

グアテマラ市発午後3時のオリエント・ルート・バスに乗り5時間、チキムラ県の緑深い山あいを抜けてエスキプラスの大聖堂に着いた。黒いキリスト像を祀る大聖堂公園には、グアテマラ全土やホンジュラス、エルサルバドル、メキシコなどから巡礼者たちがテントを張りキャラバンを組んで明朝のミサを待ち構えている。聖堂を囲み巡礼者用宿舎、レストラン、みやげ物売りの屋台がひしめいており、夜がふけても町の人声はやまない。1月6日から20日が祝祭期間で、公園内の野営許可は1月11～16日、そして聖週間の年2回である。大型バスで乗り付けているのはアンティグア市近郷のホコテナンゴ住民団体である。家族単位でテントを張り祖父母・両親・孫たちが着の身着のままで横になっている。

1月15日早朝のミサに臨む。家族や出身地単位で教会の床を埋め尽くしているが、先住民で多いのはキチェ出身で、ミサの途中であろうとおかまいなく団長の指揮のもとに30～40人の集団でザーッとやって来て、後ずさりのパフォーマンスで去っていく。司祭は行儀の悪い巡礼者たちの騒然とした振る舞いに慣れているのか淡々とした口調で説教する。

聖堂回廊部では、巡礼者たちが購入したばかりの聖画など信仰グッズと派手な飾り帽子を足元に並べて列を作り、神父に聖水で祝別してもらうために順番を待っている（写真1）。エスキプラス巡礼を象徴するのがスペイン苔や熱帯果実の飾り付き帽子で、好んで人々はこれを被る（写真2）。伝承によれば、昔、巡礼者は大聖堂近くまで来ると初回巡礼者はキリストの受難を偲び石を肩に乗せて走り、その石を祭壇の足元に供え、一方、リピーター巡礼者は森の花や果実で飾った冠を用意して彼らを待ったという。その伝承が飾り付き帽子の由来なのであろう。現在では2月上旬にグアテマラ市からヘルメットを被ったモーターバイカー約3万人が隊列を作り詣でている。エスキプラスという地名は、一説によればイスキチョチトゥル（Iszuitschochitl）という樹木に由来し、ナワ語で肥沃を意味する。かつて、この地域はチキムラ、パヤキ、ウェイトラトなどの王国に属していた。当地から見ると太陽は東のコパン（遺跡）から昇り、西のミトゥランに沈む。ちょうど東西の中間地点に位置していたので、先スペイン期から宗教的聖地であったようだ。

写真１　購入した宗教的記念物を神父に祝別してもらうため、並んで待つ巡礼者（2000年）

スペイン人征服者ホルヘ・デ・アルバラードに対抗し1528年に先住民のカシケ（首長）は果敢に抗戦したが翌

写真２　いつの頃からかエスキプラス巡礼のシンボルとなった飾り帽子を被る巡礼者（2000年1月15日）

年に征服された。武力による征服と同時にキリスト教布教が開始されたが、先住民たちが白人の神キリストを受容するには三十数年という時間を要した。そうしたある日、貧しい先住民農民が夕べの祈りを捧げていると、壮大な夕景色の中にキリストが降臨する姿を見た。奇跡の話が広まり、この地に教会が建てられ、人々はキリスト像をアンティグア市の彫刻師キリオ・カタニョに依頼した。カタニョはポルトガル系移民の敬虔な信者で、一心不乱にのみをふるってバルサの木でキリスト像を完成した。１５９５年３月９日に像が司教区教会に到着し、像に因む病気治癒の奇蹟が続くと、中米各地から巡礼者が集まり大聖堂が完成された（１７５９年１月４日）。キリスト像がなぜ黒いのか。以下諸説ある。①木材がもともと黒い色であった。②時間の経過とともにロウソクや香の煙ですすけて黒くなった。③彫刻師カタニョはキリスト受難のイメージに、圧政下で苦悩する先住民たちの肌の色を重ね合わせて表現したなどであるが、先住民は褐色のキリストに親近感を抱いた。かつて、聖堂の一画に絵馬を吊るす場所があった。メキシコや中米各地からの巡礼者たちが供えた木製、金属製、象牙製などの絵馬には、癌手術の回復、交通事故で九死に一生を得たこと、息子

写真3　褐色の肌のキリスト［藤井嘉祥撮影］

の視力回復、学業成就、心臓病手術の奇跡的回復などキリスト像への感謝の念が記されていた。

スペイン人征服者と戦ったチョルティの人々（1546年）はホコタンやコモタンに移動した。現在、当地には60を超える宿泊所と巡礼シーズンのみ営業するホテル17軒があり、シーズン中は全室満杯となる。巡礼者は平均3日滞在するが、当地で食料や記念品を購入するので経済効果は大きい。300余の常設店と屋台が食物、宗教的装飾品、ロウソクなどを扱う。1月15日と復活祭には約10万人が町を埋め尽くし、年間100万人の巡礼者が500万ドルを当地に落としていく。1968年の高速道路完成以前、人々は徒歩やトラックの荷台に乗り凸凹道を辿ってきた。記録によれば、1973年1月上旬の2週間で巡礼者は11万9000人にのぼった。巡礼者はグアテマラ全土から60％、ホンジュラスから20％、エルサルバドルから10％、その他米国やメキシコから少人数が訪れる（2002年）。

中米地域紛争の政治的解決を目指して、中米5カ国の大統領首脳会談（中米サミット）が1986年5月5日にエスキプラスで開催され、その後数回にわたり中米各地で開催され、中米サミットは「エスキプラス」の総称で呼ばれることとなる。特に1987年8月の「エスキプラスⅡ」合意とは、グアテマラ市に集まった中米5カ国の首脳が、コスタリカのアリアス大統領が提案した中米紛争に関する和平案「中米における持続的な平和を樹立するための手順」に調印したことを指し、80年代はじめに中米紛争が拡大・激化して以来、すべての中米諸国主脳の同意により調印された和平協定である。この協定は「グアテマラ合意」とか、前年に第1回会談で出された「エスキプラス宣言」に続くものであるため「エキスプラスⅡ」と呼ばれている（加茂雄三、1990年）。当時の主脳とは、コスタリカ大統領アリアス・サンチェス、グアテマラ大統領ビニシオ・セレソ、エルサルバドル大統領ナポレオン・ドゥアルテ、ホンジュラス大統領アスコナ・ホヨ、ニカラグア大統領オルテガ・サアベドラの5氏であった。

それから10年後の1996年2月6日には教皇フアン・パブロ2世が「エスキプラスのキリスト像」400年記念祭に因み訪れ、ラテンアメリカのカトリック信者たちの絶大な歓迎を受けた。400年を経た巡礼の村はエルサルバドル、ホンジュラス両国と国境を接し中米和平の地として、またカトリックの聖地として生き続けている。

（桜井三枝子）

VIII

言葉と人々

55

インディヘナの言語

★マヤ諸語・シンカ語・ガリフナ語★

グアテマラではマヤ諸語のほかシンカ語とガリフナ語が話されている。シンカ語は消滅の危機にある言語で、グアサカパンとチキムリーリャを中心に107人のシンカ人がいるだけという。シンカ語は資料が少ないこともあって、系統関係が不明である。ガリフナ語はブラック・カリブ語と呼ばれたことがあるが、ニカラグアからベリーズにかけてのカリブ海沿岸地域で、6万~7万人によって話されている。グアテマラではリビングストンを中心に2477人といわれる。小アンチル諸島のインディヘナとアフリカ黒人の混血により形成された民族で、言語はアラワク語とカリブ語の混成言語であり、系統的にはアラワク語族に属する。マヤ語族は30の言語からなるが、そのうち20の言語がグアテマラにあり、その話者は約600万人である。

マヤ語族は大きく高地言語と低地言語に分けられる。グアテマラのインディヘナのほとんどを占めるのは高地に住むマヤ人であるが、高地のケクチは、拡大傾向にあり、低地のペテン地方やベリーズへ多くの人が移り住んでいる。モパン、イツァ、チョルティは低地マヤ諸語に属する。

高地マヤ諸語と低地マヤ諸語の差はいろいろあるが、音声面

マヤ語族の分類	人口
A．ワステコ語派	
1．ワステコ Huasteco	150,257
2．チコムセルテコ* Chicomuceltecо*	#35
B．北低地語派	
1．ユカテク語群	
a．ユカテコ Yucateco	800,291
b．ラカンドン Lacandon	40
c．イツァ Itzaj	1,835
d．モパン Mopan	13,460
C．南低地語派	
1．チョル語群	
a．チョル Chol	161,766
b．チョンタル Chontal	38,561
c．チョルティ Ch'ortı'	76,782
d．チョルティ* Cholti*	0
2．ツェルタル語群	
a．ツォツィル Tzotzil	297,561
b．ツェルタル Tzeltal	284,826
c．トホラバル Tojolabal (Chaneabal)	37,986
D. 西高地語派	
1．カンホバル語群	
a．チュフ Chuj	87,489
b．ポプティ Popti' (Jakalteko)	86,266
カンホバル Q'anjob'al	211,687
アカテコ Akateko	40,991
c．モチョ Mocho (Motocintlec)	174
トゥサンテコ Tuzanteco	300?
2．マム語群	
a．テクティテコ Tektiteko (Teko)	4,895
マム Mam	1,126,959
b．アウァカテコ Awakateko	35,485
3．イシル Ixil	134,599

マヤ語族の分類	人口
E. 東高地語派	
1．ケクチ Q'eqchi'	732,340
2．ポコム語群	
a．ポコムチ Poqomchi'	266,750
b．ポコマム Poqomam	130,928
3．キチェ語群	
a．ウスパンテコ Uspanteko	122,025
b．キチェ K'iche'	1,896,007
カクチケル Kaqchikel	1,032,128
ツトゥヒル Tz'utujil	160,907
サカプルテコ Sakapulteko	43,439
シパカペンセ Sipakapense	6,118

グアテマラでは1987年に正書法が法律で定められ、言語名の綴り字も改められた。メキシコの言語名は従来の綴り字を尊重した。
＊は消滅した言語である。チコムセルテコ語は消滅したが、チコムセルテコと自称する人がいる。メキシコのマヤ諸語の人口は2000年の国勢調査による。5歳以上の数を掲載した。グアテマラのマヤ諸語の人口は、Análisis de situación de la educación maya en Guatemala (Cholsamaj: 1996) p.55 の推計値である。

では、閉鎖音系列のｐｔtzchｋに加えて、喉の奥で発音するｑがあるのが高地諸語である。閉鎖音系列には声門閉鎖音があり、p't'tz'ch'k'q'と書かれる。摩擦音系列は、ｓｘｊが一般的であるが、マム・グループやカンホバル・グループでは、そり舌のtx,xや摩擦のないhなどがあり、他のグループに比べて音韻体系が複雑である。母音は５短母音に５長母音を持つが、６母音体系の言語もあり、言語により違いがある。

形態的には、子音＋母音＋子音の結合型が基本の子音終わりの言語である。所有詞や形容詞や数詞は名詞の前に生起し、前から後ろにかかる。しかし前置詞を使い、名詞二つの修飾関係は、被修飾名詞―修飾名詞のように後ろから前にかかる。r-otoch ri jun achi（彼の―家／その・一人の・男）というように、被修飾名詞（主要部）の方に「その男」に照応する「彼の」というマークがついて、修飾名詞の方には何もつかない。修飾名詞（従属部）に「〜の」というマークがつく日本語と逆で、被修飾名詞（主要部）にマークがつく言語である。動詞も同じで、動詞（主要部）の方に主語や目的語を表す人称接辞が義務的につく。高地諸言語は、他動詞文では、一般的に時相辞―目的語―主語―動詞という辞順をとる。

x-ø-u-q'aluuj ri ak'aal ri ixoq　「その女が子どもを抱きしめた」
完全相―彼を―彼女が―抱きしめる　その・子ども　その・女（キチェ語）

低地諸語では、辞順は主語―動詞―目的語となり、高地諸語とは異なる。

A k'wa'r **u-mek'-e't** chab'i「一昨日君の甥は君を抱いた」（チョルティ語）
君の・甥　彼は―抱く―君を　一昨日

例文のゴチック体の部分を動詞句と名づけると、それが一つの語のように発音される。そしてその外側に主語や目的語を表す名詞句が生起し、動詞句内の人称接辞と照応する。

他動詞文の語順は、キチェ・グループでは動詞句―目的語―主語という語順をとるのに対し、マム・グループでは動詞句―主語―目的語という語順になる。自動詞文では、動詞句―主語となり、いずれも、動詞が最初にくる言語である。しかしチョルティ語の他動詞文では主語―動詞句―目的語という語順が優勢である。キチェ語の方言などにもこの語順を好むものがある。

他動詞の主語となる人称と所有人称が同じで、自動詞の主語と他動詞の目的語になる人称が同じである。このような言語を能格言語という。高地マヤ諸語はそれにあたるが、低地マヤ諸語や高地の一部には、たとえば、不完全相（現在）では他動詞の主語と自動詞の主語が同じになるのに対し、完全相（過去）では他動詞の目的語と自動詞の主語が同じになるという、分裂能格性を示す言語がある。

言語地図

出所：八杉佳穂編、2004年より。

ちなみにガリフナ語も同じく分裂能格言語である。

１９８０年代からマヤ人の言語学者が増えてきて、１９８７年には正書法を法律で定めた。そしてマヤ言語アカデミーを設立した。アカデミーは各言語グループの中心地に事務所を構え、自語の記述や教育を行う中心地として育っている。さらにフランシスコ・マロキンやオクマといった言語研究所やマリアノ・ガルベス大学やラファエル・ランディバル大学などでもマヤ諸語の研究が行われ、マヤ人自身の手で文法書や辞書などが続々と出版されている。

（八杉佳穂）

56

マヤ文字

★高度なメソアメリカ文明の象徴★

マヤ文字は3世紀末から10世紀初頭までのマヤ文明の最盛期である古典期におもに用いられた。しかしその起源は紀元前後までさかのぼれ、持ち運び可能な小石やサンディエゴの山壁面文字などに原初の文字が見られる。それらの文字は、マヤの西で栄えた文字の影響を受けて生まれたものと考えられる。たとえば、西のテワンテペック地峡からチアパス高原、さらに南のグアテマラ太平洋岸低地帯では、紀元前より少しさかのぼった頃から、起点を定めた日からバクトゥン（14万4000日）、カトゥン（7200日）、トゥン（360日）、ウィナル（20日）、キン（日）という五つの単位（20進法であるが、ウィナルの位は18まで）でもって日数を数える長期暦が用いられていた。その暦をマヤ人は利用してより精密な暦にしていった。西の人は位取りを利用して、暦を点と棒だけで表したのに対し、マヤ人は、五つの単位のそれぞれに文字を作ったという点が異なるが、いずれも0の観念がなければ数えられないものであり、起点を定めて数える絶対暦といい、0の観念といい、旧大陸の文明に先駆けて起こったことは特筆に値する（図1）。文字の構成法においても、大きな要素（主字）に小さな要素（接字）をつけて一つの

図2

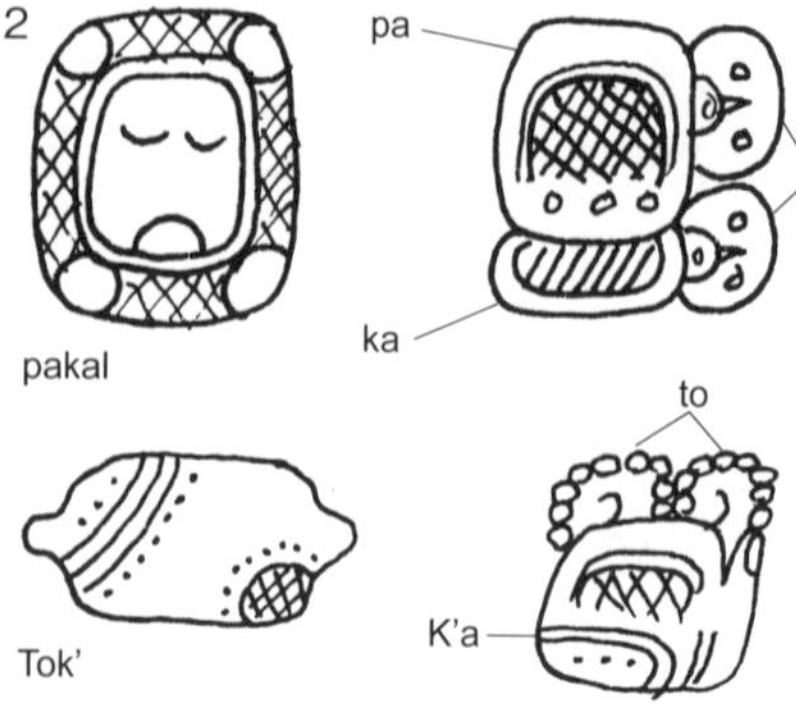

図1

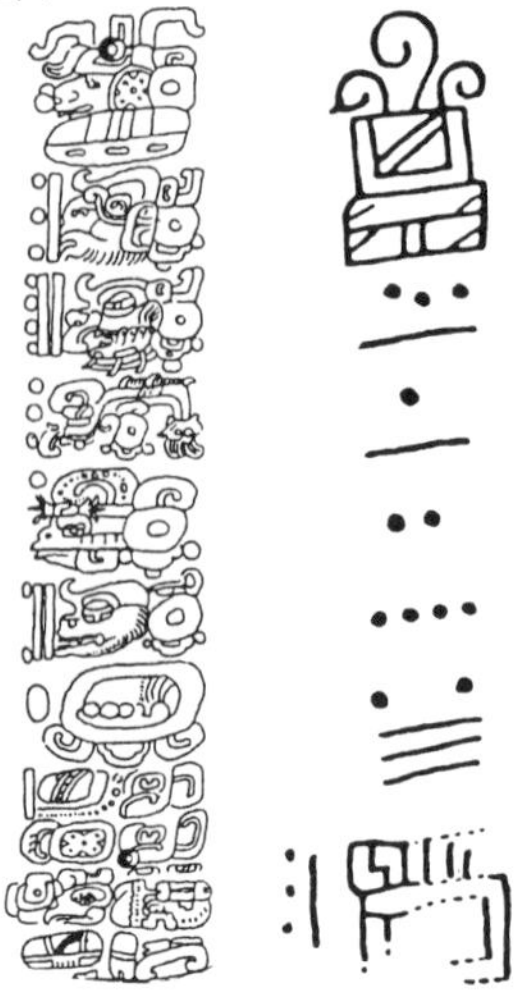

ライデン板
(320年9/14)

トゥシュトラの小像(162年3/13)

②

③

①

図3
①動物石像P、9.18.5.0.0、幾何体の例、Morley、Plate 6A
②石碑F(東面)9.16.10.0.0、頭字体の例 Looper fig. 5.2a
③石碑D(西面)9.16.13.4.17、全身体の例、Looper fig.5. 24c

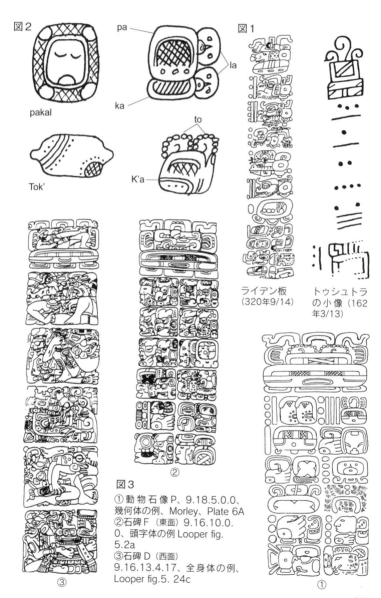

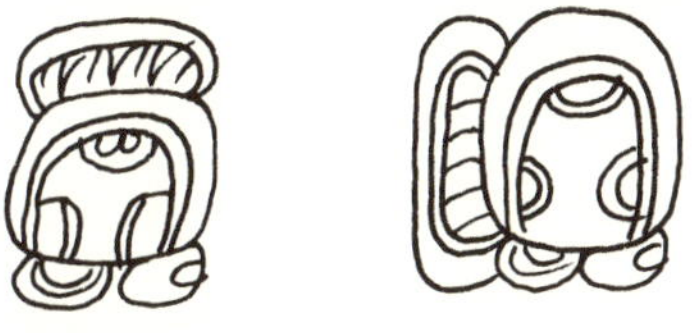

図4－1　セック月

図4－2　「前にさかのぼる」(utiy「～起こった」)

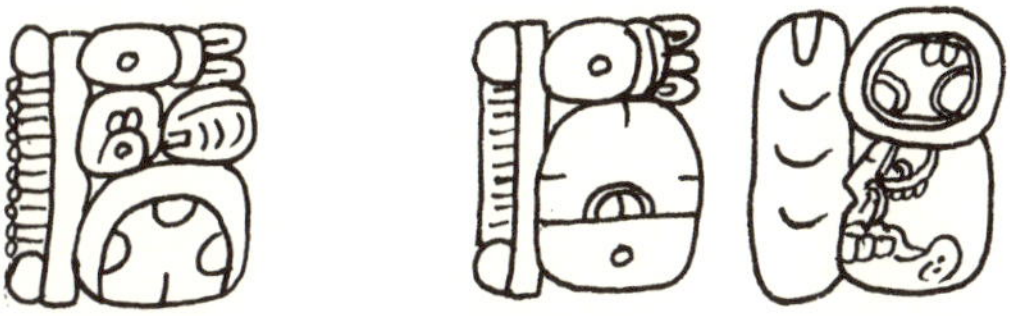

図4－3　クナ・ラカンハの王

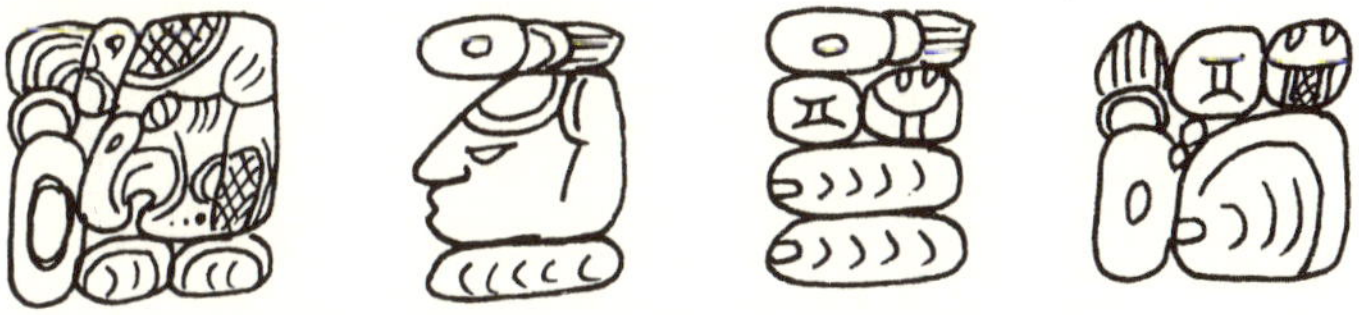

図4－4　ti Ahaulel（アハウという位に）

単位の文字を形作り、線形に並べるという仕方を学んだ。しかしながら、一つひとつの文字はかなり異なる形を作り出し、異なる体系の文字を生み出した。独自にそれぞれ異なる文字体系を作り出したことも、メソアメリカの文明の高さが旧大陸に劣らないことを示している。

マヤ文字は最初ペテン中央部のティカルを中心にした狭い地域でしか用いられなかったが、5世紀の中頃を過ぎると、ヤシュチランやコパンなどの周辺部へも普及していった。

古典期前期（碑文の日付では292～598年）に記された日の5倍あまりの日についての出来事が、古典期後期（598～909年）に記されたことからわかるように、古典期後期にマヤ文明は絶頂期を迎えるとともに、新しい文字が続々と生み出され、運用法にもさまざまな革新が見られるようになった。また暦の統一が682年から751年の間になされ、多くの点で共通化が進んだ。しかしそれを過ぎると、マヤ文明は衰退を始め、マヤ文字も新しい文字を生み出すことはほとんどなくなり、文字の発展も終わった。

マヤ文字は、ちょうど漢字と仮名表記と同じように、表語文字と音節文字の混合体系である。漢字を仮名で書き換えられるように、表語文字でも音節文字でも書くことができる。しかしマヤのことばは子音終わりの閉音節であるので、最後の母音は読まないような書き方をした。たとえば、パカル（楯）は、パ pa・カ ka・ラ la と書いてパカル pakal と読ませた。トック tok'（火打ち石）は と to と k'a と書かれた（図2）。

マヤ文字には、ふつう幾何体と頭字体の二つの字体を持っている。数字や期間の文字のほか若干の文字には、それに加えて、全身像で書き表された全身体がある（図3）。

文字は主字と接字が結びついた形が一般的である。主字の左と上、右と下は自由に交替可能である（図4-1、2）。一つの文字を二つに分けたり（図4-3）、同じ意味の文字を違う文字を用いて書き換えたり（図4-4）、その書き方にはいろいろな工夫が見られる。そこにマヤ人の美意識を読みとることができよう。

テキストはふつう最初に日付があり、そのあとに動詞、行為者が続く。日付の示し方は、バクトゥン、カトゥン、トゥン、ウィナル、キンの五つの単位によって基準点（紀元前3114年9月6日）より数えたものに、循環暦である260日暦と365日暦がつく。五つの単位は省略されることもあるが、

260日暦と365日暦の二つは常に対で用いられ、長期暦上のある一日が示された。碑文の主人公はふつう王であり、王の出身地である紋章文字や称号、年齢などがつけられている。誕生や即位、死を表す文字が同定されており、また王の母や父との関係を示す文字もあったので、王朝の家系図が作成できている。また紋章文字や戦争や結婚などの文字を手掛かりに、都市間の同盟や支配従属関係なども解明されてきている。

また絵文書や土器の文字には、神々が登場したり、動物が登場し、碑文とは扱っている内容が異なり、解読は困難を極めているが、少しずつながらも理解が進んでいる。

マヤ文字は、絵のように見えるが、マヤのことばを反映したれっきとした文字である。しかしながら、解読が進んでいるにもかかわらず、マヤ文字の言語については、低地マヤ諸語に近いことはわかっているものの、ユカテコ語群かチョル語群のどちらか一方に近い言語であったのか、それとも当時すでに方言差があったのか、意見の一致さえまだ得られていない。文字というものは読めて、意味がわかるものであるという観点から見ると、マヤ文字はまだ解読途中の文字である。意味がわかりかつ読める文字はまだ少なく、意味がわかるが読めない文字や、音節文字で書かれているため、読めるのであるが意味がわからない文字や、意味も読みもわからない文字がたくさんあり、言語と文字との関係がいま研究の中心課題となっている。

（八杉佳穂）

57

テキスト

★低地と高地に見られる特徴★

グアテマラのマヤ人が書き残したテキストをここでは2種類に分けて簡単に特徴を記すことにしよう。一つは低地で展開したマヤ文明が残したマヤ文字のテキストで、おもに3世紀から10世紀に書かれたものである。これはモパンやチョルティの先祖にあたる低地マヤ人のものである。もう一つは、征服後アルファベットで記述された『ポポル・ウーフ（ポポル・ヴフ）』や『トトニカパンの首長の記』などのテキストで、キチェやカクチケルなどの高地に住む人びとの先祖の残したものである。

マヤ文字についてはは第56章で略述したので、そのテキストの一例を示すことにしよう。読み順は上から下へ2列を対に、左右、左右と読むのが原則である。テキストには必ずと言っていいほど日付があり、その日の出来事が記されている。その代表的な例として、グアテマラのモタグア川沿いにあり、ホンジュラスのコパンとともに観光地となっているキリグアの石碑を取りあげてみよう。例は石碑Eの一部である。

キリグアを繁栄に導いた「二足の空（ブッツまたはカック・ティリウ）」王（A8b-B8）が9・14・13・4・17 12カーバン5カヤッブ（724年12月27日）（A1-B7）に即位して（A8a）、14年後の

図1　キリグア石碑E（西面）

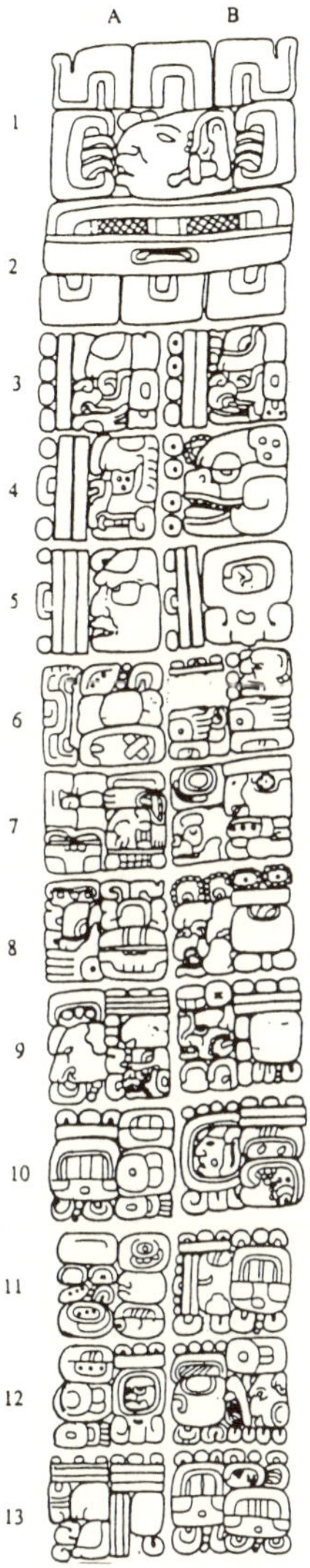

導入文字	
9バクトゥン	14カトゥン
12（13）トゥン	4ウィナル
17キン	12カーバン
G7／F	7D／3C
X4／B	10A／5カヤップ
即位／二足の空	称号
のもと／18のウサギ	コパン／13ウィナル 13キン
6トゥン／後	4アハウ／13ヤシュ
？	6ウィナル 14キン／1トゥン
後／6キミ	4セック／首をはねる
18のウサギ／15ウィナル 16キン	1トゥン／1カトゥン

表1

正書法（1987年）							古典カクチケル語・古典キチェ語					
p	t	tz	ch	k	q		p	t	tz	ch	c/qu	k
b’	t’	tz’	ch’	k’	q’		b/pp/bb	tt	ꜭ,	ꜭh	ꜭ	ꜫ
	s		x			j		ç/z		x		h
m	n						m	n				
	l	r						l	r/rr			
w			y				u/v/uh			i/y		

6キミ4セックの日（738年4月27日）（A12b-B12a）にコパンの「18のウサギ」王（A13a）の首をはねた（B12b）と解釈されている文である。ちなみにG～Aと名づけられている節は補助シリーズと言われ、長期暦が記す日の補助情報であり、9日周期暦（G/F）や月齢や太陰半年暦などの月の情報を記した（E/D～A）ものである。A4のトゥンの係数は13であるべきであるが、12と書かれている。このような間違い例はたいへん少ない。

このようにテキストは、一般的に、日付があり、その日の出来事、さらに次の日付があり、出来事が記されるというような構造になっている（図1）。

グアテマラ高地は1524年にアルバラードにより征服されたが、まもなく、布教活動のために、そこで話されている言語が研究され始めた。キチェ語やカクチケル語などはローマ字で表しがたい音を持っていたので、それらの音にあたる文字（ꜭ,ꜭhꜭꜫtꜫ）をスペイン人修道士フランシスコ・デ・ラ・パラ Francisco de la Parra（1560年死亡）が創出した。3と4の数字に似た文字をこしらえたところから、それらはトレシーリョ tresillo とかクァトリーリョ cuatrillo と言われる。1987年に定められた正書法と古典カクチケル語や古典キチェ語に使われている文字の

図2

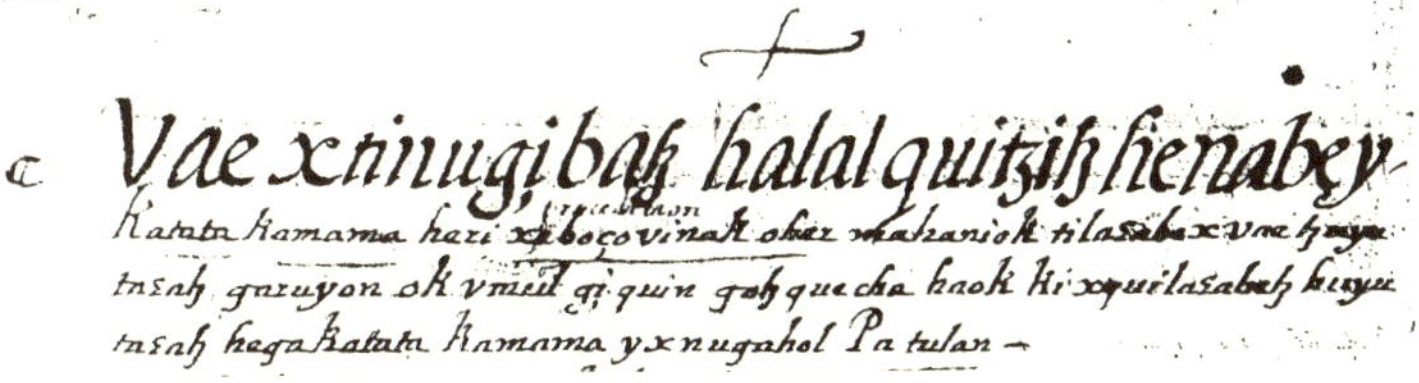

Wawe' xti-nu-tz'ib'-aj jalal ki-tzij je' nab'ey qa-tata' qa-mama', ja ri x-e-b'oso winäq ojer. Ma jani oq ti-laq'ab'-ëx wawe' juyu' taq'aj, k'a ru-yon oq umül, tz'ikin e k'o. k-e-cha'. Ja oq qi xki-laq'ab'-ej juyu' taq'aj, je k'a qa-tata' qa-mama' ix nu-k'ajol, pa Tulan.

「昔人間を生んだ最初のわれらの父母の短きことばをここに書き記そう。ここの山や平野は人が住んでいなかった。ただウサギや鳥がいただけである、と言った。われらの父母は山や平野に住むであろう。汝らトゥーラの私の子どもよ」

関係を示しておこう（表1）。

母音はｉｅａｏｕの五母音であるが、現代語に見られる長母音を記すことはほとんどない。また子音も正確に書き分けられていないため、テキストの理解の障碍となっている。たとえばcacと書かれていると、k'ak'（新しい）、k'aq（虱）、k'aaq（投げ捨てる）、q'aaq'（火）などの可能性があり、そのどれかを文脈から決定する必要がある。

独特な文字がどのように用いられたのかを示すために、『カクチケル年代記（*Memorial de Tecpan Atitlán, Memorial de Sololá Anales de los Xahil* という異名がある）』の最初の部分を示してみよう（図2）。シモン・オツォイSimón Otzoyによる現代正書法に書き換えられたものを若干修正し、形態素に分けて記した。

（八杉佳穂）

58

現代の先住民言語状況

★社会言語学的観点から★

グアテマラでは第55章の記述のように多様な言語が存在する。現在でもマヤ系23言語の他、シンカ語、ガリフナ語が存在する。さらに19世紀初頭まで東部や南部太平洋岸地域ではナワトル語方言も話されていた。本章では、社会言語学的観点から先住民諸語の歴史と現代の社会的状況を述べていこう。

マヤ語

グアテマラでは少なくとも23のマヤ諸語が話されている。第55章の言語地図のように、マヤ諸語は東部と大西洋岸地域を除いて、ほぼ全土に分布している。イツァ語は消滅の危機に瀕しているが、その他の言語は現在も数千から数十万の言語人口を有し（第41章参照）、将来的にも話者人口の維持が見込まれる。特に西部地域で話者人口密度が高く、ウエウエテナンゴ県は古代からマヤ諸語が発達した地域だと考えられている。マヤ言語学者のカウフマン（Kaufman）の推計によると、現在も７４０３平方キロメートルに少なくとも七つのマヤ系言語が存在するという。キチェ語、マム語、カクチケル語、ケクチ語が多くの話者人口を有し、広い地域に分布している。

図1　キチェ語方言分布図

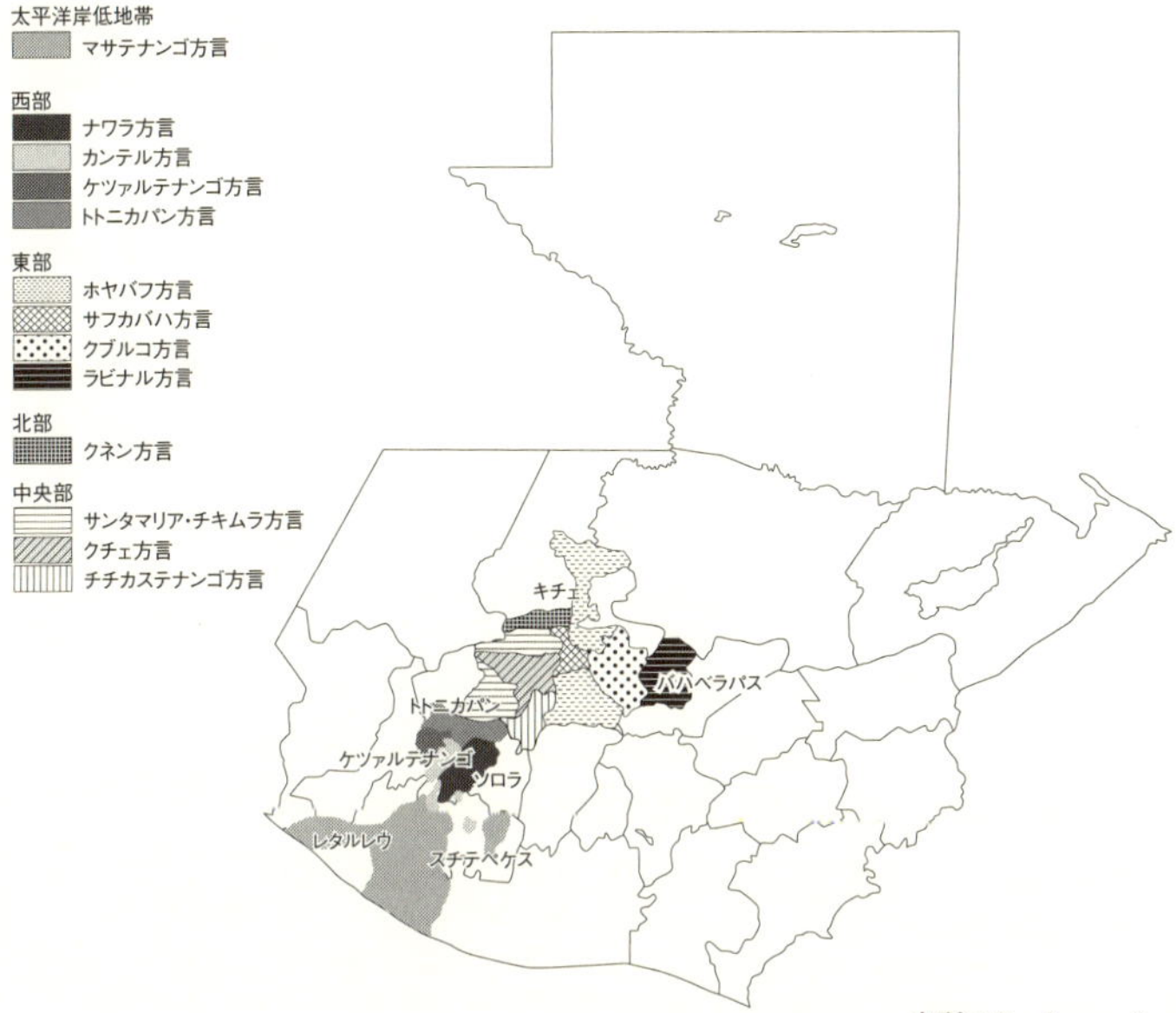

出所：Kaufman n.d.

これらの言語には音声、統語、語彙において地域的バリエーション、すなわち方言も存在する。方言は民族の文化的象徴でもあるため、いくつかの地域ではグアテマラ・マヤ言語アカデミーが推進する表記法の統一に対して抵抗が起こった。方言の多様性を示す一例として、図1のカウフマンによるキチェ語方言分布図を見てみよう。この図は音声学的特徴を基準に作成され、統語や語彙のバリエーションは反映されていない。したがって、実際の方言分布はこの地図よりもさらに複雑な様相を呈している。また、複数のマヤ言語が混在する地域ではバイリンガル話者が多い。例えばアルタ・ベラパスでは、多くのポコムチ人が、リンガ・フランカ（媒介言語、共通語）としてケクチ語も話す。また、キチェ県のネバフやコツァルなどの町は、もともとイシル語の地域であるが、現在は多くのキチェ人がスペイン語に加えてイシル語を第二言語、第三言語として話している。

メキシコに多く分布するモパン、ラカンドン、マヤ・ユカテコなどの言語と同じ語族に分類されるイツァ語を例外として、グアテマラで話されているマヤ諸語は現在のところ話者人口を維持している。しかし、都市部においては、マヤ人のスペイン語使用が増加し、学校教育現場でのバイリンガル教育は、未だその効力を十分に発揮していない。さらに、マヤ語とその話者らへの偏見が根強く、グアテマラ市やケツァルテナンゴ市などの都会へ出た若い先住民らは、母語の日常的使用を放棄する傾向にある。一方、非先住民が先住民語を話すのはアルタ・ベラパスのいくつかの町を除いて、ほとんどない。

シンカ語

シンカ語は本来少なくとも3言語からなる語族だとされ、メソアメリカの他の先住民語との言語学的類縁関係がほとんど認められない独立した語族であると考えられている。アヤンプク（Ayampuc）、サンサレ（Sansare）、モタグア（Motagua）、コングアコ（Conguaco）などの地名にはシンカ語の要素が含まれており、かつては広く分布していたことを物語っている。

シンカ語は数十年前までサンタ・ロサ、フチアパ、エル・プログレソ、チキムラなどの東部地域で話されていたが、現在ではごく少数の高齢の話者が生存しているだけである。しかしながら、シンカのアイデンティティーは彼らの政治的発言とともに再興しつつあり、同地域ではシンカ・アイデンティティーを表明する共同体が増えている。また近年、文法をまとめた研究者らの協力によって、言語復興への様々な取り組みが行われている。

ガリフナ語

ガリフナ語はアンティーリャ諸島で話されるアラワク語族の言語で、1731年にドミニカ島からイギリス人に追われ流れ着いた人々の末裔の言語である。グアテマラでは大西洋岸の港町リビングストンに数百人の話者が存在する。またベリーズからホンジュラス、ニカラグアに至る大西洋岸にも分布する他、ニューヨークをはじめ米国にも彼らの共同体が存在し、グアテマラのガリフナもニューヨークへの移住が増加傾向にある。リビングストンでは現在人口の90％以上がマヤ・ケクチ人で、日常語としてガリフナ語を使用する家庭は少なくなっているが、ベリーズとホンジュラスでは話者人口が増えている（第60章参照）。

ナワトル語

ナワトル語はユト・アステカ語族の言語であり、メソアメリカ先住民言語の中で最も広範囲に分布が認められる。征服期にはメキシコ北部からベラクルス州のメキシコ湾岸、テワンテペック地峡、チアパス高地、グアテマラ高地、そしてニカラグアに至るまで分布が確認された。グアテマラのボカコスタにおけるナワトルの足跡は考古学・歴史学資料から後古典期（紀元後950～1521年）まで遡り、19世紀後半まで存在したとされる。

国内外の古文書館に所蔵される16～17世紀にナワトル語で記された文書の分析から、グアテマラには、少なくとも三つのナワトル語の方言が存在していたと考えられる。その一つが「なまったメシカ語」としばしば文献に記される元来中米に存在したナワトル語、二つ目はそのナワトル語の周縁グループの一方言であるピピル語、三つ目はスペイン人と同盟を結び中米征服に同行の後グアテマラに留まったメキシコ中央高原の人々のナワトル語である。ちなみにこの3番目の言語話者は、テノチティトラン、トラスカラなどの人々で、彼らの子孫は「征服者でもある先住民」としてスペイン人から多くの恩恵を受けた。

グアテマラにおけるナワトル語の重要性は各地に残る数多くの地名に認められる（第55章参照）。また、tomate（トマト）、aguacate（アボカド）、zopilote（トンビ）、malacate（マラカス）、huipil（ウイピル、貫頭衣）など、ナワトル語からスペイン語に導入された動植物やメソアメリカ起源の日用品などの名称もある。しかしながら、マヤ語からスペイン語へ導入された名詞はほとんどない。

グアテマラの今後の先住民言語

大都市における先住民のスペイン語化は顕著であるとはいえ、イツァ語、シンカ語、ガリフナ語などを除けば、グアテマラの先住民言語は中期的には話者人口を維持できると思われる。１９９６年の和平協定締結前後に盛んとなった汎マヤ運動は数々の政策立案を提示しており、その重要課題の一つがマヤ語の保護と普及である。しかし、マヤ言語アカデミーが主導するマヤ語の準公用語化、質の高いバイリンガル教育プロジェクトは未だ道半ばである。政府が構造的不平等を解決しないかぎり、いかなる言語政策も先住民語が直面する諸問題を解決することはないであろう。（セルヒオ・ロメロ／敦賀公子訳）

59

グアテマラ総監領のナワ系言語の役割

★多言語社会におけるリンガ・フランカ★

スペイン人がグアテマラを征服した時、その大部分は20を超えるマヤ系諸語の人々の地であったが、史料を注意深く紐解くと、ナワ－ピピル語やシンカ語などの人々の存在を辿ることができる（第55、58章参照）。そこへ植民地統治者のスペイン語が加わり、その言語社会の様相は政治的にもさらに複雑化することとなる。このような多言語社会において、先スペイン期からリンガ・フランカ（共通語、媒介言語）として機能していたナワ系言語が重要な役割を果たしていた。本章では植民地時代初期の歴史記述と現存するナワ系言語文書からその足跡を辿ることにしたい。ナワ系言語（nahua）はユト・アステカ語族に属する広域言語で、多くの方言が存在する。一般的に接尾辞の特徴からナワトル語（náhuatl）、ナワト語（náhuat）などと呼ばれたり、また、リンガ・フランカとして多くの民族に使用される過程で様々な言語特徴が混在する場合もある。本章では、言語学者キャンベルの分類に従い、このような方言の総称としてナワ系言語（nahua）と呼ぶことにする。

16世紀半ばに布教に訪れたフランシスコ会師、メンディエタは「地方によって実に様々な言語があるが、このメシカ語（ナワトル語）はヌエバ・エスパーニャ全土で通じ、どこでも通訳がいる。つまりヨーロッパにおけるラテン語のようだ」と記している。人口の大部分がマヤ人であったグアテマラにおいても、先スペイン期からナワ系言語がリンガ・フランカとして機能していたが、その理由の一つとして、15世紀にメシカ王国が勢力を拡大し、チアパス州太平洋岸のソコヌスコがその支配下となり、ナワトル語と現地語の通訳が配置されたことが考えられる。これにより、リンガ・フランカを形成する中心的言語がナワトル語となっていった。中米はメシカ王国の直接支配を受けなかったが、その勢力拡大以前から、エルサルバドルのクスカトラン王国ではナワ－ピピル語が、ニカラグアのニカラオ王国では、同じくナワ系言語のニカラオ語が話されていた。この他、エスノヒストリーや考古学の研究により、古くから複数言語を解する広域商人が活動しており、これらの中米の王国はソコヌスコを経由し、メキシコ中央高原と交流していたと指摘されている。なお、現在中米に残るナワ系言語は、エルサルバドルにわずかなナワ－ピピル語話者が存在するのみで、グアテマラやニカラグアでは19世紀末に消滅したとされる。

このようなナワ系言語の有用性に着目したスペイン人らは、中米の征服活動に彼らを通訳として利用した。1524年グアテマラ太平洋岸の町、エスクィントラにおける征服軍と先住民との戦いについてフエンテス・イ・グスマンは「メシカ語と先住民のピピル語（ナワ－ピピル語）がほとんど同じなので、スペイン軍はエスクィントラ人との交戦にトラスカラ人を通訳として先住民の首長に降伏を勧めた」と記録している。この「トラスカラ人」は征服当時、メシカ王国と敵対関係にあった人々で、征服軍にいち早く同盟し（第15、16章参照）、中米の征服に同行した後、遠征先に残り植民地統治者側に加担した。彼らの言語もまたナワトル語であった。歴史学者のマシューはこのような先住民を、早期にラディーノ（第4章参照）化した先住民だとし、グアテマラ総監領の都、サンティアゴ・デ・グアテマラ市（現在のアンティグア市）においては、16世紀半ばにはすでにスペイン語で様々な文書を書いていたという。

征服後ヌエバ・エスパーニャに布教にきた修道士らも、ナワ系言語のリンガ・フランカとしての機能を利用した。彼らはルネサンスの人文主義の影響から、異教徒への布教には自らが現地の言語を習得すべきだとし、先住民語の辞書や文法書の作成に着手した。わけても、副王領の中心地メキシコ盆地の先住民語であり、リンガ・フランカでもあったナワトル語の研究は早くから着手された。1547年にはフランシスコ会のアンドレス・デ・オルモスが文法書（*Arte de la lengua Mexicana*『メシカ語文法』）を、1580年には同会のアロンソ・デ・モリーナが辞書（*Vocabulario de Lengua Castellana Mexicana y Castellana Mexicana*『カスティーリャ語・メシカ語、メシカ語・カスティーリャ語辞典』）を編纂した。ナワ系言語は、音声体系が他の先住民語よりもスペイン人にとって馴染みやすく、アルファベット表記化も比較的容易であったことも幸いしたと推測できる。

図はかつてのグアテマラ総監領（第2章）地域において、現在までに確認されたナワ系言語文書の分布である。これらの文書は、わずか1頁ほどのものから、数十頁にわたるものまで様々である。現地語がナワ系言語以外、すなわち母語がマヤ系言語やソケ語などの先住民らはスペイン語（カスティーリャ語）は未習得であったため、古くからリンガ・フランカとして慣れ親しんできたナワ系言語を使って統治者へ様々な要望を伝えようとしたものだと考えられる。

図１　グアテマラ総監領のナワ系言語文書分布

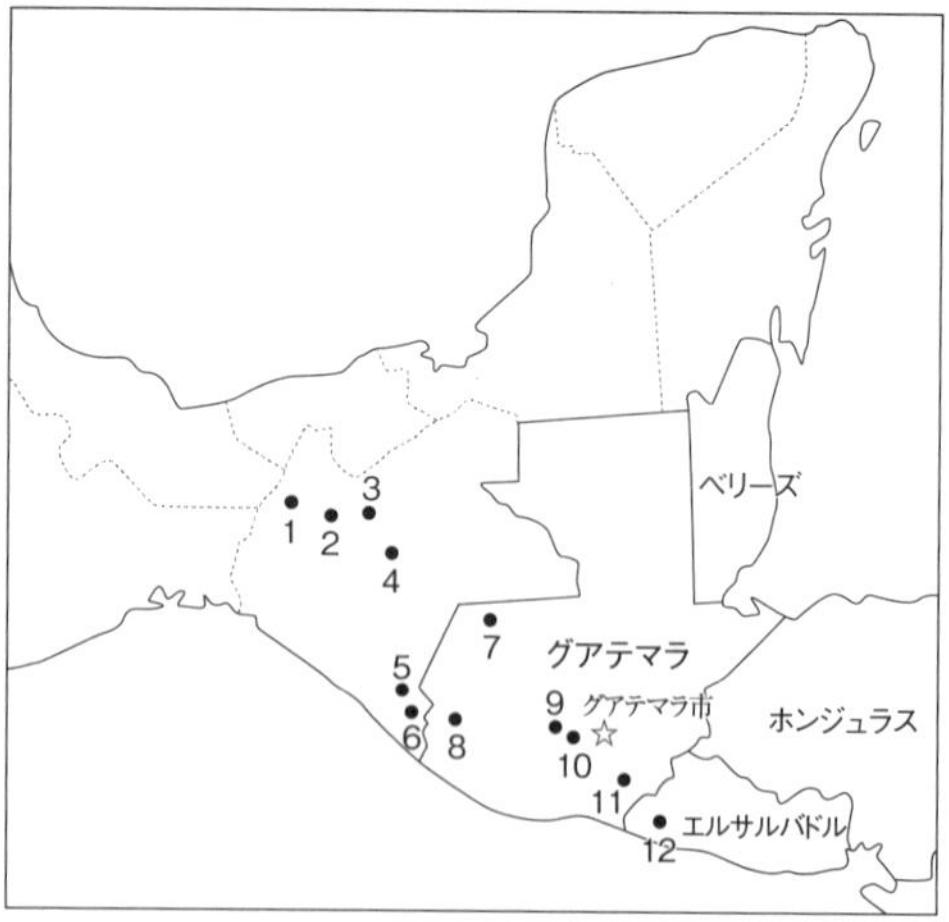

	作成地	現地語	作成年	内容
1	ケチュラ、Chi.	ソケ	1674年	租税削減要請
2	サン・ガブリエル、Chi.	＊ツェルタル	1674,1681年	？
3	チェナロ、Chi.	＊ツォツィル	1714年	納税確認
4	アマンテナンゴ、Chi.	＊ツェルタル	1679年	？
5	トゥサンタン、Chi.	＊モチョ・トゥサンテコ	1561年	市参事会設立
6	ソコヌスコ、Chi.	ナワトル	1565年	労役緩和要請
7	サンタ・エウラリア	＊カンホバル	1607年	？
8	マサトラン	＊マム	不明	？
9	サンティアゴ・デ・グアテマラ	＊カクチケル	1572年	租税､労役緩和要請
10	サント・ドミンゴ・ミスコ	＊カクチケル	1637 年	土地相続証書
11	サンタ・マリア・イシワタン	ナワ－ピピル / シンカ	16、17世紀？	権原証書？
12	サンタ・アナ、El Sal.	ナワ－ピピル	1666–1775年	コフラディア台帳

Chi.：現在のメキシコ・チアパス州、El Sal.：エルサルバドル、＊：マヤ語。
出所：Dakin 2009 を基に筆者作成。

一例として1572年にサンティアゴ・デ・グアテマラ市周辺の集落において書かれた文書（地図中9）について紹介することにしたい。これは、先住民市参事会幹部らがスペイン王に対して、非道な聴訴官らによる厳しい租税・労役の緩和を求めた21通の書簡集で、現在スペインのインディアス古文書館に所蔵されている。この地域はもともとマヤ－カクチケルの人々の地であったが、征服後、グアテマラ総監領の都となり、伝統的な先住民のレプブリカ（共同体）をスペイン人のレプブリカが支配する二重構造社会であった。

言語学者ディキンの分析によると、これらを書いた書記の何人かはマヤ－カクチケル語を母語とする人物だとしている。第二言語で書かれたためか、不明瞭な点が少なくなく、また、中米のナワ－ピピル語とナワトル語の要素の混在がみられる。例えばナワトル語の tlacatl（人、男）の場合、この書簡では tagatl や tlagat と表記されている場合が多い。これは中米の方言であるナワ－ピピル語の特徴、すなわちナワトル語の /c/ が /g/ となり、/tl/ が /t/ となる特徴とナワトル語の名詞の接尾辞 -tl が混合されている。このような特徴は、他のマヤ集落で書かれた文書にもしばしばみられる。ナワ系言語を解するのは、ごく限られたエリート層のみで、また決して流暢な語学力ではなかったと想像される。

スペイン王室は、先住民のキリスト教化を植民地政策の主軸とし、当初はスペイン語（カスティーリャ語）教育は不可欠であると考えた。しかしながら16世紀半ばになっても、スペイン語を拒否し、未だ先スペイン期からの偶像崇拝などの風習を保持する共同体も数多く存在した。そのような状況を憂慮し、1554年にサンティアゴ・デ・グアテマラのフランシスコ会は「スペイン語習得を拒否するマヤの人々に対してはナワ系言語を習わせること」と布教方針に記している。また、18世紀後半のグアテマラ教区のある視察報告には、「ナワ系言語を母語とする人々はスペイン語をすでに習得しているが、マヤ語を母語とする人々は未だスペイン語を理解しない」と記されている。先スペイン期からリンガ・フランカとして広く使用されてきたナワ系言語は、グアテマラ総監領において、植民地体制に抵抗を続けるマヤの人々とスペイン人統治者の間の仲介言語として長く機能していたようである。

（敦賀公子）

60

ガリフナの町

★リビングストンの賑わい★

最もグアテマラらしくないグアテマラの町

カリブ海沿岸の町リビングストンは、メキシコ～ベリーズ～グアテマラ～ホンジュラスと国境がひしめき合うホンジュラス湾の奥にあり、ドゥルセ川河口北側に位置する。リビングストンに出入りする交通手段は船のみだ。

国際貿易港プエルト・バリオスを出た連絡船は、ジャングルの岸辺を左手に見ながら北西に進み河口域を超えると赤茶けた屋根が見え隠れする小さな町に着く。英国植民地様式の建物や見晴らし台のある朽ちたビルなどの町の一角に桟橋がある。陸地に上がると、この町のメインストリートにつながる。まずグアテマラ国旗が掲げられた家があり、入国管理局と書いてある。リビングストンは隣国ベリーズの町プンタ・ゴルダとの定期航路をもつ国際港なのだ。入管を過ぎると繁華街。この町に車は少なく、移動の基本は徒歩だ。道に椅子を出してドレッドヘアの髪結いをするヘアサロンがあり、露店でココナツ売りをするおじさんがにこやかに声をかけてくる。

ヤシの葉葺のレストランがあり、けたたましい太鼓の音が聞こえる。中をのぞくと、ビール片手に海鮮スープをほおばる観

第60章
ガリフナの町

光客と、観光客相手に太鼓を打ち鳴らす褐色の肌の人たちがいる。その音楽は、グアテマラのほかの町で耳にするものとは異なり、なんともアフリカ的だ。この褐色の人たちこそ、リビングストンの町を「最もグアテマラらしくないグアテマラの町」にしているガリフナ人なのである。

ガリフナとは、1797年にイギリス軍によって、カリブ海小アンティル諸島のセント・ビンセント島から中米ホンジュラスに追放された約2000人の子孫である。ホンジュラス、ベリーズ、グアテマラといった中米諸国のカリブ海岸に点々と集落を形成するとともに、ニューヨークなどの米国への移民も多い。現在、60万人ほどのガリフナ人がいるものと推測される。

コロンブス期、カリブ海小アンティル諸島では、紀元前後に南米大陸北部オリノコ川流域から移り住んだキャッサバ農耕を生業とするアラワク人の居住域に、同じくオリノコ川流域からやってきた漁労民族のカリブ人が移り住もうとしていた。カヌーの扱いと戦闘に長けたカリブ人男性は、アラワク人の村々を襲いアラワク女性を奪った。カリブ人の妻となったアラワク女性はキャッサバ農耕と子育てをし、その子はカリブ人とみなされた。こうして、言語や女性の農耕文化はアラワク人の特色を強く残しながらも、カリブ人としての自己認識をもつ民族集団が形成された。

17世紀にカリブ海小アンティル諸島に進出してきた英仏両国は山がちなセント・ビンセント島を緩衝地帯とした。その間、遭難した奴隷船や近隣植民地島から逃げ出した黒人たちが集まってきた。彼らは先住のカリブ人の集団にとけ込むことによって生きのびた。こうしてカリブ海先住民文化を引き継ぎながらも形質的にはアフリカ的な民族集団ガリフナが形成された。

1763年、パリ条約によりセント・ビンセント島はイギリス領となり本格的な植民が始まった。

おりしも、フランス革命やアメリカ独立戦争に沸く世界の動きの中で、ガリフナは、フランスと組み暴動を起こすが、敗退し、1797年4月12日、ホンジュラス沖のロアタン島に置き去りにされたのであった。

ガリフナは、アラワク語を基本としカリブ語、アフリカの諸語、英語、フランス語を混成させたガリフナ語やシャーマニズムと祖先崇拝とが一体化した独自の宗教体系を継承している。また、太鼓とマラカスを中心にしたさまざまな音楽があり、各種祭礼は音楽と踊りとともに行う。国連ユネスコは、2001年、第1回の「人類の口承及び無形遺産の傑作の宣言」（通称：世界無形文化遺産）に「ガリフナの言語、舞踏および音楽」を登録した。

ガリフナ人のラブガ（リビングストン）への移住

18世紀の終わり頃、中米地域ではスペインの支配力に陰りが出るなか、クリオーリョたちが独立の機会をうかがうとともに、イギリスによるカリブ海側への侵攻が進んでいた。

1791年にフランス領ハイチで革命戦争が勃発すると混乱に乗じたスペイン軍がハイチに侵攻した。スペインは、イギリスによる中米地域侵攻をくい止めるため、ハイチの黒人を雇い入れ中米地域での要塞建設の労働力とした。

1797年、ロアタン島に上陸したガリフナ人は、まもなく、スペイン人の招きにより対岸の要塞都市トルヒーリョに渡った。スペインは、イギリスとガリフナが組みすることを恐れるとともに、不足する要塞工事の労働力にあてたのだ。スペインは、ガリフナにキリスト教を宣教し、トルヒーリョ

リビングストンの町は、ガリフナ語でラブガと呼ばれる。19世紀後半には国際貿易港として栄えた［出所：Wikimedia Commons］

の一角に居住域を与えた。やがて追放という悲劇を共に乗り越えたかれらにベビーブームが訪れた。ガリフナは手狭になったトルヒーリョを後に、カヌーに乗って散らばっていった。

ガリフナ人のリビングストンへの移住は、1801～02年頃にはじまる。ドゥルセ川河口に降り立った彼らは、そこをガリフナ語で河口を意味するラブガと名付け暮らしはじめた。長年にわたりラブガのガリフナを束ねたのが、マユル（少佐）と称されたマルコス・サンチェス・ディアスであった。一説によると、彼は、ハイチ革命時の武将であり、ブードゥーの司祭であった。おそらく、革命戦争下のハイチで高将として戦い、スペイン軍によってトルヒーリョに渡り、ガリフナのコミュニティに入ったのだろう。かれは、ガリフナのシャーマンであるブージェイとして人々を率いた。

港町リビングストンの盛衰

1811年、スペイン領メキシコで独立戦争が勃発した。1821年、メキシコに続き、グアテマラ総監領も独立を宣言した。1823年には中米連邦が成立するも内戦が勃発し、1829年、いったん内戦は終結した。自由主義派による中米連邦は、近代法制定にあたり米国の政治学者エドワード・リビングストンの法制度を取り入れた。また、アルタ・ベラパスでのコーヒーやドゥルセ川河口付近でのアブラヤシなどの換金作物の栽培に乗り出し、これらの農産物を米国に輸出するための港町リビングストンを建設した。こうしてガリフナの集落であったラブガは、世界のさまざまな人々が往来する国際港リビングストンとなり19世紀後半に栄えた。

1840年、中米連邦解体。1884年、グアテマラ政府は、首都と陸路で結ばれたカリブ海側の港としてプエルト・バリオスの建設をはじめた。そして20世紀になると米国の多国籍企業がプエルト・バリオスを出荷港としたバナナ・プランテーションを建設するようになり、グアテマラのカリブ海側の主港の座はプエルト・バリオスへと移った。

現在のリビングストンは、世界中からバックパッカーが集まる観光スポットだ。人気の理由は、船でのアクセスといった秘境感、解放感いっぱいのカリブ海のビーチ、熱帯雨林を抜けるドゥルセ川探検クルーズ、多国籍的でマルチ・エスニックなカオス的なムードなどに加え、この町のガリフナ人が放つ文化の豊穣さにあるといえよう。煎餅状の主食キャッサバ、甘みのきいたココナツパン、ココナツベースの魚介類スープ、焼く、煮る、揚げる、杵でつくといった各種バナナ料理などガリフナの食文化は豊かで美味しい。そして、響き渡る太鼓のリズムとともに歌い踊るガリフナの各種芸能に触れることができるのもこの町の魅力だ。

（冨田　晃）

コラム5

冨田晃

サン・イシドロ祭とガリフナの芸能

リビングストンでは、毎年5月15日にむけてサン・イシドロ・ラブラドールの聖人祭が大がかりにおこなわれる。サン・イシドロ祭とは、もともとはスペインの首都マドリードの祭りで、農夫（ラブラドール）の聖人に民族舞踊を捧げるものだ。マドリードの祭りが、リビングストンに移植されたのは1892年のこと。ガリフナ人の多くが敬虔なカトリック教徒であり、かれらが祭りの運営を担ってきたことが、この祭りのガリフナ性を高めることになった。

5月13日、普段は教会にあるサン・イシドロの聖人像を町の集会所に移動することにより祭りが始まる。集会所の中心に聖像を置き、キャッサバ、バナナ、ココナツなどの各種農産物を捧げ、無数のロウソクの灯の中、人々が祈る。

5月14日の昼、プエルト・バリオスのほかベリーズやホンジュラスからも船に乗ってガリフナたちがやってくる。その中に、お揃いの衣装で歌い踊りながら上陸するひときわ目立った一団がいる。各町のガリフナ人がつくる社交クラブだ。社交クラブのメンバーはリビングストンの仲間たちと波止場で合流し歌い踊りながら町を練り歩く。この時、一団を先導するのは、ガリフナ太鼓のガラオンとマラカスのシシラだ。

町の広場では、少女たちによる舞踊メイポールがおこなわれる。数メートルの丸太棒を立て、先端からリボンを広げ、リボンの端を手にした人たちが輪になって踊る遊戯だ。

町の通りにはガリフナの少年たちによるワナラグア（仮面舞踏）が繰り出す。コミカルな仮面や派手なスカートを身に着けた踊り手たちが、大小のガリフナ太鼓ガラオンにあわせて飛び跳ねる。

ワナラグア（仮面舞踏）。コミカルな仮面や派手なスカートを身に着けた少年たちが太鼓ガラオンにあわせて飛び跳ねる

夜、町のディスコにプンタロックのグループが出演する。プンタロックとは、ガリフナ伝統のリズム、プンタをベースにしながらもエレキ・ギターなどをつかったロック音楽だ。近年、このプンタロックが、ガリフナの若者たちのアイデンティティのよりどころとなっている。

プンタロックにみられるようにガリフナ文化の特質の一つに高い吸収性があるといえよう。先述の少女たちが踊るメイポールや少年たちのワナラグアは、ガリフナがリビングストンに移住した後にかれらの文化に加わったものなのだ。メイポールは、「5月の柱」を意味し、19世紀になってからイギリス人植民者が中米域に伝えたものである。そして、ワナラグアは、ジャンクヌーとも呼ばれ、ジャマイカからベリーズに伝えられたジョンカヌーという舞踊が中米各地のガリフナ人コミュニティに広まったものだ。メイポールと同じく19世紀のことである。ただし、ガリフナの口承伝承では、ワナラグアの起源は18世紀のセント・ビンセント時代にあり「侵略するイギリス人に抵抗するためガリフナの酋長サトゥエがイギリス人女性に扮して戦ったことにはじまる」としている。このように、外部からもちこまれた芸能をも自集団継承のための神話にしてしまうしたたかな柔軟性がガリフナ文化にはある。だからこそ、国家をもたないガリフナであるが、その集団性を今日まで継承しているのだろう。

5月15日、早朝、ジュルメイとよばれる新天地への上陸を再現する演劇的行事がおこなわれる。ぼろぼろの野良着を身に着けた一団がカヌーに乗ってやってくる。人々の手には、カヌーの櫂、バナナ、ヤシ、キャッサバの葉や茎、基本農具のマチェテ、キャッサバ芋をすりおろす板や毒抜きのためのかごなどが握られている。ジュルメイとはそもそもガリフナ語でセント・ビンセント島を意味しており、新天地への上陸を演劇的に再現する行事ジュルメイもまた、ガリフナの創成神話として、かれらのアイデンティティをささえているのだ。上陸した一団は、陸上で見守っていた仲間たちと合流して、歌い踊りながら集会所へと向かう。そして、サン・イシドロ像を担ぎ出して、町中を練り歩きカトリック教会へと届けることによってこの祭りは終わる。

ガリフナの各種芸能は、5月のサン・イシドロ祭に加えクリスマスや新年、そして、近年では、11月26日のグアテマラ「ガリフナ民族の日」でもおこなわれている。

Ⅸ

文化と芸術

61

アストゥリアスと〈魔術的リアリズム〉

★時代に先駆けた中南米的現実への覚醒★

ミゲル＝アンヘル・アストゥリアス（1899～1974年）は中南米の作家として、詩人のガブリエラ・ミストラル（チリ、1945年）に次いでノーベル文学賞を受賞した（1967年）。グアテマラ旧市街区に生まれたものの、政治的迫害を逃れ移り住んだ地方町で幼年期を過ごしたアストゥリアスは、雲上の存在として神のように怖れられ絶大な権勢をふるった独裁大統領が、権力の座を転げ落ちるや、見るも貧相な老人に変わった事実を後年の対談で回想する。印象に残るその大きな落差、想像と現実との驚くべき乖離が滞仏時代に執筆（1932年）された『大統領閣下』へとつながるが、大学卒業前後には「世界学生会議」のグアテマラ代表としてメキシコにおもむきメスティソ文化を称揚する公教育大臣バスコンセロスの感化を受けたり、労働者・成人を対象にした〈人民大学〉の創設にも積極的に関わった。

政情の悪化から渡欧し、彼の地でシュルレアリスムをふくむ前衛芸術思潮の洗礼を受けるとともに、ソルボンヌの高名な教授の下で中米の古代文化を研究したことも、中南米の文化・社会への評価のみならず自身の対ヨーロッパ観の大幅な修正や伝統的価値観の転換をもたらした。滞仏時代に知己となったカルペンティエル（キューバ）とともに〈魔術的リアリズム〉の創始者とされるアストゥリアスだが、これを〈中南米的現実の文学的な表現〉と解せば、伝統的なリアリズム手法が平板な現実描写に終始する一方で、多面的で重層的な陰影ある新たな現実を示してみせたのがそうした表現でもあった。

著作には、自国における北米系バナナ企業の成立および収奪の歴史をあつかう三部作『強風』（1950年）、『緑の法王』（1954年）、『死者たちの眼』（1960年）のように伝統的リアリズムの要素がまさる小説や、『アラハディート』（1961年）、『ある混血女』（1963年）、『リダ・サルの鏡』（1967年）、『マラドロン』（1969年）といった神話・伝承や民族誌に想をえた周知の小説、さらには演劇や詩作品もある。

スウェーデン国王よりノーベル賞を受けるアストゥリアス
［出　所：*Homenaje a Miguel Angel Asturias, Cartas de amor entre M.A. Asturias y Blanca de Mora y Araujo* (1948-1954), Madrid, Ediciones de Cultura Hispánica, 1989.］

〈夢の作用〉や〈自動筆記〉を重視するシュルレアリスムの影響は、好評を博した『グアテマラ伝説集』（1930年）や小説『大統領閣下』（1946年）などに明らかだが、数多い作品の筆頭にあげられるのが〈魔術的リアリズム〉の傑作とされる長編『トウモロコシの人間たち』（1949年）だ。中米ではトウモロコシは神々がそれを用いて最初の人間を創造したとされ殊に神聖視される作物だが、こうしたインディオに対し、単なる〈商品〉つまり〈物〉としてこれを栽培しようとするラディーノ（＝非インディオ）との間で土地をめぐる抗争がはじまる。族長のガスパールはインディオの戦士を率いて戦いを優位に運ぶが、宴会の席で知人から毒をもられたことから仲間たちも四散する。ガスパールの毒殺に関わった人間は以後次々と不幸にみまわれる。黒幕であった騎馬隊長ゴドイも7年目に炎にまかれて焼死することで一連の復讐劇が一段落する。小説ではこの後、こつ然と姿を消した妻を探し求める二人の男の話がそれぞれ物語られる。一人は物乞いする盲目の老人で、怪しげな手術をうけて視力を回復し行商人となって村々を尋ね歩いた後に、港の沖合に浮かぶ小島の刑務所に送りこまれる。もう一人は山地の町と首府とを往来する郵便配達夫で、コヨーテに変身して地下世界を旅した後に、港のぼろホテルの女将の愛人となって生涯をとじる。

長年にわたり解釈不能とみなされたこの小説は、コーヒー栽培を中心にしたグアテマラ近代史の歴史的現実に焦点をあてつつも、先コロンブス時代の神話伝承や征服・植民地期の歴史を重ねあわせて提示する。インディオ農民にとっての〈尊崇の中心であるトウモロコシ〉とこれをめぐる奔放で情感豊かなイメージを、〈愛〉に代表される〈ヒューマニズム〉の問題に絡ませて〈自然との共生〉を謳いあげることで、小説は伝統的なリアリズムの手法では果たしえない新たな次元の現実を描きだすことに成功した。

キューバ革命がきっかけとなって世界の関心を呼んで高い評価を得るようになった中南米現代文学は一般に「ヌエバ・ノベラ（新しい小説）」と呼ばれ、フォークロアや神話の取り入れ・回想や夢想をもちいた入りくんだ時間・多元的な語りなどの手法で作品世界が大きく広がる点に特徴がある。そうした現代文学を先導したものが、〈魔術的リアリズム〉と呼ばれる文学表現でもあった。滞仏時代にすでに草稿の核心部分が執筆されていたことからすれば、50年代に〈魔術的リアリズム〉なる新奇な批評用語が話題となり、60・70年代にいたってにわかに世界の耳目を集めるそうした文学表現が、アストゥリアスの場合、早くも1920年代半ばにまでさかのぼることはきわめて重要な事実であろう。だが他方で政治的に揺れ動いた中南米の特殊な時代状況の故か、この作家ほど激しい毀誉褒貶に晒された例も少ない。芸術家はときどきの気分や感情に左右されやすいとも言われる。1971年6月、マドリードでインタヴューに応じたアストゥリアスが『百年の孤独』はバルザック作品の剽窃だと言ったとのニュースが瞬く間に世界を駆けめぐった。電話で意見を求められたガルシア＝マルケスは一笑に付して何も語らなかったそうだが、スペイン語圏、とりわけ中南米の若手作家を中心に、人格を否定するほどの激しい非難や中傷・悪罵が沸きおこった。マルケス作品へのアストゥリアスの評言はむろん的外れだとはいえ、メンデス＝モンテネグロ大統領時に駐仏大使（1966〜70年）を受諾・就任したことや、かつてホルヘ・ウビコ政権の下で〈制憲議会〉議員に任命（1941年）されたことまでも格好の攻撃材料とされた。

こうした極端な誹謗や非難をふりかえると、ペルーのホセ＝マリア・アルゲダス（1911〜69年）が自殺に追い込まれる遠因になった1965年の公開討論会に相似して、中南米における政治と文学をめぐる当時の先鋭で緊迫した状況とともに、多くの人が未だ作者と作品を同一視するきわめて旧弊な文学観に縛られていたことを証明するものでもあった。瞬時にして国際的な評価を貶める四面楚歌の痛手を受けたアストゥリアスが、手稿や文書記録など一切の資料を国立パリ図書館に寄贈して研究者に広く公開するべく遺言したのはそうした悪意に満ちた中傷や論難に答えるためでもあった。ユネスコ後援の下、批評版アストゥリアス作品が数多く国際共同出版されているのはこうした事情によるものだ。

（高林則明）

62

モデルニスモにはじまる現代文学

★トラウマとしての反革命クーデター★

1880年代にはじまるスペイン語詩の一大刷新運動（モデルニスモ）はエンリケ・ゴメス＝カリーリョ（1873〜1927年）やマクシモ・ソトホール（1871〜1944年）など国外で活躍する作家たちを生み出した。終生のボヘミアンであったゴメス＝カリーリョは広く世界を旅し多くの浮名を流したが、なかでもドイツを利するスパイ行為で1917年に銃殺されたオランダ人舞踏家マタ・ハリとの恋愛は有名だ。『誇り高く優雅な国、日本』（1912年）『スフィンクスの微笑み』（1913年）などの紀行作品で知られる。研ぎ澄まされた感覚を重んじコスモポリタンを理想にしたモデルニスモの担い手たちも、米西戦争（1898年）を機に次第に中南米の現実と向かいあう。詩人として出発し、アルゼンチンで没したソトホールも、『問題』（1899年）や『ホワイトハウスの影』（1927年）のような中期以降の小説のなかでは、ロマン主義的な恋愛に政治的な要素を絡ませることで、中米地域に大きな影を落としはじめた北米への不安をつのらせた。カルロス・ワイルド＝オスピナ（1891〜1956年）は自国のかかえる社会問題をさらに踏みこんでとりあげた。植民地期以来の旧家が没落して新興のブルジョワ層に取りこまれる様をえがいた『ゴンサガス家の屋敷』（1924年）や、熱帯の農園を舞台に人妻と若者の再会と別離、放恣な交情をあつかった『ラ・グリンガ』（1935年）の小説が有名だ。ジャーナリストでもあったラファエル・アレバロ＝マルティネス（1884〜1975年）は小説『オロランディアの保安事務所』（1925年）で、カブレラ独裁政の下で蔓延する腐敗や汚職への揶揄とあわせて、北米の帝国主義的な野心をユーモアにくるんで辛辣に風刺した。広く知られた短編「馬に似た男」（1914年）はコロンビアのモデルニスモ詩人バルバ＝ハコボを描いたものだ。俳諧の熱心な研究で知られるフラビオ・エレラ（1895〜1968年）は、熱帯の自然と住人の奔放で荒々しい気質が照応することを小説『ジャガー』（1932年）で示そうとした。さまざまな人物の目をとおした情景スケッチを矢継ぎ早に重ねて熱帯の自然や生物をめぐる惑乱の世界をえがいたが、後期の小説『混沌』（1949年）では、人物の心理を内面からとりあげる作風へと変わる。

1944年10月のグアテマラ革命で、19世紀以来の強権政治、なかでもカブレラからウビコへと続いた独裁政治にかわる民族的・民主的な政権が成立した。封建的な制度の撤廃と新たな法令の整備、労働組合の結成や土地改革などが知識人・文化人も加わって次々と実施されたが、土地接収をめぐる北米系企業との軋轢から1954年に反革命クーデターが引き起こされる。政府の転覆と亡命者の大量発生、後の60〜80年代に国軍とゲリラ組織との度重なる衝突や多くの殺戮事件などの遠因ともなるこの政変は、歴史の癒しがたい傷痕となって長く大きな影を落としつづけた。

キューバに亡命し〈カサ・デ・ラス・アメリカス〉の副所長としても活躍した劇作家マヌエル・ガリッチ（1913〜84年）は、ウビコへの辛辣な風刺をきかせた『カデホ長官』（1940年）や『胃もたれする魚』(1961年)が知られている。カルロス・ソロルサノ(1919~2011年)はメキシコやフランスで演劇芸術を修め、その後一貫してメキシコ演劇の発展にかかわった第一人者だ。迫り来る土石流の轟音と雷鳴のなか、祭壇のキリスト像にすがって祈りをささげる女性をとりあげた『薄幸の女ドニャ・ベアトリス』(1952年)や『神の手』(1956年)は不条理劇の好例として知られるが、『まやかしの悪魔たち』(1966年)はウビコ政権下の戦慄状況をえがいた小説だ。

アストゥリアスに次ぐ重要な作家として、小説や演劇、さらには社会学や政治の分野でも活躍したのはマリオ・モンテフォルテ＝トレド(1911~2003年)だ。革命政権下で政治家として各種の要職をつとめたが、カスティーリョ・アルマス軍政下で国外に逃れ、セレソ文民大統領の誕生で86年に再帰国するまで長くメキシコで生活した。ペテン地方を舞台にした密林賛歌の『アナイテ』(1948年)、貧困や格差のはびこる社会を背景に先住民の若者がラディーノ社会への〈意識的同化〉を選択する『石と十字架の間』(1948年)、根深い支配社会の偏見に屈して先住民女性をすて、資産家の年かさの娘を選ぶ青年医師の心理を追うことで、インディオとラディーノという引き裂かれた社会集団の和解の難しさをとりあげる『道の尽きるところ』(1953年)、征服前夜のインディオたちの宿命に憑かれたような心理をあつかう『彼らは海からやって来た』(1966年)などの小説がある。

詩人ルイス・カルドサ＝イ＝アラゴン(1901~92年)は、フランスに滞在した青年時代から詩人・エッセイスト・文芸批評家として幅広く活動をし、アギラ・アステカ勲章(メキシコ)など多くの賞を受けた。作品には『ルナ・パーク』(1923年)や『バベルの塔』(1930年)、『未来への帰還』(1948年)などの詩集の他、歴史や自然を通じて祖国の現実や本質を解釈するエッセイ集『グアテマラ、その手の線』（1955年）が有名だが、亡命先のメキシコ市で没した。

革命的ロマンチシズムの旗手として期待されたオットー＝レネ・カスティーリョ（1936～67年）は、ゲリラ組織の一員としてサカパで国軍の拷問にあい殺害された。「祖国よ、我とともに歩め」（1965年）や「ある不正義の報告書」（1975年）の詩で知られる。国軍主導による先住民にたいする迫害や残虐行為を告発しようとしてスペイン大使館を占拠した仲間や親兄弟を1980年に焼き殺されたリゴベルタ・メンチュウ（1959年～）は、1992年にノーベル平和賞を受賞した。キチェ・インディオ出身の彼女は、自身の生い立ちをふくむ先住民の酷薄な状況を広く世界に訴える〈証言文学〉の旗手として有名だ。

ホンジュラスに生まれメキシコで亡命生活を送ったアウグスト・モンテロソ（1921～2003年）は短編作家として広く知られ、ルルフォ賞（メキシコ、1996年）やアストゥリアス文学賞（スペイン、2000年）を受賞した。洗練されたユーモアにアイロニーをきかせた簡潔な文体を特徴とし、『黒い羊とその他の寓話』（1969年）や『永遠の運動』（1972年）などの短編集で好評を博した。若くしてニューヨークやモロッコに滞在して見聞を広め、アストゥリアス国民文学賞（グアテマラ、2004年）を受けたロドリゴ・レイロサ（1958年～）は、活発な創作で今や注目を集める存在へと変わった。小説に『そのときは殺され…』（1996年）、『アフリカの海岸』（1999年）、『セベリナ』（2011年）などがある。

（高林則明）

63

屋須弘平

――★100年前のアンティグアに暮らした日本人写真家★――

今から100年ほど前の1917年2月28日に、グアテマラで最も美しいといわれるコロニアルスタイルの街アンティグアにて、一人の日本人が息を引き取った。この街で22年暮らした写真家・屋須弘平だった。

それから60年後、1976年にアンティグアで大地震が起こった。だが、彼の撮影した写真のガラス製のネガは、屋須本人によってがっしりとした箱に入れられ保管されていたため、ほとんど割れることがなかった。そしてこの地震をきっかけとして、屋須のガラス・ネガはアンティグアのCIRMA（メソアメリカ地域調査研究所）へ移され、現在も管理されている。

屋須は弘化3年12月27日（1847年2月12日）に、岩手県東磐井郡藤澤町に生まれた。父親は長崎で蘭学も修めた腕のいい医者だった。屋須もまた医者となるべく教育を受け、17歳で勉強のために江戸へ出る。しかし2年後に父親が病死したことから、屋須は自らの思う通りに生きることとなる。横浜で開設されたばかりのエリート校、横浜仏語伝習所に入学したのだ。ここではフランス人によるフランス語での授業が行われていた。

だが江戸幕府が倒れ、伝習所は2、3年で廃校となった。1

屋須弘平ポートレート［提供：岩手県藤沢町］

868年には戊辰戦争が始まる。屋須は帰郷を決意し軍医として従軍したあと、故郷の藤澤町で診療所を開業した。西洋医学を採用し、断髪して洋服を着た屋須が診察したという。

1869年に横浜仏語伝習所が再開される。屋須は弟を連れて上京し、伝習所での勉強を続けることに決めた。ところが2年後、弟が病死する。早すぎる弟の死を目の当たりにした屋須は、海外へ出る夢を一刻でも早く実現しようと決意を新たにした。

1874年11月、「金星の太陽面通過」という天文学上の重要な現象を観測するため、メキシコの天文学者フランシスコ・ディアス・コバルビアスが横浜に上陸した。屋須はディアス・コバルビアスのためのフランス語通訳として雇われる。3カ月の日本滞在が終わり、出発が近づいたとき、屋須はメキシコで天文学の勉強をしたいとディアス・コバルビアスに懇願し、受け入れられた。

横浜を出港し西廻りの航路で、中国、インド、スエズ運河、イタリア、フランスを経て、10カ月の長旅のすえ、屋須はメキシコに到着した。メキシコ市で勉強を開始したのも束の間、1年後にはポルフィリオ・ディアスのクーデターが起きた。ディアス・コバルビアスが建設省での職を解かれグアテマラ駐在公使に任命されたため、屋須もグアテマラへ移らざるを得なくなった。31歳のときのことである。

当時のグアテマラ市は、人口約5万人。天文学の勉強は叶わなくなったが、屋須には日本へ帰る旅費もなかった。そこで当時、グアテマラで唯一だった写真館で見習いとして働き、帰国費用を捻出しようと考えた。2年かかって独立し、フォトグラフィア・ハポネサ（日本人の写真館）を開設する。ここでバリオス大統領の肖像写真をカードにして販売するなど商才を発揮し、一財産を築き上げた。

36歳で、屋須はカトリックの洗礼を受けることになる。バリオス大統領が自由主義の改革を推し進め、多くの神父は追放され教会の資産も取り上げられ、カトリックに逆風の吹く時代だったが、この洗礼により屋須はグアテマラの名士としての地位を固めた。受洗後は、フアン・ホセ・デ・ヘスス・ヤスと名乗った。

改宗から3年後、屋須は初めて日本から手紙を受け取る。母親がまだ存命とわかり、帰国して、母親をカトリックに改宗させたいと願うようになった。日本の土を踏んだとき、42歳になっていた。故郷に戻り、母を連れてカトリック教会に近い築地に居を構えた。しかしすぐに高橋是清の訪問を受け、ペルーでの銀山経営事業に、不本意ながらも参加することとなった。わずか4カ月の滞在後、再び日本を出てペルーへと向かう。

ペルーでの事業は、半年ほどで失敗に終わる。帰国途上で屋須はグアテマラに立ち寄り、そのあと日本へ戻ることはなかった。母親のカトリック受洗の知らせを受け、日本に思い残すことはなかったのだろう。再び写真館を開業しグアテマラ人女性マリア・ノリエガと結婚した。

ある日、屋須はアンティグアの街に立ち寄る。アンティグアには古い教会が60以上あり、街のすぐ南には富士山に似たアグア火山がある。絵のような美しいこの街並みに魅了され、まもなく夫妻はアンティグアに移り、そこが屋須の終の棲家となった。

屋須とマリアの間に子どもはなく、甥のドミンゴ・ノリエガが養子となりフォトグラフィア・ハポネサを継いだ。ノリエガの死後、写真館に残されたガラス・ネガのうち、約７００枚が屋須の作品とみなされている。フォトグラフィア・ハポネサの写真を展示するイベントは、グアテマラ国内で繰り返し開催され、２０１７年11月から２０１８年１月にかけては、没後１００年を記念して、グアテマラ市の国立近代美術館カルロス・メリダで、屋須の人生を辿る写真展が開かれた。また屋須とノリエガの写真集は、１９９０年にフランスで写真国際会議写真賞を受賞している。これに合わせて、パリでは写真の展示も行われた。

民族衣装の女性たちが教会の前でポーズを取っている（撮影者：屋須弘平）［出所：J.J.Yas - J.D.Noriega, 1990, *La Antigua Guatemala*, La Azotea, p.20.］

　写真館の道具類や屋須の遺品および手記は、２００４年５月より生まれ故郷の藤澤町で保管され、２０１２年には一関市にて有形文化財の指定を受けている。日本国内では１９８５年の写真家・羽幹昌弘による写真展を皮切りに、遺品も含めて７回のイベントがあり、最近では２０１６年に神奈川県立地球市民かながわプラザで開催された。会期中には、一関藤沢市民劇場による演劇『屋須弘平物語さくら』も上演されている。

屋須の写真にはグアテマラの人たちが頻繁に登場している。スタジオで盛装をしていることもあれば、民族衣装のこともある。撮影のために、屋須がポーズを取ることを頼んだのだ。おそらく親しみやすく人懐こい人柄だったのではないだろうか。天文学者ディアス・コバルビアスに気に入られたのも、そうした性格の故だろう。ディアス・コバルビアスは帰国後『日本旅行記』を執筆し、日本人の勤勉さやゆきわたった教育、秩序を重んじ礼節を守る社会について繰り返し語った。こうした記述が日本人に対する印象を決定づけ、メキシコとの不平等条約改正へとつながっていくのだが、最も身近にいた屋須が大きな影響を及ぼしたであろうことは想像に難くない。屋須の果たした日本史における重要な役割も見逃せないのである。

現在、ドイツのハイデルベルク大学に所属する台湾人の研究者・陳品姮《チェン・ピンヘン》が、屋須に関する調査を続け、博士論文を準備中である。屋須の写真とともに、その生涯がどのように受け止められ、広まっていくのか今後も見守っていきたい。

（小坂亜矢子）

コラム6

グアテマラ切手に見るマヤ文明・先住民

辻 豊治

【グアテマラ切手の特徴】

グアテマラの一番切手①は、日本の一番切手と同じ1871年に発行された。他のラテンアメリカ諸国の一番切手と比べ遅い方である。また現在までの発行数は2015年度版スコット・カタログの掲載頁数では25・5頁、切手多産国として有名なニカラグアの53・5頁には比ぶべくもないが、エルサルバドル44頁、コスタリカ33頁と比べてもその発行数の僅少さがわかる。発行数の少なさを補うために、発行済の切手に額面金額と発行年を新たに重ねて印刷した加刷切手が数多く見られる。一般的に切手発行政策は、郵政省が主導する審議会や委員会で諮られるため、時の政府の意向が強く反映されるが、グアテマラも例外ではない。グアテマラの切手の主なモチーフはマヤ文明・先住民とケツァルであり、一方ではカトリック的親米的心情が基底に流れている。この二つの軸は切手のなかで意図的に結びついていく。

【グアテマラ切手におけるマヤ・先住民】

マヤ・先住民関連の最初の切手は早くも1878年に発行されている。フランスの版画作家の手になる先住民女性②切手である。その後、マヤ切手は1921年にキリグア遺跡の石標がデザインされた切手③が発行された。さらに1939年（マヤ暦）、45年（サクレウ遺跡）、49年（ラス・カサス神父と先住民）、1970年代以降はクリスマスや国際女性年④などの国際行事あるいは風俗として先住民女性や子供が、またCARE（貧困撲滅を目的とする1945年発足の国際慈善団体）の支援物資を手渡し（71年）、担ぐマヤ暦の神（73年）⑤やユニセフ25周年記念のマヤ人などが切手に採用されている。2012年にはマヤ長期暦の終わりを記念する切手⑥が発行されている。

　1821年の独立以来、グアテマラでは独裁政権が続いてきたが、1944年の青年将校のクーデターを契機に民主化の流れができた。1945年の切手は革命兵士を導く自由の使者⑦が描かれている。さらに1951年に始まる社会改革（グアテマラ革命）を表象する切手では、国旗の下で憲法がアレバロ政権からアルベンス政権に「民主（主義）」的に手渡されたことが表現されている⑧。そして1954年の切手では、独立革命の兵士をマヤ兵士になぞらえて称揚している⑨。この切手の発行直後、CIAの支援を受けたアルマス大佐がアルベンス政権をクーデターで倒して軍政が開始されるが、1956年の切手ではアルベンス政権の社会改革は国際共産主義の陰謀だとして、ニカラグア国旗を背景に「マヤの兵士が振るうマヤの短剣⑩」が鎌とハンマー（共産主義）を粉砕すると

②先住民女性（1878）

③キリグア遺跡石標（1921）

⑤支援物資を担ぐマヤ暦の神（1973）

⑥マヤ暦の終わり（13バクトゥーン、2012）

⑧グアテマラ革命（1953）

⑨マヤの兵士（1954）

⑪ケツァル（1879）

⑫アティトランの町を飛翔するケツァル（1935-37）

いうストーリーが描かれた。このように先住民を国際共産主義に対する民族主義のシンボルとして描く発想は、チリのピノチェト政権によって受け継がれている。

【ケツァル・親米・カトリック切手】

ケツァルはグアテマラの国鳥であり、マヤやアステカの王族のみがその羽毛を身に着けることができた。現在の通貨名称であり、国旗にも描かれ、グアテマラ郵趣協会誌のタイトルにもなっている。ケツァルの切手は１８７９年に二色刷りで発行された⑪のを皮切りに１９６０年代までのグアテマラ切手の定番となる。グアテマラ切手の特徴の一つに航空切手の多さが挙げられる。これは19世紀末以降、ヨーロッパからの移民流入による航空便の増大に基づく。とくに初期の航空切手は、グアテマラのさまざまな光景の中をケツァルが飛翔する構図⑫となっている。

親米切手としては、ワシントン、リンカーン、フランクリン・ローズベルトおよびその妻エレノア（単独）、ケネディなどの米大統領がたびたび発行されている。カトリック関係では、司教、枢機卿、ローマ法王などの宗教人の他、他のラテンアメリカ諸国ではあまり見受けないが、キリスト像がたびたび切手となっている。

①グアテマラ一番切手（国章、1871）

④国際女性年（マヤ・キチェの女性とケツァル、1975）

⑦革命兵士を率いる自由の使者（1945）

⑩マヤの短剣を振るう兵士（1956）

64

グアテマラ映画

★映像文化の創成をめざして★

グアテマラ映画が本格的に制作されるようになってからの歴史は浅い。その最大の要因は1960年から1990年代半ばまで続いた内乱にある。1996年に和平協定が締結され、民主主義の回復とともにようやくグアテマラ映画は胎動を始めた。近年は国際映画祭で受賞する作品も散見されるようになった。2016年に日本で公開されたグアテマラ・フランス合作映画『火の山のマリア』（2015、ハイロ・ブスタマンテ監督）はベルリン国際映画祭で銀熊賞を受賞している。「映画のない国は顔のない国」「映画のない国は鏡のない国」などと言われるが、グアテマラ映画は何を〈国の顔〉として描き出してきたのだろうか。

グアテマラで初めて映画（無声）が上映されたのは1896年である。ルミエール兄弟が映画を発明してわずか1年後のことだった。動く写真はすぐさま人々の心を魅了し、次々に映画館が作られていった。芝居の5分の1の入場料で観られるとあって庶民の娯楽として定着し、田舎街をめぐる移動映画師も人気を博していたと映画史は伝える。1912年にはグアテマラで初めての無声映画『エージェント13』（アルベルト・デ・ラ・

リバ監督）が、１９１５年には『ご主人様の息子』（パラレア／エルブルゲル監督）が制作されたが、その後１９１７年と１９１８年にグアテマラを襲った地震により、この時期のほとんどのフィルムが大きな損傷を被った。いったん、映画制作は危機に陥るが、映画の喧伝力を政治利用にと考える政府により、国家行事や大統領の公務を伝えるドキュメンタリー映画が作られた。この傾向は１９４０年代の終わりまで続くが、この間に映画は無声からトーキーに変わっていった。

　１９５０年にグアテマラ映画の新時代を画する作品として登場したのが『大きなソンブレロ』（ギジェルモ・アンドレウ／エドワルド・フレイシュマン監督）だった。このグアテマラ初の商業映画は観客の絶大な支持を得た。大きなソンブレロをかぶった小人が夜な夜な美女にセレナードを捧げるというグアテマラの民話がモチーフだった。劇映画として作られてはいるが、踊りや音楽など１９５０年当時のグアテマラの民衆文化が取り入れられていることから民俗学的な価値も高い。その後の20年ほどの間に10本ほどの商業映画が作られたが、メキシコとの合作も多く、新しいグアテマラ映画創成の動きにはならなかった。

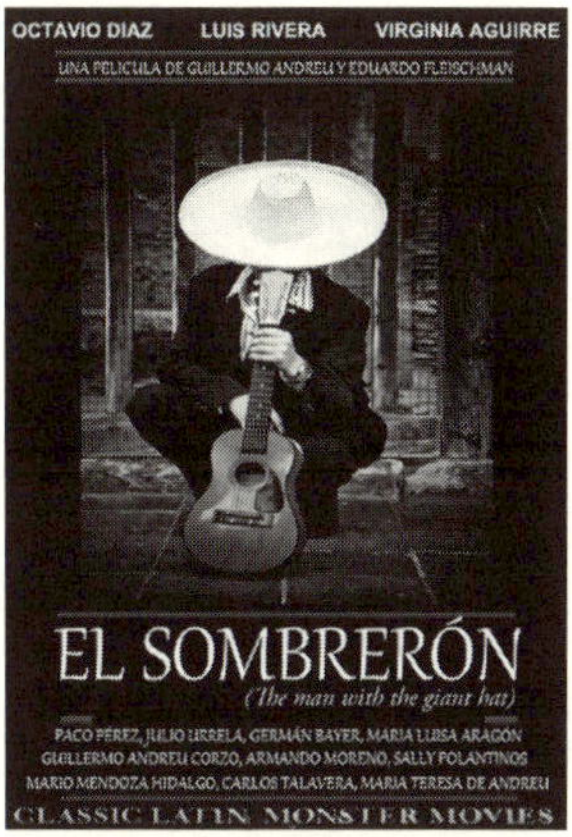

『大きなソンブレロ』（1950年）

　ドキュメンタリー映画は前述のとおり無声映画時代に始まるが、トーキー時代になると単なるニュース映画の域を超えた作品が制作されるようになった。スイス系グアテマラ人数学者として知られるマルセル・ライヒェンバッハは、医療や教育の実情を伝えるドキュメンタリー映画を制作した。『子供の栄養失調シンドローム』（１９５７）、『空腹の天使たち』（1959）などで子供をめぐる貧困、健康、教育の問題が報告され、海外でも高い評価を受けた。

1980年代になるとドキュメンタリー映画の系譜に、内戦の記録を残そうとする一連の作品が登場してくる。制作者は主に海外の映画人であったが、20万人を超える死者・行方不明者を出したとされる軍事独裁政権による弾圧と殺戮の実態が多くの作品に描き出された。イタリアのパオロ・メルカディニは『グアテマラ、ある独裁制の様相』（1980）、『グアテマラ、戦争のもうひとつの顔』（1984）を撮り、メキシコのサロモン・セトゥネは『グアテマラのジェノサイド』（1983）で大量虐殺を逃れた先住民の証言を残している。なかでも有名なのは1983年の『山が震えるとき』（アメリカ、ニュートン・トーマス・サイジェル／パメラ・イェイツ共同監督）である。後にノーベル平和賞を受賞するリゴベルタ・メンチュウが証言者として登場し、軍事政権下でおこなわれた先住民に対する激しい人権蹂躙の実態を淡々と述べている。このフィルムはサンダンス・フィルム・フェスティバル、ハバナ・フィルム・フェスティバルをはじめとする数々の国際映画賞を受賞した。1996年に内戦は終結するが、グアテマラの歴史に暗い影を落とした内戦の意味を問い続けることは今もなお映画作家たちの使命である。2011年制作のグアテマラ・スペイン・アメリカ合作映画『グラニート、独裁者を追いつめろ！』（パメラ・イェイツ監督）は、人権蹂躙の首謀者であったにも関わらず戦後も政権の中枢部で権力を持ち続けたエフライン・リオス・モントの罪を立証していくドキュメンタリー映画である。2013年にリオス・モントは有罪と認められ禁錮80年の刑が確定した。

内戦前には目立った作品のなかった劇映画の分野は、1996年の和平協定締結に前後して新時代を迎えた。１９９４年の『ネトの沈黙』（ルイス・アルゲタ監督）が時代を画する作品であると言われる。民主政治を謳歌する人々の生活に軍政の影が忍び寄る１９５０年代半ばを主人公の少年ネトの目を通して描いている。高度なカメラワークがつくり出す美しい映像が印象的な映画だ。火山を背景にネトが熱紙風船を上げるシーンは、長い内戦時代を抜け出した新しい時代へのオマージュにも見える。同映画は海外でも高く評価され、多くの映画賞を受賞した。

１９９８年にグアテマラの若い映画人のイニシアティブでイカロ映画祭が生まれ、今日では中央アメリカ随一の映画祭に発展を遂げた。また映画祭の運営母体として２０００年にはカサ・コマルがノルウェー開発協力局の支援を受けて創設された。カサ・コマルはやがて映画制作や映画人育成にも乗り出し、21世紀のグアテマラ映画作りの基盤を整えた。カサ・コマルが２００３年に制作した『向かいの家』（エリアス・ヒメネス監督）は、内戦後の政治に巣くう汚職と、中流階級層を巻き込む麻薬の問題を描いて観客の大きな支持を得た。続いて２００５年に制作した『次なる標的はラス・クルセス』（ラファエル・ロサル監督）では内戦で平和な生活を破壊される先住民の村の悲劇を描いた。カサ・コマルは現在までに長編８本の映画を世に送り出している。

『ネトの沈黙』（1994年）

近年、高い評価を得た劇映画をいくつか挙げる。『ガソリン』（２００８、フリオ・エルナンデス監督）は、盗んだガソリンを親の車に入れて夜な夜な街をめぐる若者３人の行動を通して暴力に苛まれる夜の風景を描いた。この作品はスペインのサン・セバスティアン映画祭などで受賞した。『カプセル』（2011、ベロニカ・リエデル監督）も社会派の映画である。主人公の少年は母親と、その愛人である麻薬中毒の男と暮らしている。少年の視点を通して社会を見つめる作品であるが、完成度の高さが評価されて、オーストリア、アメリカ、チリで受賞した。コメディータッチの作品『雌牛』（2011、メンデル・サマヨア監督）は、家族みんなで安心して鑑賞できる作品として歓迎され、大ヒットを記録した。死んだ男の遺産として妻と愛人が雌牛を受け取るが、故人の遺言で雌牛の妊娠作戦に取り組む物語である。グアテマラ大司教区人権事務所が制作した劇映画『ヘラルディ』（2010）は人権をめぐる闘いに挑むカトリック司教フアン・J・ヘラルディの姿を描く。監督を務めたジミー・モラレスは2017年現在のグアテマラ大統領である（第27章参照）。

ここではグアテマラ国内で制作された映画を紹介してきたが、国外で作られたグアテマラをテーマとする映画にも秀作がある。日本でも公開されたアメリカ・イギリス合作映画『エル・ノルテ　約束の地』（1983、グレゴリー・ナヴァ監督）は、アメリカ合衆国での自由な生活を夢みて米墨国境を不法に越える先住民兄妹の悲劇を描く。南の国々を拒否する国境の「壁」の歴史的・現代的な意味が鋭く問われる。

（吉川恵美子）

65

グアテマラ現代演劇小史

★「グアテマラの春」に双葉が芽吹いた★

ラテンアメリカでは地域の国々が参加する国際演劇祭が頻繁に開催される。筆者は「メキシコ演劇の父」としてラテンアメリカを越境する演劇人である佐野碩《せき》についての研究をしてきたことから、時々、演劇祭を覗いてきたが、残念なことに、グアテマラからやってくる劇団を見かけた記憶がない。内乱によって演劇発展の流れを遮られた傷は深いのかもしれない。しかし、民主主義の芽生えた束の間の10年間には、演劇の可能性を追求する様々な試みがあった。

グアテマラが近代的な演劇に目覚めるのは1940年代半ばのことである。それ以前は、他のラテンアメリカの多くの地域同様、植民地時代から続くスペイン伝統演劇の影響下に長く置かれていた。だが、1944年の10月革命の結果、独立以来100年以上も続いた独裁政権が崩壊し、「グアテマラの春」といわれる民主化時代が到来すると演劇界にも大きな変革の波が押し寄せ、新しい演劇への期待が大きく膨らんだ。この幸せな時代は1954年までのわずか10年しか続かなかったが、現在につながるグアテマラ演劇の基礎はこの時代に築かれた。

最初のささやかな、しかし大きな成果につながる試みに着手したのはスペイン・カタルーニャからの亡命者で教育学の大家として知られたマリア・ソラー・セジャレスだった。彼女は1945年にグアテマラ・シティのベレン女子師範学校で演劇グループを結成したが、やがてここには10月革命を機に、自治権を得て再出発を遂げたばかりのサンカルロス大学の人文科学部の学生や、画家、詩人、音楽家、ベテランの演劇人たちが集まってきたという。セジャレスは彼らとともにモリエール、ラシーヌ、ガルシア・ロルカなど、ヨーロッパの古典や現代劇の作品上演に取り組んだだけでなく、グアテマラの先コロンブス期の作品『ラビナル・アチー』やインカ文化の『オジャンタイ』の舞台化も実現させた。多様な演劇文化に若者を誘ったソラー・セジャレスの功績は計り知れない。一方、この時期、文部省内には芸術総局が設置され、国立交響楽団、グアテマラ舞踊団、美術学校、舞踊学校が組織されるなど、国を挙げての芸術振興機運がみなぎっていた。1948年、サンカルロス大学に「大学芸術シアター」（Teatro de Arte Universitario、通称TAU）が創設され、次いで、1950年には「グアテマラ芸術シアター」（Teatro de Arte de Guatemala、通称TAG）が誕生した。両組織に参加したのは、セジャレスが育てた若者たちだった。後に地方演劇フェスティバルを組織するノルマ・パディーリャ、児童演劇の分野で活躍するレネ・モリーナ、劇作家となるカルロス・メンコスやウゴ・カリージョがいた。

セジャレスとともにこの時代のキーパーソンとなった知識人にマヌエル・ガリッチがいる。ガリッチは、10月革命を成功に導いた人物のひとりで、民主化時代の精神的支柱を成した政治家・歴史家・作家であった。すでに1930年代には、寡頭政治に陥った社会構造を鋭く批判する戯曲を発表し、作家としての地位を確立していたが、新たな民主政権のもとでは文部大臣や外務大臣などの要職を担い、政権側から演劇をバックアップした。ガリッチは「演劇は秘密の武器である」とし、演劇が社会変革に有効であることを信じて疑わなかった。その在職期間にも、ユナイテッド・フルーツ社による米国侵略を糾弾した『黄色の列車』(1950年)や、企業によって操作される組合組織を描いた『垢』(1953年)などの作品が上演された。1954年、アルゼンチン大使の職にあるときに、グアテマラの民主政権が崩壊したため、亡命を余儀なくされ、1963年にはキューバに渡った。革命成立後間もないキューバでガリッチは政府直属の文化推進機関カサ・デ・ラス・アメリカスに参加した。ここに演劇部門を創設し、ラテンアメリカおよびカリブ海地域の演劇情報、論文、戯曲を網羅的に発表する雑誌『コンフント(*Conjunto*)』を立ち上げた。同誌は20世紀後半の先進的なラテンアメリカ演劇人の発言・発信の場として非常に重要な役割を果たしてきた。亡命によりガリッチは祖国グアテマラを離れざるを得なかったが、キューバを拠点とするこの活動により、グアテマラのみならずラテンアメリカ現代演劇の庇護者としての偉業を成し遂げた。

この時期、キューバとグアテマラは積極的な演劇交流をおこなっていた。1949年にキューバ大学シアターがカミュの『誤解』を携えてグアテマラを訪れている。1940年代のラテンアメリカ各地では大学を拠点とする演劇集団が誕生し、大学の公的文化活動として各国の演劇シーンを牽引する役割を果たしたが、1941年に創設され、着実な成果を上げてきたキューバ大学シアターの舞台はグアテマラの演劇人に大きな影響を与えた。1950年に中央アメリカ・カリブ海地域競技大会が開催されたおりにもキューバ大学シアターは再びグアテマラ・シティを訪れ、エウリピデスの『メデア』やスペインの作家バリェ＝インクランやカソーナの作品を上演した。このキューバ大学シアターをモデルにTAUが再組織され、劇団であると同時に演劇学校の機能も兼ね備えることとなった。TAUは1953年に、フランスで大学演劇の運営方法について学んできた新進気鋭の演出家カルロス・メンコス・マルティネス演出で、カルロス・ソロルサノ作『不幸なドニャ・ベアトリス』を上演し、大成功を収めた。優秀な若い作家と演出家の登場にグアテマラ演劇界は沸き立った。

一方、国の文化推進組織の整備も進んでいった。1952年には芸術事業を統括する芸術総局が始動し、ロルカの移動劇団「ラ・バラッカ」に範を得た移動劇団が組織された。若い劇作家リヒア・ベルナルとウゴ・カリージョにそのミッションが託され、彼らはセルバンテスやロペ・デ・ベガの筆になるスペイン黄金世紀の小品を地方都市に紹介していった。演劇の未来が拓けたかに見えた。しかし、1954年に「グアテマラの春」は終焉を迎える。親米独裁政権が樹立し、右派勢力が返り咲くと、多くの優秀な演劇人が国を去っていった。これ以降、長い内乱の時代に突入するが、自国に留まった演劇人たちは新政権との折り合いを付けながら、春の時代に芽吹いた演劇のかたちを継承していこうと奮闘していった。

1954年の政権交代に伴い、芸術総局は文部省管轄から普及観光省管轄に移行した。この結果、演劇は大きなイベントを組織して演劇「普及」と観光開発を志向する方向に転換していったという。1956年からはアンティグア・グアテマラ・フェスティバルが組織され、フランスの作家ポール・クローデルの詩による音楽劇『火刑台上のジャンヌ・ダルク』などが上演され観客の支持を得た。TAUもこの方針に則り、グアテマラ発のギリシャ劇『ペルシア人』(アイスキュロス作)を手がける他、『ポポル・ヴフ』の海外公演などを実現させた。また、チリからドミンゴ・テシエルを招き、195

ミゲル・アンヘル・アストゥリアス・文化センター

7年からは本格的な演劇学校が始動した。1959年にはグアテマラ演劇フェスティバルが誕生し、若い劇作家たちの登竜門となった。1974年の同フェスティバルでは、ミゲル・アンヘル・アストゥリアスへのオマージュとしてウゴ・カリージョ翻案の『大統領閣下』が上演され、観客の支持を集めたが、カリージョによれば、この作品の持つ政治告発のメッセージが同時代の演劇人を揺り動かす一方で、演劇が〝危険〟なものであるとの意識を政権政府に芽生えさせたという。このため、1975年に始まった地方演劇見本市には監視の目が注がれ、実際に社会派の演劇人や劇場が襲われる事件が起こり、演劇界はパニックに陥ったという。以後、政府との妥協点を見いだしながら演劇普及事業は成果をあげていったが、劇作家たちは自己検閲を余儀なくされた。

1965年にカリージョを中心にナショナル・シアター・カンパニー結成の試みがあった。演劇史の記録には登場しないので、実現はしなかったものと思われるが、興味深いのは、当時メキシコ在住であった佐野碩がこの企画に参与予定であったことを示す資料が残されていることである。いくつかの作品の演出をオファーされていたとみられるが、その詳細は明らかでない。

（吉川恵美子）

66

豊潤なグアテマラ音楽

★祭礼音楽からロック・マヤまで★

グアテマラにおける音楽の魅力は、スペイン人征服者やインディヘナなどがもたらした音楽的要素が融合して複雑な響きの世界を形成している点にある。とくに最近注目されるものに、1996年の和平条約締結以降、インディヘナ（マヤ）の人びとが独自の音楽をロックのスタイルへ組み入れたロック・マヤという新しいジャンルの音楽があげられる。本章では、グアテマラ高地にて演奏される伝統的な祭礼音楽に始まり、ロック・マヤという新しい音楽文化について簡略に紹介したい。

グアテマラ高地はマヤの人びととラディーノが居住し、祭礼の種類も実に豊富であり、それに伴い、音楽文化も多様なものとなっている。マヤの人びとの生活は主食であるトウモロコシの収穫サイクルにより成り立っているため、コバン町周辺でもトウモロコシの神に捧げる祭礼が盛んに行われている。その他、マヤ司祭による託宣儀礼やキリスト教の祭礼などが数多く執り行われ、それらの祭礼において多彩な音楽が弾き鳴らされる。

コバン町や周辺村落における祭礼や儀礼の空間で欠くことのできない音楽がマリンバやアルパである。アルパは狭義では楽器のハープを意味するが、グアテマラではアルパを含むアンサンブル音楽も意味する。アンサンブル音楽は、ハープ、ヴァイオリン、ギター、そしてトゥムトゥムと呼ばれるアルパの共鳴箱を叩くバチの4種類の楽器で構成されている。このアンサンブルは、グアテマラのみならず、ベリーズやメキシコのチアパスといった地域でも演奏されている。

サン・フアン・チャメルコ町の守護聖人祭において演奏するハープアンサンブル（2013年8月、サン・フアン・チャメルコ町にて）

本章では、グアテマラ高地に居住するマヤ系民族であるケクチの人びとの音楽事象を紹介したい。トゥムトゥムは綿かナイロンの布を巻き付けた棒でできており、アンサンブル音楽の弱拍部分に重ね叩かれ、そのトントンという素朴な音色がこの音楽の特徴となっている。ハープは全音階で作られ、ペダルはなく、30本の弦を持ち、頭部にはその地域特有の動物の装飾がほどこされることもある。ヴァイオリンは通常のものと同様に4本の弦を持つが、G音にあたる第4弦は意図的に駒から外され、弾かれることはない。アンサンブル音楽は、トゥムトゥムとギターのリズムにのり奏でられ、三拍子（弱・強・強）か四拍子（弱・強・強・強）のリズムで演奏される。通常祝祭で演奏するハープ奏者は30曲ほどのレパートリーを持っており、それぞれ「老人の歌（ケクチ語では son mamá ut Tixil cuink)」、「コバン町女性の歌」など、生活に身近なタイトルがつけられている。

また、聖歌行列を伴うキリスト教の祝祭（復活祭、聖母被昇天祭など）では、音楽隊により演奏される響きに町中が包まれる。小さな裏通りでもいくつもの音楽隊と聖歌行列が同時に練り歩くことが多いため、町のなかのどこにいても聖歌隊の演奏が聴こえ、その音は爆竹音と重なり、町は音に彩られた祭りのモードに染まる。聖歌行列はタンボールと呼ばれる両面太鼓とオーボエ属のチリミア（場合によってはトランペットや竹笛のショル）の吹奏に続いて、洗濯板の両面にドアノッカーを付けたような形をしているマトラカ、ブラスバンド、聖歌隊などの演奏が同時に行われることが多い。このため、祭礼時のサウンドスケープはかなり混沌としたものとなる。このように、キリスト教の祝祭の特徴は、一見無秩序ともいえる音の構成にあるとも考えられる。古代マヤの頃から使われていたタンボールやショルとスペイン人侵略者によりもたらされたマトラカやブラスバンドなどの音が混在することで、シンクレティックな音空間が作り上げられ、彼らの音世界は膨らみのあるものとなる。

以上のような祭礼や儀礼音楽はマヤの人びとにとり、伝統音楽という位置づけができるだろう。その一方で、近年ではグアテマラ国内ではロック・マヤと呼ばれる新しい音楽ジャンルが生起している。2000年頃より、マヤ語で歌われるロック音楽が主にマヤ運動に参加するマヤの人びとや、先住民問題に強い意識をもつラディーノの若者層のあいだで一つの音楽的潮流として発展してきた。絵画、グラフィティ、詩、舞踊などのアートとともに、恣意的にマヤ運動に参加することこそが現在のグアテマラにとって必要である、という思いのもとにロック・マヤが確立した。つまり、この音楽は、マ

2015年第5回インディヘナの音楽祭におけるTujaal Rockの演奏（2015年、メキシコ・ゲレロ州において、Tujaal Rockのメンバーにより撮影）

ヤの人びとが彼ら自身の言語を用いた歌詞により、マヤとして生きることに始まり恋愛や日常生活、困窮した生活の現状、政治的声明などといった胸中を明かす手だてとして歌われるため、彼らの精神を支える重要な音楽となっている。

ロック・マヤはまず、1990年代に活動を始めたソロラ県出身のグループ、ソブレビベンシアが、2001年にサンタ・ルシア・ウタトゥランでコンサートを行い、大きな反響を呼んだ。このグループは、音楽的にはスペイン人侵略以前から存在する竹笛や、オカリナ、またスペイン人によりもたらされたマリンバを取り入れている。言語的にはマム語とスペイン語を中心としながらも、アチ語、カクチケル語を取り入れ、マヤの存在とこれまで受けた人権被害を公衆の場で歌うことで、聴衆を惹き付けた。ソブレビベンシアは画期的なグループとしてグアテマラのみならず、メキシコなど近隣諸国、また欧米でも話題を呼んだ。その後、Sotzil（カクチケル）、Aj Batz（キチェ）、Kab'awil（キチェ）、Tujaal Rock（キチェ）といったグループが出現した。これらのロック・マヤグループは、マヤ独自の言語の歌詞を用い、エレクトリック・ギター、キーボード、ベース、ドラムセットなどの西洋楽器とチリミア、ショル、ハープなど儀礼や祭礼において用いられる楽器を併用し、ロック独特のアフタービートに合わせアップテンポで歌われる。

特に農村部でこれまで祭礼音楽に慣れ親しんできたマヤの人びとにとって、ロック・マヤの音響は画期的であるものの、マヤ独自の楽器の音響を身体で感じるため、ノスタルジックで身体に深く染みわたるような経験となっている。何よりも、自らの言語で内戦体験や現在おかれた貧困や差別の有り様が歌われているロック・マヤを経験することは、かれらの歴史的な身体経験と精神世界が共振するような感覚を与える。このように、ロック・マヤはメッセージ性の強い音楽として、マヤとしての存在意味を問い、音楽家と聴衆はその響きに同調するのである。

以上のように、グアテマラ高地では、祭礼や儀礼音楽といった伝統音楽からロック・マヤまでさまざまな音楽がそれぞれ自律的に、しかし融合しながら存在し、音文化に厚みを持たせ、音楽を際立たせている。これらの音楽文化は、マヤの人びとの個人的な心象と社会的な声明を映し出し、マヤとしてのあり方を問う重要な媒体としてマヤ文化を牽引し、進化し続けるだろう。

（滝奈々子）

67

21世紀グアテマラの博物館

★様々な貢献と新しい着眼点★

グアテマラにおける博物館の歴史は、1796年、スペインのカルロス4世の命によって進められた自然史研究室（Gabinete de Historia Natural）と呼ばれる国立博物館創設を起源とする。その後、経済友好協会（la Sociedad Económica de Amigos del País）が1866年に開設した第二国立博物館は1881年まで機能した。1931年には国立歴史美術博物館が開設され、ホルヘ・ウビコ将軍（1931～44年、グアテマラ大統領）を讃えて11月祭の舞踏会場として使用されたこともある。同博物館は1944年の革命により閉館されたが、その展示物は今日の国立考古学民俗学博物館、歴史博物館、国立近代美術館に受け継がれている。1969年、サンカルロス大学博物館が創設され、1970年には、国内で最初の私設地方博物館が開設された。

今日、博物館は展示物やテーマ、サービス、立地、財源、国立か私設か等によって分類され、さらに大学博物館、地方博物館、コミュニティー博物館、および、遺跡に分類される。各博物館には独自の特徴があり、遺跡に創設された考古学関係の博物館の中には私設館も存在する。国際博物館会議（ICOM）は長年にわたる科学的調査によって規定した類型別に、博物館

ポポル・ヴフ博物館所蔵品 No. MPV 0103。グアテマラ北山岳高原地帯古典期後期の陶器。骨壺の断片であり、脇からトウモロコシが生えている神を表現している（2017年2月）

の保護および保全に努めてきた。

　なお、グアテマラの博物館の多くは文化・スポーツ省下ではなく、グアテマラ博物館連盟の管轄下にある。同連盟はＩＣＯＭとともに、今日の国際レベルにおける博物館規範に応じた博物館運営の維持に努めている。さらに、グアテマラ博物館連盟は、博物館職員および特定のテーマに興味を抱く一般人への研修を実施している。博物館は登録を行うことにより、分類に応じた関連機関からの支援を得られるし、また、多くの博物館は一般公開され、より多く周知するためにグアテマラ中の全博物館を登録する必要がある。

　具体例として、筆者が勤めているポポル・ヴフ博物館を紹介したい。ポポル・ヴフ博物館は、グアテマラでも名高い「エル・ガーヨ」というブランド名のビール製造者であるホルヘ・カスティリョ・バレンスエーラ夫妻がマヤ・コレクションを中心とする収集品をフランシスコ・マロキン大学に寄付し、１９７７年に私設博物館として開館した。非営利私設博物館である同館は、当初レフォルマ街ガレリアス・ビルの6階にあったが、現在はフランシスコ・マロキン大学構内に移転している。館内は9室に分かれ、そのうち8室がマヤ関係、残りの1室が植民地時代の展示となっている。見学者は、エントランス空間でメソアメリカ概観とマヤ文化の地域区分（南部・中部・北部）および時代区分（先古典期・古典期・後古典期）等を大型パネルの説明で理解した後、編年表に沿って展示室を進み、マヤ世界に思いを馳せることができる構成となっている。

最後にグアテマラの博物館75館をテーマ分類別に紹介することとしたい。

（アンドレア・テロン／吉田和隆訳）

	名称	スペイン語表記	所在地
先スペイン期考古学遺産（Patrimonio arqueológico prehispánico） 16館			
1	ネバフ考古学クモール文化センター博物館	Centro Cultural Kumol-Museo de Arqueología de Nebaj	キチェ県ネバフ
2	チチカステナンゴ地域考古学博物館	Museo Arqueológico Regional de Chichicastenango	キチェ県チチカステナンゴ
3	石彫博物館	Museo de las Estelas	ティカル国立公園
4	リティカ・シルバヌス・モーレー博物館	Museo de Lítica Sylvanus Morley	ティカル国立公園
5	キリグア遺跡博物館	Museo de sitio de Quiriguá	イサバル県
6	サクレウ遺跡博物館	Museo de sitio de Zaculeu	ウェウェテナンゴ県ウェウェテナンゴ
7	翡翠博物館文化センター	Museo del Jade y Centro Cultural	ペテン県フローレス
8	フアン・アントニオ・バルデス博物館	Museo Juan Antonio Valdez	ペテン県フローレス
9	ミラフローレス博物館	Museo Miraflores	グアテマラ市
10	ポポル・ヴフ博物館	Museo Popol Vuh	グアテマラ市
11	国立考古学民俗学博物館	Museo Nacional de Arqueología y Etnología	グアテマラ市
12	エスクィントラ地域博物館	Museo Regional de Arqueología La Democracia,Escuintla	エスクィントラ県
13	ペテン南東地域博物館	Museo Regional del Sureste de Petén	ペテン県
14	サンタ・バルバラ博物館	Museo Santa Bárbara	ペテン県フローレス
15	サマバフ博物館	Museo Samabaj	ソロラ県
16	ヤシュハ・ナクム・ナランホ三角博物館	Museo Triángulo Yaxhá, Nakum, Naranjo	ペテン県フローレス
植民地期考古学遺産及び宗教遺産（Patrimonio arqueológico colonial y religioso） 7館			
17	首都大司教博物館	Museo Arquidiocesano de Santiago de Guatemala	グアテマラ市
18	植民地期美術博物館	Museo de Arte Colonial	サカテペケス県アンティグア
19	カプチナス博物館	Museo de Capuchinas	アンティグア
20	サカテペケス地域博物館	Museo Regional de Santiago Sacatepéquez	サカテペケス県サンティアゴ・サカテペケス

21	品質博物館	Museo de la Caridad "Sor Cecilia Charrin"	グアテマラ市
22	メルセー博物館	Museo de la Merced	グアテマラ市
23	サン・フアン司教博物館	Museo de San Juan del Obispo	サカテペケス県 アンティグア
民族誌学・人類学関連博物館（Patrimonio Etnográfico/Antropológico）　10館			
24	カサ・コホム	Casa K'ojom	サカテペケス県 ホコテナンゴ
25	マヤ音楽博物館	Museo de Música Maya	サカテペケス県 ホコテナンゴ
26	バラム博物館	Museo Balam	ウェウェテナンゴ県
27	古織物博物館	Museo Casa del Tejido Antiguo	サカテペケス県 アンティグア
28	プリミティブ〜現代グアテマラ芸術博物館	Museo de Arte Guatemalteco Primitivo-Contemporáneo	サカテペケス県 アンティグア
29	サカテペケス工芸品博物館	Museo de Artes y Artesanías de Sacatepéquez	サカテペケス県 アンティグア
30	イシュチェル先住民衣装博物館	Museo Ixchel del Traje Indígena	グアテマラ市
31	コホルヤ・センター，サンティアゴ・アティトラン，ソロラ	Centro Cojolyá, Santiago Atitlán, Sololá	ソロラ県 サンティアゴ・アティストラン市
32	アフティナミット博物館	Museo AjTinamit, San Cristóbal, Verapaz	ベラパス県
33	マヤ民族衣装イシュキック博物館	Museo Ixkik del Traje Maya	ケッツアルテナンゴ県
自然科学及び古生物学博物館（Museos de Ciencias Naturales y Paleontológicos）　9館			
34	サンカルロス大学自然史博物館	Museo de Historia Natural de la Universidad de San Carlos	グアテマラ市
35	ホルヘ・A・イバラ国立自然史博物館	Museo Nacional de Historia Natural "Jorge A. Ibarra"	グアテマラ市
36	科学博物館	Museo Casa Ciencia	アルタ・ベラパス県 コバン
37	マンモス古生物学遺跡博物館	Museo de Sitio Paleontológico: El Mamut	ウェウェテナンゴ県
38	ロベルト・W・サラビア古生物学博物館	Museo Paleontológico Roberto Woolfolk Saravia	サカパ県 エスタンスエラ
39	保存研究所植物園	Jardín Botánico del Centro de Estudios Conservacionistas	グアテマラ市
40	ホルヘ・P・モラレス農畜博物館	Museo Agropecuario "Jorge Paiz Morales"	サン・マルコス県
41	自然史博物館	Museo de Historia Natural	グアテマラ市
42	ビクトル・デ・レオン自然史博物館	Museo de Historia Natural Víctor de León	ケッツアルテナンゴ県
歴史遺産（Patrimonio Histórico）　15館			
43	カヒトゥラム記憶の家	Casa de la Memoria KajiTulam	グアテマラ市
44	郵便・電信・切手博物館	Museo de Correo,Telégrafos y Filatelia	グアテマラ市
45	ハラパ歴史博物館	Museo de Historia de Jalapa	ハラパ県
46	歴史記憶博物館	Museo de la Memoria Histórica	グアテマラ市
47	サンカルロス大学博物館	Museo de la Universidad de San Carlos MUSAC	グアテマラ市

48	コーヒー博物館	Museo del Café	サカテペケス県 ホコテナンゴ
49	鉄道・文化センター博物館	Museo del Ferrocarril- Centro Cultural FEGUA	グアテマラ市
50	古書博物館	Museo del Libro Antiguo	サカテペケス県 アンティグア
51	砂糖圧搾機（トラピチェ）博物館	Museo del Trapiche	バハ・ベラパス県 サン・ヘロニモ
52	ベラパセス歴史博物館	Museo Histórico de las Verapaces	アルタ・ベラパス県 コバン
53	国立歴史博物館	Museo Nacional de Historia	グアテマラ市
54	グアテマラ古銭博物館	Museo Numismático de Guatemala	グアテマラ市
55	クマルハカ博物館	Museo Q´um´arkaj	キチェ県
56	国立芸術宮殿	Palacio Nacional de la Cultura	グアテマラ市
57	国軍武器博物館	Museo del Ejército	グアテマラ市
科学・テクノロジー博物館（Museos de Ciencia y Tecnología） 2館			
58	科学技術博物館	Museo de Ciencia y Tecnología	グアテマラ市
59	児童博物館	Museo de los Niños	グアテマラ市
近代美術博物館，画廊，文化センター（Museo de Arte Moderno, Galerías y Centros Culturales） 5館			
60	カルロス・メリダ国立近代美術博物館	Museo Nacional de Arte Moderno "Carlos Mérida"	グアテマラ市
61	グラシエラ・アンドラーデ・デ・パイス文化センター	Centro Cultural ArteCentro Graciela Andrade de Paiz	グアテマラ市
62	エル・アッティコ画廊	Galería El Attico	グアテマラ市
63	エル・トゥンネル	El Tunel	グアテマラ市
64	イバルグエンの家	Casa Ibargüen	グアテマラ市
産業遺産（Patrimonio Industrial） 3館			
65	19世紀醸造所博物館	Museo Bodegas del Siglo XIX	グアテマラ市
66	カルロス・F・ノベージャ博物館	Museo Carlos F. Novella	グアテマラ市
67	翡翠博物館	Museo del Jade	サカテペケス県 アンティグア
歴史的建築物博物館（Casas Museo） 3館			
68	ミマの家	Casa MIMA	グアテマラ市
69	フラビオ・エレーラ文化大学の家	Casa Universitaria de la Cultura Flavio Herrera	グアテマラ市
70	祖母の博物館	Museo de la Abuelita	チマルテナンゴ県
複合遺産（Patrimonio Mixto） 5館			
71	博物館の散歩道	El Paseo de los Museos	サカテペケス県 アンティグア
72	ラ・フラグア考古学・歴史学・装飾博物館	Museo Arqueológico, Histórico y de Decorativas La Fragua	サカパ県
73	エドガル・マドリード博士博物館	Museo Dr. Edgar Madrid	チキムラ県
74	先コロンブス期美術及び近代ガラスVICAL博物館	Museo VICAL de Arte Precolombino y Vidrio Moderno	サカテペケス県 アンティグア
75	グアテマラ美術博物館	Museo Arte de Guatemala	建設中

《グアテマラを知るための参考文献》

◆全般的な文献

大貫良夫・落合一泰・国本伊代・福嶋正徳・松下洋監修『新版 ラテンアメリカを知る事典』平凡社、２０１３年。

二村久則・野田隆・牛田千鶴・志柿光浩『ラテンアメリカ現代史Ⅲ　メキシコ・中米・カリブ地域（世界現代史35）』山川出版社、２００６年。

増田義郎・山田睦男編『ラテン・アメリカ史Ⅰ　メキシコ・中央アメリカ・カリブ海（世界各国史25）』山川出版社、１９９９年。

ラテン・アメリカ協会編『ラテン・アメリカ事典』ラテン・アメリカ協会、１９９６年。

Gall, Francis (compilación), *Diccionario Geográfico de Guatemala*, Tomo I-IV, Instituto Geográfico Nacional, Guatemala, 1978.

Gispert, Carlos, *Enciclopedia de Guatemala*, Vol. 1 y 2, Editorial OCEANO, Barcelona, España, 2000.

Lujan Muñoz, Jorge, et al. (ed.), *Historia General de Guatemala*, Tomo I-VII, Asociación de Amigos del País, Fundación para la Cultura y el Desarrollo, Guatemala, 1994-1999.

◆参照した書籍・資料など

第Ⅰ部　グアテマラへの誘い

大木雅志「グアテマラにおけるビジネス環境改善の取り組み」『ラテンアメリカ時報』２０１５年春号（No.1410）。

木村修一・小林修平編『最新栄養学（第８版）』建帛社、２００２年。

小泉潤二「境界を分析する――グァテマラの場合」黒田悦子編著『民族の出会うかたち』朝日新聞社、１９９４年。

酒井伸雄『文明を変えた植物たち――コロンブスが遺した種子』ＮＨＫ出版、２０１１年。

桜井三枝子「国家暴力の傷痕と先住民文化復興運動」『未来にむけた先住民族のアイデンティティの再編』（中南米におけるエスニシティ研究班）神戸市外国語大学外国学研究所、１９９９年。
八杉佳穂『マヤ興亡』福武書店、１９９０年。
山本紀夫『トウガラシの世界史』中公新書、２０１６年。
ラバスティール、アラン『絶滅した水鳥の湖』幾島幸子訳、晶文社、１９９４年。
レシーノス、A．原訳『ポポル・ヴフ』林屋永吉訳、中公文庫、１９７７年。
Bell, Elizabeth, *La Antigua Guatemala La historia de la ciudad y sus monumentos*, Impresos Industriales, 1992.
Brignoli, Carolyn and Héctor Pérez, *Historical Atlas of Central America*, University of Oklahoma Press, 2003.
Consejo Nacional para la protección de La Antigua Guatemala, *Ley Protectora de la Ciudad de La Antigua Guatemala* (Decreto 60-69 del Congreso de la República).
Consejo Nacional de Áreas Protegidas, *Guatemala y su biodiversidad. Un enfoque histórico, cultural, biológico y económico*, 2008, CONAP.
Elías, José, "Sabor guatemalteco de exportación," 22 de Marzo, 2015. http://economia.elpais.com/economia/2015/03/20/actualidad/1426854184_341933.html.
Fischer, Edward and Mackenna Brown, "Introduction: Maya Cultural Activism in Guatemala," Fischer and Brown (eds.), *Maya Cultural Activism in Guatemala*, 1996.
Gispert, Carlos (Dirección), *Enciclopedia de Guatemala*, Vol. 1, Editorial OCEANO, Barcelona España, 2000.
Gispert, Carlos (Dirección), *Enciclopedia de Guatemala*, Vol. 2, Editorial OCEANO, Barcelona, España, 2000.
Gálvez, G., María Albertina, *Emblemas Nacionales*, Ministerio de Educación, Guatemala, 1958.
Heath, Shirley Brice, *Telling Tongues: Language Policy in Mexico*, Teachers College Press, New York and London, 1972.
Luján Muñoz, Jorge, et al. (ed.), *Historia General de Guatemala*, Tomo I-VII, Asociación de Amigos del País, Fundación para la Cultura y el Desarrollo, Guatemala, 1994-1999.
Ministerio de Cultura y Deportes, *Historia del Himno Nacional*, Guatemala, 1997.
Navarrete, Carlos, "Elementos arqueológicos de mexicanización en las tierras altas mayas," S. Lombardo and E. Nalda (eds.), *Temas mesoamericanos*, INAH, México, 1996.

Pardo, J. Joaquín, Pedro Zamora Castellanos, Luis Lujan Muñoz, *Guía de Antigua Guatemala*, 3ra edición, Sociedad de Geografía e Historia de Guatemala, Editorial José de Piñeda Ibarra, 1969.
Pérez de Antón, Francisco, *Memorial de cocinas y batallas: la singular historia del nacimiento y desarrollo de Pollo Campero (1969-1984)*, Aguilar Santillana, Guatemala, 2002.
Pérez Sainz, J. P., *Ciudad de Guatemala en la decada de los ochenta: Crisis y urbanización*, FLACSO, Guatemala, 1991.
Pitán, Edwin, "La razón de por qué no existen las zonas 20, 22, y 23 en la capital," en *Prensa Libre,* 27 de abril de 2017.
R. Bressani, L. G. Elías, D. A. Navarrete, Nutritive Value of Central American Beans. IV. The Essential Amino Acid Content of Samples of Black Beans, Red Beans, Rice Beans, and Cowpeas of Guatemala. *Journal of Food Science* 26, 1961.
R. Bressani, L. G. Elías, N. S. Scrimshaw, M. A. Guzmán, Nutritive Value of Central American Corns VI. Varietal and Environmental Influence on the Nitrogen, Essential Amino Acid, and Fat Content of Ten Varieties. *Cereal Chemistry* 39, 1962.
Recinos, Adrían, *The Annals of Cakchiquel and Title of the Lords of Totonicapan*, University of Oklahoma Press, Norman, 1953.
Smith, Carol A., "Introduction: Social Relations in Guatemala over Time and Space," Smith, Carol A. (ed.), *Guatemalan Indians and The State, 1540-1988*, University of Texas Press, 1990.
Villacorta, José Antonio, "Etimología del nombre 'Guatemala,'" *Anales de la Academia de Geografía e Historia de Guatemala* 1, 1924.
West, Robert and John P. Augelli, *Middle America. Its Land and People*, Prentice Hall, 1976.

第Ⅱ部　マヤ文明の時代

青山和夫『マヤ文明―密林に栄えた石器文化』岩波新書、２０１２年。

青山和夫『古代マヤ―石器の都市文明　増補版』京都大学学術出版会、２０１３年。

大井邦明監修『カミナルフユ 第Ⅰ巻』『カミナルフユ 第Ⅱ巻』たばこと塩の博物館、１９９５年。

中村誠一『マヤ文明を掘る』ＮＨＫブックス、２００７年。

中村誠一編著『金沢大学文化資源学研究 第16号―異分野融合研究を通したマヤ考古学の新展開』２０１７年。

Gall, Francis (compilador), *Diccionario geográfico de Guatemala*, Tomo I. Instituto Geográfico Nacional, Guatemala, 1976.

Hostnig, Rainer and Luis Vázquez Vicente (comps.), *Nab'ab'l Qtanam. La memoria colectiva del pueblo Mam de Quetzaltenango.*

Centro de Capacitación e Investigación Campesina, Quetzaltenango, 1994.

Inomata, Takeshi, Raúl Ortiz, Bárbara Arroyo and Eugenia J. Robinson, Chronological Revision of Preclassic Kaminaljuyú, Guatemala: Implications for Social Processes in the Southern Maya Area. *Latin American Antiquity* 25(4), 2014.

Instituto Nacional de Estadística, *Boletín Informativo Departamento de Quetzaltenango*. Guatemala, 2010a.

Instituto Nacional de Estadística, *Boletín Informativo Departamento de Quiché*. Guatemala, 2010b.

Instituto Nacional de Estadística, *Boletín Informativo Departamento de Sololá*. Guatemala, 2010c.

Ivic de Monterroso, Matilde, Tomás Barrientos, Marion Popenoe de Hatch and Carlos Alvarado, Arqueología y etnohistoria de la cuenta del lago de Atitlán (600 a.C. a 1840 d.C.). *Revista de la Universidad del Valle de Guatemala* 24, 2012.

Shook, Edwin M., Lugares arqueológicos del altiplano meridional central de Guatemala. *Antropología e Historia de Guatemala* 4, 1952.

Shook, Edwin M., and Marion Popenoe de Hatch, Las tierras altas centrales: períodos preclásicos y clásico, Marion Popenoe de Hatch (ed.), *Historia general de Guatemala,* Tomo I: *Época precolombina*, Fonde para la Cultura y el Desarrollo, Guatemala, 1999.

Suzuki, Shintaro, Población y organización socio-política en el Valle de Copán, Honduras, durante el periodo clásico, y sus implicaciones en la dinámica de fundación y colapso del Estado Copaneco. Ph.D. Thesis. Facultad de Filosofía y Letras, Instituto de Investigaciones Filológicas, Universidad Nacional Autónoma de México, México D.F., 2015.

Tiesler, Vera, *Bases conceptúales para la evaluación de restos humanos en arqueología*. Universidad Autónoma de Yucatán, Mérida, 2006.

Tiesler, Vera, *The Bioarchaeology of Artificial Cranial Modifications. New Approaches to Head Shaping and its Meanings in Pre-Columbian Mesoamerica and Beyond*. Springer, New York, 2014.

Van Akkeren, Ruud, *La visión indígena de la conquista*. Centro de Investigaciones Relacionadas de Mesoamérica (CIRMA), Guatemala, 2007.

Yon, Rafael, Adriana Gómez, Andrea Argueta, Ana Lucía Morales, Sara Quiñónez, Clara Secaira, Paulina Garzaro and Shintaro Suzuki, Modelar la cabeza: una tradición mesoamericana milenaria desde el Preclásico hasta la actualidad. *Estudios de Cultura Maya*: En Prensa, 2017.

第Ⅲ部　スペインの征服と植民

大越翼「スペインのくびきのもとに――マヤ人の植民地時代」八杉佳穂編『マヤ学を学ぶ人のために』世界思想社、２００４年。

落合一泰「文化を受け継ぐ――マヤ民族学への誘い」八杉佳穂編『マヤ学を学ぶ人のために』世界思想社、２００４年。

ギブソン、チャールズ『イスパノアメリカ――植民地時代』染田秀藤訳、平凡社、１９８１年。

榊玲子「中部アメリカの征服――その主たる征服者たちの群像」大井邦明監修『特別展マヤ――歴史と民族の十字路』たばこと塩の博物館、１９９２年。

杓谷茂樹「世界の始まりと双子の英雄――マヤの神話・伝承」八杉佳穂編『マヤ学を学ぶ人のために』世界思想社、２００４年。

関哲行・立石博高編訳『大航海の時代――スペインと新大陸』同文館、１９９８年。

立岩礼子「16世紀ニカラグアにおける造船拠点の成立条件に関する考察」『京都ラテンアメリカ研究所紀要』14号、２０１４年。

立岩礼子「エリザベス朝時代（１５５８―１６０３）の私掠に関する予備的考察」『京都ラテンアメリカ研究所紀要』16号、２０１６年。

デル・カスティーリョ、ベルナール・ディーアス『メキシコ征服記三（大航海時代叢書エクストラ・シリーズⅤ）』小林一宏訳、岩波書店、１９８７年。

ハンケ、ルイス『スペインの新大陸征服』染田秀藤訳、平凡社、１９７９年。

レシーノス、A. 原訳『マヤ神話ポポル・ヴフ』林屋永吉訳、中央公論新社、２００１年。

Acuña, R., *Temas de Popol Vuh*, México, Universidad Nacional Autónoma de México, 1998.

Akkeren, R. W. van, "Authors of the Popol Wuj," *Ancient Mesoamerica*, Vol. 14, No. 2, 2003.

Dakin, Karen and Christopher H. Lutz, *Nuestro Pesar Nuestra Aflicción - tunetuliniliz, tucucuca, memorias en lengua náhuatl enviadas a Felipe II por indígenas del Valle de Guatemala*, Universidad Nacional Autónoma de México y Centro de Investigaciones Regionales de Mesoamérica, 1996.

Farriss, N., "Recordando el futuro, anticipando el pasado: tiempo histórico y tiempo cósmico entre los mayas de Yucatán," *La memoria y el olvido: Segundo Simposio de Historia de las Mentalidades*, Instituto Nacional de Antropología e Historia, México, 1985.

Hill, Robert M., *Colonial Cakchiquels: Highland Maya Adaptations to Spanish Rule, 1600-1700*, Harcourt College Publishers, Fortworth, 1991.

Jones, O. L. *Guatemala in the Spanish Colonial Period*, Norman, University of Oklahoma Press, 1994.

Lovell, W. George, *Conquest and Survival in Colonial Guatemala: A Historical Geography of the Cuchumatán Highlands, 1500-1839*, Mc-Gill Queen's University Press, Québec, Canada, 2015.

Lovell, W. George, *Strange Lands and Differente People: Spaniards and Indians in Colonial Guatemala*, Norman, University of Oklahoma Press, 2013.

Luján Muñoz, Jorge et al. (ed.), *Historia general de Guatemala*, T.I-VII, Asociación de Amigos del País, Fundación para la Cultura y el Desarrollo, Guatemala, 1994-1999.

MacLeod, M. J., *Spanish Central America: A Socioeconomic History, 1520-1720*, Berkely: University of California Press, 1973.

Nicolás del Castillo Mathieu, *Descubrimiento y conquista de Colombia*, Bogotá: Banco de la República, 1988.

Novas, José Ignacio Avellaneda, *La expedición de Sebastián de Belalcazar al mar del norte y su llegada al nuevo Reino de Granada*, Bogotá: Banco de la República, 1992.

Orellana, Sandra, *The Tzutujil Mayas: Continuity and Change, 1250-1630*, Norman: University of Oklahoma Press, 1984.

Recinos, Adrián, *Pedro de Alvarado, conquistador de México y Guatemala*, Centro Nacional de Libros de Texto y Material Didáctico, Guatemala, 1986.

Truxillo, C. A., *By the Sword and the Cross: The Historical Evolution of the Catholic World Monarchy in Spain and the New World, 1492-1825*, Green Wood Press, Westport, Connecticut, 2001.

第Ⅳ部　スペインからの独立と近現代

大木雅志「グアテマラ大統領選とモラレス新政権の展望」『ラテンアメリカ時報』２０１６年春号（No.1414）。

大木雅志「グアテマラ無処罰問題対策国際委員会（ＣＩＣＩＧ）の活躍と今後の展望」『グアテマラ・マヤ文化協会会報』№30、２０１６年。

近藤敦子『グアテマラ現代史』彩流社、１９９６年。
近藤敦子『グアテマラ断章』エクセルシア社、２００８年。
Cajal, Maximo, *Saber quien puso fuego ahí!*, Mehta Ediciones, España, 2000.
Cifuentes H., Juan Fernando, *Historia Moderna de la Etnidad en Guatemala*. La 1 Versión Hegemonía, Universidad Rafael Landivar, Instituto de Investigaciones Económicas y Sociales, Guatemala, 1998.
Fotografía: Pedro Vikingo, *Guatemala Memoria del Silencio*, Tomo 6, Informe de la Comisión para el Esclarecimiento Histórico, 1999.
Gaitán A., Héctor, *Los Presidentes de Guatemala*, Artemis-Edinter, Guatemala, 1997.
Torres-Rivas, Ederberto y Arevalo de León, *Del conflicto al diálogo: El WSP en Guatemala*, Instituto de Naciones Unidas para la Investigaciones de Desarrollo Social (UNRISD), FLACSO Guatemala, Guatemala, 1999.

第Ⅴ部　現代の政治と経済

大井邦明監修『特別展マヤ――歴史と民族の十字路』たばこと塩の博物館、１９９２年。

大木雅志「グアテマラにおける中国の経済的プレゼンスの拡大」『ラテンアメリカ時報』２０１４年秋号（No.1408）。

小泉潤二「境界を分析する――グァテマラの場合」黒田悦子編著『民族の出会うかたち』朝日新聞社、１９９４年。

桜井三枝子『祝祭の民族誌――マヤ村落見聞録』全国日本学士会、１９９８年。

鶴見良行『バナナと日本人――フィリピン農園と食卓のあいだ』岩波新書、１９８２年。

日本貿易振興会農水産部『海外豆類生産等基礎調査報告書』日本貿易振興会、２００２年。

藤井嘉祥「グアテマラにおけるアパレル・マキラドーラ産業の多様性――製品特性からのアプローチ」谷洋之、リンダ・グローブ共編『トランスナショナル・ネットワークの生成と変容――生産・流通・消費』上智大学出版、２００８年。

藤井嘉祥「インフォーマルな労使交渉と『静かな』抵抗――中米・グアテマラのマキラ労働者の語りから」『専修人文論集』第90号、２０１２年。

藤井嘉祥「ＭＦＡ失効後のグアテマラ・アパレル産業の機能的高度化――韓国企業の役割に焦点を当てて」『ラテン・アメリカ論集』№49、２０１５年。

藤井嘉祥「輸出加工業の社会的高度化における地域経済統合の役割――グアテマラのアパレル産業の事例から」『国際開

発学研究』15巻2号、2016年。
マリノフスキー、B&J・デ・ラ・フエンテ『市の人類学』信岡奈生訳、平凡社、1987年。
村上忠喜「グァテマラ高地マヤの定期市と村落」JT中南米学術調査プロジェクト編『グァテマラ中部・南部における民俗学調査報告書』たばこと塩の博物館、1997年。
レシーノス、A.原訳『マヤ神話ポポル・ヴフ』林屋永吉訳、中央公論新社、2001年。
AVANCSO (Asociación para el Avance de las Ciencias Sociales en Guatemala), *El significado de la maquila en Guatemala: Elementos para comprensión*, AVANCSO, Guatemala, 1994.
Beteta, Hugo E., and Juan Carlos Moreno-Brid (eds.), *Structural Change and Growth in Central America and the Dominican Republic, an overview of two decades, 1990-2011*, Comisión Económica para América Latina y el Caribe, Santiago de Chile, 2014.
CEPAL, *Istmo centroamericano: fomento y modernización del sector agroexportador, Los casos del azúcar, el banano y el café*, (LC/MEX/L.429) México, 2000.
ECLAC, *Economic Survey of Latin America and the Caribbean* 各年版。
Ellis, Frank, *Las transnacionales del banano en Centroamérica*, Editorial Universitaria Centroamericana, 1983.
Inter-American Development Bank, *Guatemala Country Report*, Inter-American Development Bank, 2001.
Latin American Intelligence Service, *Latin American Newsletters* (http://www.latinnews.com/) 各号。
Linares, Luis, Rubén Narciso, Pedro Prado, "Empleo y productividad agropecuaria en Guatemala," Weller, Jürgen (ed.), *Brechas y transformaciones, la evolución del empleo agropecuario en América Latina Comisión Económica para América Latina y el Caribe*, Santiago de Chile, 2016.
Martinez Rodas, Aracely J., "Las organizaciones de migrantes guatemaltecos como actores transnacionales: las experiencias de Los Ángeles, California y Omaha, Nebraska." Phd. Universidad Pontificia Comillas de Madrid, 2015.
Martinez Rodas, Aracely J., *Yo, Migrante*, Senza Limitare S.A., D'buk Editor, Guatemala, 2016.
Petersen, Kurt, *Maquiladora Revolution in Guatemala*, New Haven, Orville H. Schell, Jr. Center for International Human Rights at Yale Law School, 1992.
Pérez S., Juan Pablo, Katherine Andrade-Eekhoff, Santiago Bastos, Michael Herradora, "El orden social ante la globalización,"

Procesos estratificadores en Centroamérica durante los años noventa, *CEPAL Políticas Sociales*, Serie 80, 2003.
Pérez Sáinz, Juan Pablo, *From the Finca to the Maquila: Labor and Capitalist Development in Central America*, Boulder: Westview Press, 1999.
World Bank, *Guatemala: Poverty in Guatemala*, World Bank Group, Washington, 2003.

第Ⅵ部　紛争を乗り越え多文化主義へ

IMADR-MJPグアテマラプロジェクトチーム『マヤ先住民族――自治と自決をめざすプロジェクト』現代企画室、2003年。

小林致広『沈黙を越えて――中米地域の先住民運動の展開』神戸市外国語大学研究叢書16、1986年。

近藤敦子『グアテマラ現代史』彩流社、1996年。

桜井三枝子「グアテマラ、民族の階層をくびきを超えて」国本伊代編『ラテンアメリカ――21世紀の社会と女性』新評論、2015年。

桜井三枝子「グアテマラ総督領期におけるイエズス会の宣教」『グスタボ・アンドラーデ先生追悼論文集』アンドラーデ先生追悼論文集編集委員会、2017年。

桜井三枝子「マヤ系先住民社会の女性」国本伊代編『ラテンアメリカ――新しい社会と女性』新評論、2000年。

中南米におけるエスニシティ研究班『未来にむけた先住民族のアイデンティティの再編――グアテマラにおける和平合意と先住民族』神戸市外国語大学外国学研究47、2000年。

中南米の人々と手をつなぐ会編訳『コロンブスと戦い続ける人々――インディオ・黒人・民衆の抵抗の五百年』大村書店、1992年。

中田英樹『トウモロコシの先住民とコーヒーの国民』有志舎、2013年。

ブルゴス、エリザベス『私の名はリゴベルタ・メンチュウ』高橋早代訳、新潮社、1987年。

歴史的記憶の回復プロジェクト編『グアテマラ虐殺の記憶――真実と和解を求めて』飯島みどり・狐崎知己・新川志保子訳、岩波書店、2000年。

Bastos, Santiago y Manuela Camus, *Quebrando el silencio*, FLACSO, 1996.

CEH, *Guatemala, memoria del silencio*, Tomo I-XII, CEH, Guatemala, 1999.

CEPAL, *Daños causados por el terremoto de Guatemala y sus repercusiones sobre el desarrolo económico y social de pais*, 1976.

Delli Sante, Angela, *Nightmare or Reality: Guatemala in the 1980s*, Thela Publishers, Amsterdam, 1996.

ERIC, IDESO, IDIES, IUDOP, *Maras y pandillas en Centroamérica*, Volumen I, UCA, Managua, 2001; ERIC, IDESO, IDEIS, IUDOP, Maras y pandillas en Centroamérica, Volumen II, UCA, San Salvador, 2005.

Falla, Ricardo, *Masacres de la selva*, Editorial Universitaria, Guatemala, 1992.

Fischer, Edward F. and R. McKenna Brown (eds.), *Maya Cultural Activism in Guatemala*, University of Texas Press, 1996.

Fredy Ochoa, Carlos, *Alcaldías Indígenas. Diez años después de su reconocimiento por el Estado*, 2 tomos, ASIES, 2013.

Manz, Beatriz, *Paradise in Ashes: A Guatemalan Journey of Courage, Terror, and Hope*, University of California Press, Berkeley, 2004.

Miller, H. J., La expulsión de los jesuitas de Guatemala en 1871. *Revista* No.5, USAC, Departamento de Historia, Guatemala, Editorial Universitaria, 1972.

Montejo, Víctor, *Maya Intellectual Renaissance: Identity Representation and Leadership*, University of Texas Press, Austin, 2005.

Morales, V., *De la chispa al incendio. La historia y las hisitorias de Fé y Alegría*. Caracas: Federación Internacional de Fé y Alegría, 1999.

ODHAG, *Guatemala: Nunca Más*. Guatemala, Volumen I-IV, ODHAG, 1998.

O'Neill, Ch., y Dominguez, J., *Diccionario Histórico de la Compañía de Jesús*, Madrid, Universidad Pontifica Comillas, 2001, p.149.

PNUD, *La democracia en América Latina*, Magna Terra, Guatemala, 2004.

POLSEC, *Hacia una política de seguridad ciudadana*, Volumen 1-4, PNUD, Guatemala, 2004.

Payeras, Mario. *Los fusiles de octubre*, Juan Pablos Editor, México, 1991.

Sariego, Jesús M., "Evangelizar y educar: Los jesuitas de la centroamérica colonial [1]," *Estudios Centroamericanos* (ECA), V.65, Número 723, 2010.

Schirmer, Jennifer, *The Guatemalan Military Project: A Violence Called Democracy*, University of Pennsylvania Press, Philadelphia, Penn, 1998.

Smith, Carol A. (ed.), *Guatemalan Indians and the State:1540–1988*, University of Texas Press, 1992.

Van de Sandt, Joris, *Conflictos mineros y pueblos indígenas en Guatemala*, Cordaid/ University of Amsterdam, 2009

Waqib' Kej, *Demandas y propuestas políticas de los Pueblos Indígenas de Iximulew*, Waqib' Kej, 2016.
Zur, Judith N., *Violent Memories: Mayan War Widows in Guatemala*, Westview Press, Boulder, Colorado, 1998.

第Ⅶ部　宗教と伝統

大井邦明監修『特別展マヤ――歴史と民族の十字路』たばこと塩の博物館、１９９２年。

加茂雄三「中米史の現段階――『エスキプラスⅡ』の歴史的意義」加茂雄三・細野昭雄・原田金一郎編著『転換期の中米地域』大村書店、１９９０年。

京田誠「現代マヤの織物・トトニカパンの経糸浮紋様腰帯」『応用講座テキスト』川島文化事業団・東京テキスタイル研究所、２００４年
京田誠「現代マヤ地域の後帯機と織技法」八杉佳穂編『現代マヤ――色と織に魅せられた人々』千里文化財団、１９９５年。

京田誠「グアテマラの織物」『ＮＨＫ世界手芸紀行№３』日本放送出版協会、１９９０年。

京田誠「中米インディオの織物」『染織α』№18、染織と生活社、１９８２年。

黒田悦子「征服文化の政治芸能――『モロとクリスティアノス』の図像的特徴とドラマ性について」『社会史研究８』１９８８年。

黒田悦子『フィエスタ』平凡社、１９８８年
児嶋英雄解説『染織の美28』京都書院、１９８４年。

桜井三枝子「ソロラの民族誌（２）」大阪経済大学『教養部紀要』第17号、１９９９年。

桜井三枝子「マヤの神、ラディーノの神」森部一他編集『文化人類学、変貌する社会』ミネルヴァ書房、１９９８年。

桜井三枝子「マヤ信仰とカトリックの二重奏」『グローバル化時代を生きるマヤの人々――宗教・文化・社会』明石書店、２０１０年。

桜井三枝子『祝祭の民族誌――マヤ村落見聞録』全国日本学士会、１９９８年。

実松克義「マヤの十字架」『マヤ文明』現代書館、２０１６年。

東京家政大学博物館編『五色の燦き――グァテマラ・マヤ民族衣装』東京家政大学出版部、１９９８年。

藤田富雄『ラテン・アメリカの宗教』大明堂、１９８２年。
星野利枝「ウィピルに見る現代マヤの織物」『染織α』5月号、№１８２、染織と生活社、１９９６年。
本谷裕子「中米グアテマラのカトリック教と布」『月刊染織α』10月号№２５９、染織と生活社、２００２年。
本谷裕子「『産む』ことと『織る』こと——グアテマラのお産から」『ペリネイタルケア』第19号、メディカ出版、２０００年。
乗浩子『宗教と政治変動——ラテンアメリカのカトリック教会を中心に』有信堂、１９９８年。
八杉佳穂編『現代マヤ——色と織に魅せられた人々』千里文化財団、１９９５年。
ライト、ロナルド『マヤ文明の旅』池田比佐子訳、心交社、１９９１年。
ワシュテル、N.『敗者の想像力——インディオのみた新世界征服』小池佑二訳、岩波書店、１９８４年。
Fernádez Marroquin, Vitalino, *Apuntes, Históricos de Esquipulas* (7ma. Edición), Imprenta El Milagro, Guatemala, C.A., 1971.
Kendall, Carl, Filiation and Brotherhood: Compadrazgo in Esquipulas, Guatemala, The University of Rochester, Ph.D., Anthropology, 1974.
Luján, Muñoz Luis, *Máscaras y morerías de Guatemala*, Museo Popol vuh y Universidad Francisco Marroquín, *s/f*.
Shevill, Margot, *Evolution in textile design from the Highlands of Guatemala*, Lowie Museum of Anthropology, University of California, Berkley, 1985.
Stoll, David, *Is Latin America Turning Protestant?*, University of California Press, 1990.

第Ⅷ部　言葉と人々

五十嵐（敦賀）公子『中米のナワ系言語——植民地時代の多言語社会におけるリンガ・フランカから消滅の危機言語へ』神戸市外国語大学外国語学研究科文化交流専攻２０１２年度博士論文。

コウ、マイケル『マヤ文字解読』武井摩利・徳江佐和子訳、創元社、２００３年。

冨田晃「ガリフナの旋律」『季刊民族学』67、１９９４年。

冨田晃「ガリフナの衣食住」『季刊民族学』69、１９９４年。

冨田晃「ガリフナの祖霊信仰」『季刊民族学』73、１９９５年。

冨田晃「ガリフナ上陸２００年」『季刊民族学』84、１９９８年。

冨田晃「ガリフナ イン ニューヨーク」『季刊民族学』91、２０００年。

冨田晃「ガリフナの文化――世界無形文化遺産」桜井三枝子・中原篤史編著『ホンジュラスを知るための60章』明石書店、２０１４年。

冨田晃「ガリフナの歴史　その２：セント・ビンセント島の英仏中立時代と第一次カリブ戦争（17世紀半ばから１７７３年まで）」『ラテンアメリカ・カリブ研究』24号、２０１７年。

八杉佳穂「マヤ諸語の構造の変化」大角翠編『少数言語をめぐる10の旅』三省堂、２００３年。

八杉佳穂『マヤ文字を解く』中央公論新社、２００３年。

八杉佳穂編『マヤ学を学ぶ人のために』世界思想社、２００４年。

Arrivillaga, Alfonso, "Asentamientos caribes (garífuna) en Centroamérica: de héroes fundadores a espíritus protectores," *Boletín de Antropología*, Universidad de Antioquia, Vol.21(38), 2007.

Arrivillaga, Alfonso, "Etnografía de la Fiesta de San Isidro Labrador Livingston, Izabal, Guatemala," *La Tradicíon Popular,* Centro de Estudios Folklóricos, Universidad de San Carlos de Guatemala, No.54, 1985.

Chub Ical, Rodrigo, et. al., *Oficialización de los idiomas indígenas de Guatemala: propuesta de modaliad* (resumen), Guatemala, Proyecto Q'anil B., 1999.

Coe, Michael D., "Early Steps in the Evolution of Maya Writing," H.B. Nicholson (ed.), *Origins of Religious Art and Iconography in Preclassic Mesoamerica*, UCLA Latin American Center Publications, 1976.

Dakin, Karen, "Algunos documentos del sur de Mesoamérica," Karen Dakin, Mercedes Montes de Oca y Claudia Parodi (eds.), *Visiones del Encuentro de Dos Mundos en América*, UNAM, México, 2009.

Kaufman, Terence, "Some Structural Traits of the Mayan Languages with Special Reference to K'iche'," Terence Kaufman's Unpublished Papers: AILLA, University of Texas at Austin, n.d.

Looper, Matthew G., "The Sculpture Programs of Butz'Tiliw, An Eighth-Century Maya King of Quirigua," Ph.D. Diss, University of Texas at Austin, Guatemala, 1995.

Luz, Christopher H. y Karen Dakin, *Nuestro Pesar Nuestra Aflicción- tunetuliniliz, tucucuca, memorias en lengua náhuatl enviadas a*

Felipe II por indígenas del Valle de Guatemala, UNAM/Centro de Investigaciones Regionales de Mesoamérica, México y Guatemala, 1996.

Morley, Sylvanus G., *An Introduction to the Study of the Maya Hieroglyphs*, Dover Publications, New York, 1995.

Otzoy, Simón, *Memorial de Sololá, Comisión Interuniversitaria Guatemalteca de Conmemoración del Quinto Centenario del Descubrimiento de América*, Guatemala, 1999.

Romero, Sergio, "Dialectology and the history of Nahua peoples in Guatemala," C. Beekman and W. Fowler (ed.), *The Migrations of Epiclassic to Middle Postclassic Mesoamerica*, Boulder: University of Colorado Press. En Prensa.

Romero, Sergio, Ethnicity and Regional Stereotypes in Standard Ixhil (Ixil) Mayan. *Language and Communication*. En Prensa.

Romero, Sergio, Grammar, dialectal variation and honorific registers in Nahuatl in 17th century Guatemala. *Anthropological Linguistics* 56 (1), 2014.

Romero, Sergio, *Language and Ethnicity among the K'ichee' Maya*. Provo: University of Utah Press, 2015.

Romero, Sergio, "The labyrinth of diversity: The sociolinguistics of Mayan languages", J. Aissen, N. England and R. Zavala (eds.), *The Mayan Languages*, New York: Routledge. En Prensa.

Romero, Sergio. "They don't get speak our language right": Language standardization, power and migration among the Q'eqchi' Maya. *Journal of Linguistic Anthropology* 22 (2), 2012.

Taylor, Douglas, *The Black Carib of British Honduras*, Wenner-Gren Foundation for Anthropology Research, 1951.

第Ⅸ部　文化と芸術

アストゥリアス、ミゲル・アンヘル『大統領閣下／グアテマラ伝説集』内田吉彦・牛島信明訳、集英社、１９８４年。

アストゥリアス、ミゲル・アンヘル『緑の法王』鼓直訳、新日本出版社、１９７１年。

ゴメス＝カリリョ、エンリケ『誇り高く優雅な国、日本』児嶋桂子訳、人文書院、２００１年。

齋藤恕平『郷土の生める海外進出の先駆　屋須弘平氏』岩手県東磐井郡藤沢尋常高等小学校、１９３４年。

桜井三枝子「ポポル・ヴフ博物館」『世界の博物館』川成洋編、丸善出版、１９９９年。

高林則明『魔術的リアリズムの淵源――アストゥリアス文学とグアテマラ』人文書院、１９９７年。

ディアス・コバルビアス、フランシスコ『日本旅行記』大垣貴志郎・坂東省次訳、雄松堂出版、1983年。
寺田和夫「ある明治移民のドラマ――写真家・屋須弘平」『アンデス一人歩き』日本経済新聞社、1977年。
藤沢町文化振興課編『グアテマラの写真家　屋須弘平の手記――波乱万丈の生涯』小坂亜矢子訳、藤沢町文化振興協会、2004年。
ブルゴス、エリザベス『私の名はリゴベルタ・メンチュウ』高橋早代訳、新潮社、1987年。
レイローサ、ロドリゴ『その時は殺され…』杉山晃訳、現代企画室、2000年。
レイローサ、ロドリゴ『アフリカの海岸』杉山晃訳、現代企画室、2001年。
レイローサ、ロドリゴ『船の救世主』杉山晃訳、現代企画室、2000年。
Acevedo, R.L., *La novela centroamericana*, San Juan, Universitaria, 1982.
Arias, A., *La identidad de la palabra*, Guatemala, Artemis-Edinter, 1998.
Asturias, M.A., *Cuentos y leyendas* (ed. crítica, Coord. de M.R. Morales), Madrid, Archivos /CSIC, 2000.
Asturias, M.A., *El señor Presidente* (ed. crítica), París/Madrid /Méx./Bs.As., Klincksiek/FCE, 1978.
Asturias, M.A., *Hombres de maíz* (ed. crítica, Coord. de G. Martin), Madrid, Archivos /CSIC, 1992.
Asturias, M.A., *París 1924-1933: Periodismo y creación literaria* (ed. crítica, Coord. de A. Segala), Madrid, Archivos /CSIC, 1988.
Barrillas, Edgar, Representaciones de los pueblos indígenas en el cine guatemalteco contemporáneo (1994-2011): permanencias y cambios. *Revista centroamericana de estudios culturales*. Guatemala: Facultad Latinoamericana de Ciencias Sociales (FLACSO). 2012.
Cardoza y Aragon, L., *Miguel Angel Asturias, casi novela*, México, Era, 1991.
Cardoza y Aragón, L., *Guatemala: las líneas de su mano*, México, FCE, 1976.
De León, Julio. *Desarrollo del cine en Guatemala; historia, desafíos y regulación*, Guatemala: Universidad Rafael Landívar, 2012. http://biblio3.url.edu.gt/Tesis/2012/05/01/De-Leon-Julio.pdf
Escenarios de dos mundos. Madrid: Centro de Documentación Teatral, 1988.（第3巻にグアテマラ演劇特集が収められている。）
Fernández Molina, Manuel. *Dos estudios históricos sobre el teatro en Guatemala*. Guatemala: Dirección General de Cultura y Bellas Artes, 1982

Herrera, F., *El tigre*, Chile, Ercilla, 1942.
Hurtado Heras, S., *La narrativa de Miguel Angel Asturias: Una revisión crítica*, México, UAEM/UNAM, 2006.
Hurtado Heras, S., *Por las tierras de Ilóm,* México, UAEM, 1997.
Lamus Obregón, Marina, *Geografías del teatro en América Latina: Un relato histórico*. Bogotá: Luna Libros, 2010
Malcom Miguel Botto, *Music and the Modern Maya: a Reception Study of Rock-Maya in Guatemala*, Department of Communications, Brigham Young University, 2008.
Menton, S., *Historia crítica de la novela guatemalteca*, Guatemala, Universitaria, 1960.
Monteforte Toledo, *Donde acaban los caminos*, Guatemala,Tip.Nac., 1953.
Monteforte Toledo, *Entre la piedra y la cruz*, Guatemala, Ed."El libro de Guatemala," 1948.
Monteforte Toledo, *Llegaron del mar,* México, Joaquín Mortiz,1966.
Monteforte Toledo, M., *Anaité, Guatemala*, Ed."El libro de Guatemala," 1948.
Noguerol, F., *Augusto Monterroso*, Madrid, Eneida, 2004.
Olazagasti, A. L. de, *El indio en la narrativa guatemalteca*, San Juan, UPR, 1968.
Perales, Rosalina. *Teatro hispanoamericano contemporáneo 1967-1987*. Vol.2. México: Grupo Editorial Gaceta, S.A.
Rey Rosa, R., *Imitación de Guatemala*, Madrid, Alfaguara, 2013.
Salgado, M. A., *Rafael Arévalo Martínez,* Boston, Twayne Pub., 1979.
Solórzano, C. (ed.), *Los falsos demonios,* México, Siglo XXI, 1998.
Solórzano, C. (ed.), *Teatro guatemalteco contemporáneo*, Madrid, Aguilar, 1964.
Wyld Ospina, C., *La gringa*, Guatemala, Tip. Nac., 1935.
Zimmerman, Marc, *Literature and Resistence in Guatemala*, 2 Vols, Ohio Univ. Pr., 1995.

主な著作：「ペニャ・ニエト政権による教育改革の動向と今後の展望」（『ラテンアメリカ時報』2015年秋号、NO.1412）、「プロテスタント布教――バプティスト派教会の挑戦」（桜井三枝子・中原篤史編著『ホンジュラスを知るための60章』明石書店、2014年）。

ロメロ、セルヒオ（Romero, Sergio Francisco）［57］
米国テキサス大学（オースティン）准教授
専攻：言語学
主　な　著　作：*Language and ethnicity among the K'ichee' Maya*. University of Utah Press, 2015; Ethnicity and Regional Stereotypes in Standard Ixhil (Ixil) Mayan. *Language and Communication* (In Press); Los manuscritos en náhuatl centroamericano y la historia cultural de Guatemala. *Anales de la Academia de Geografía e Historia de Guatemala*. (In Press); 'Brujos', mitos y modernidad en la historia oral k'iche'. *Estudios de cultura maya* 50, 2017; 'Bill Gates speaks K'ichee': The corporatization of linguistic revitalization in Guatemala. *Language and Communication* 47, 2016.

Thomas M. Whitmore. En *European Journal of Geography,* Volume 8, Number 2:78-106, February 2017; "Las organizaciones guatemaltecas como actores transnacionales: resultados de la encuesta a migrantes en Estados Unidos", en *Migraciones en América Central: políticas, territorios y actores*. Sandoval García, Carlos (ed.). Instituto de Investigaciones Sociales–Universidad de Costa Rica. San José: Editorial UCR, 2016; "Sujetos migrantes colectivos: la experiencia organizativa maya en Estados Unidos" en *Estar aquí y estar allá: población retornada, deportada, familiares de migrantes y otros actores en el norte de Huehuetenango*. Roldán Andrade, Úrsula. INGEP-URL, Guatemala: Editorial Cara Parens, 2016.

村上忠喜（むらかみ・ただよし）[34, 35, 36, 37]
京都産業大学文化学部教授
専攻：（日本）民俗学
主な著作：「伝統的な都市の民俗」（内田忠賢・村上忠喜・鵜飼正樹『日本の民俗10　都市の生活』吉川弘文館、2009年）、「グァテマラ高地マヤの定期市と村落」（JT中南米学術調査プロジェクト編集、たばこと塩の博物館発行『グァテマラ中部・南部における民俗学調査報告書』1997年）。

八杉佳穂（やすぎ・よしほ）[3, 55, 56, 57]
国立民族学博物館名誉教授
専攻：中米言語学、中米文化史
主な著作：『チョコレートの博物誌』（世界思想社、2004年）、『マヤ文字を解く』（中央公論新社、2003年）。

安原　毅（やすはら・つよし）[28, 29, 30]
南山大学国際教養学部教授
専攻：開発経済学、ラテンアメリカ経済
主な著作：「メキシコ―貿易自由化の次に目指すもの」（『ラテンアメリカ・レポート』vol.31、No.1、JETROアジア経済研究所、2014年）、『メキシコ経済の金融不安定性』（新評論、2003年）、"Inestabilidad financiera en América Latina desde la perspectiva Kaleckiana y Minskyana,"（*Problemas del Desarrollo* 誌、Vol.44、No.172、メキシコ国立自治大学経済研究所、2013年）。

吉川恵美子（よしかわ・えみこ）[64, 65]
上智大学外国語学部教授
専攻：ラテンアメリカ現代演劇
主な著作：「佐野碩を迎えたメキシコの演劇事情― 1930年代から40年代にかけて」（『ラテンアメリカ・モノグラフ・シリーズ』No.27、上智大学イベロアメリカ研究所、2018年）、『佐野碩　人と仕事　1905–1966』（共著、藤原書店、2015年）。

吉田和隆（よしだ・かずたか）[39, 訳67]
在エルサルバドル日本国大使館勤務
専攻：文化人類学

長谷川来夢（はせがわ・らむ）［コラム2］
摂南大学職員
主な著作：「国家の象徴」（桜井三枝子・中原篤史編著『ホンジュラスを知るための60章』明石書店、2014年）、「メキシコ、地方領袖に関する覚書き――シエラ・ネグラ山岳地域、サカテペック村の一事例から」（『大阪経大論集』第61巻第6号（通巻第321号）人間科学特集号、2011年）。

半田昌之（はんだ・まさゆき）［コラム3］
公益財団法人 日本博物館協会専務理事
専攻：産業技術史、博物館学
主な著作：『煙草おもしろ意外史』（共著、文春文庫、2002年）、『塩のはなし』（さ・え・ら書房、1986年）。

藤井嘉祥（ふじい・よしただ）［31, 32］
摂南大学外国語学部准教授
専攻：ラテンアメリカ地域研究、労働社会学
主な著作：「NAFTA改定を控えるメキシコの輸出製造業―トラスカラ州の事例」（『ラテンアメリカレポート』Vol.34、No.2、2018年）、「MFA失効後のグアテマラ・アパレル産業の機能的高度化――韓国企業の役割に焦点を当てて」（『ラテン・アメリカ論集』第49号、2015年）。

本谷裕子（ほんや・ゆうこ）［48, 49, コラム1］
慶應義塾大学法学部教授
専攻：文化人類学、民族服飾学
主な著作：「グアテマラ高地先住民女性の織りと装いが織りなす異文化受容」（『民族藝術』33号、2017年）、「マヤ先住民女性の衣文化の謎を探る」（青山和夫・米延仁志・坂井正人・高宮広土編「文明の盛衰と環境変動――マヤ・アステカ・ナスカ・琉球の新しい歴史像」岩波書店、2014年）、

真鍋周三（まなべ・しゅうぞう）［20］
兵庫県立大学名誉教授
専攻：ラテンアメリカ植民地時代史、アンデス地域史
主な著作：『ボリビアを知るための73章【第２版】』（編著、明石書店、2013年）、『トゥパック・アマルの反乱に関する研究――その社会経済史的背景の考察』（神戸商科大学経済研究所、1995年）。

マルティネス、アラセリ（Martìnez Rodas, Aracely Julieta）［38］
グアテマラ・デルヴァジェ大学大学院研究科教員
専攻：現代の移民問題
主な著作：*Yo Migrante*. Guatemala: DBuk Editores, 2016; "Geographical and individual determinants of rural out-migration to a tropical forest protected area the Maya biosphere reserve, Guatemala". David Lopez-Carr, Aracely Martinez, Richard E. Bilsborrow and

2018年)、“Los sellos en la historia y la poítica de América Latina”(『京都外国語大学研究紀要』Vol. LXXIX、2012年)。

敦賀公子(つるが・きみこ)[訳58, 59]
明治大学商学部特任准教授
専攻：ラテンアメリカ地域研究、社会言語学
主な著作：『中米のナワ系言語——植民地時代の多言語社会におけるリンガ・フランカから消滅の危機言語へ』(神戸市外国語大学大学院外国語学研究科文化交流専攻博士論文、2013年、本姓・五十嵐で執筆)、『たちあがる言語・ナワト語——エルサルバドルにおける言語復興運動』(マリア・カステジャノス・佐野直子・敦賀公子の共著、グローバル社会を歩く研究会、2012年)。

テロン、アンドレア(Terrón Gómez, Andrea del Carmen)[67]
グアテマラ・ポポル・ヴフ博物館勤務を経て、現在デルヴァジェ大学講師
専攻：博物館学。英国、メキシコ、グアテマラの博物館にてグアテマラ関連の展示の指揮、データベースや展示用図録を作成。

トゥリオ・ゴメス、マルコ(Tulio Gomez Ramirez, Marco, S.J.)[46]
国際フェ・イ・アレグリア連盟事務局(コロンビア)イエズス会士
専攻：社会文化人類学、神学
主な著作：“Comunidad e identidad juvenil, la identidad juvenil como construcción comunitaria, en *Estudios culturales centroaericanos en el nuevo milenio*, Antigua, eds., Mark Zinmmerman y Gabriela Bueza Ventural, CIRMA, 2003; *La Construccioón de la identidad social de jóvenes en una comunidad marginal*, Universidad del Valle, Guatemala, 2002;「グアテマラにおけるアイデンティティとエスニシティと言語」白川奈津美訳(加藤隆浩編著『ことばと国家のインターフェイス』行路社、2012年)。

冨田　晃(とみた・あきら)[60, コラム5]
弘前大学教育学部准教授
専攻：芸術教育
主な著書：『楽器は語る——スティールパンから津軽三味線まで』(千里文化財団、2015年)、『祝祭と暴力——スティールパンとカーニヴァルの文化政治』(二宮書店、2005年)。

中村誠一(なかむら・せいいち)[10, 11]
金沢大学人間社会研究域附属国際文化資源学研究センター教授
専攻：マヤ考古学、文化資源学、世界遺産学
主な著作：『マヤ文明を掘る——コパン王国の物語』(NHKブックス、2007年)、『金沢大学文化資源学研究 第16号——異分野融合研究を通したマヤ考古学の新展開』(共編著、2017年)、Investigaciones Arqueológicas en los Grupos 9L-22 y 9L-23, Copán, Honduras Vol. 1 (editor), *Kanazawa Cultural Resource Studies*, No.17, 2018.

杉山立志（すぎやま・りゅうじ）［5］
名古屋文理大学健康生活学部准教授
専攻：食品機能学、香辛料の機能と活用に関する研究
主な著作：Capsaicinoids Production and Accumulation in Epidermal Cells on the Internal Side of the Fruit Pericarp in 'Bhut Jolokia' (Capsicum chinense), *CYTOLOGIA*, 82(3), 2017;「カプサイシン含有率と隔壁表面積計測によるトウガラシ果実におけるカプサイシン生合成能の評価」（共著『Plant Morphology』18号、日本植物形態学会、2006年）。

鈴木真太郎（すずき・しんたろう）［14, コラム3, コラム4］
グアテマラ、デルバジェ大学 考古学人類学研究センター准教授／主任研究員
専攻：バイオアーキオロジー（生物考古学）
主な著作：Suzuki, Shintaro, Vera Tiesler & T. Douglas Price, "Human Migration and Ethnic Expression in Southeastern Borderland of Mesoamerica: A Bioarchaeological Perspective from Copan, Honduras," Cathy Willermet & Andrea Cucina (eds.), *Interdisciplinary Approaches to Pre-European Mesoamerican Population History*, Gainesville: University of Florida Press, 2018; "Modelado cefálico en la periferia sureste del Área Maya: una nueva perspectiva en la formación y el desarrollo del Copán Clásico," V. Tiesler (ed.), *Modificaciones cefálicas en Mesoamérica: significados, formas y aproximaciones a su estudio*, Mexico City: Universidad Nacional Autónoma de México, 2018; Suzuki, Shintaro, & Vera Tiesler. "Estrategias alternas para la valoración histomorfológica de la edad a la muerte en restos esqueléticos deteriorados. Aplicaciones en la bioarqueología del Área Maya," *Revista Argentina de Antropología Biológica* 18(2), 2016.

高林則明（たかばやし・のりあき）［61, 62］
元京都外国語大学教授
専攻：ラテンアメリカ文学、アンデス地域研究
主な著作：「アルゲダス『すべての血』の評価をめぐるノート」（『スペイン語世界のことばと文化』行路社、2003年）、『魔術的リアリズムの淵源』（人文書院、1997年）、"Huellas de la vida del novelista y sus fricciones con la sociedad: El caso de Toson Shimazaki," *Actual* (Univ. de Los Andes, Venezuela), No.67-68, 2008.

滝奈々子（たき・ななこ）［66］
京都市立芸術大学芸術資源センター非常勤講師
専攻：民族音楽学（中米）、芸術学、臨床哲学
主な著作：「Un Trabajo del Professor Usaburo Mabuchi de 1976 ―グアテマラ高地チャフル・イシルの縦笛と両面太鼓」（京都市立芸術大学芸術資源センター、2018年）、"Ritual music and Q'eqchi' Maya women in the post-war highland Guatemala."

辻　豊治（つじ・とよはる）［コラム6］
京都外国語大学名誉教授
専攻：ラテンアメリカ近現代史
主な著作：『ラテンアメリカ切手図録――切手が語る歴史と文化』（京都外国語大学、

ラ」(『グアテマラ・マヤ文化協会会報』No.32、2017年)。

小坂亜矢子(こさか・あやこ)[63]
専攻:文化人類学
主な著作:屋須弘平『グアテマラの写真家屋須弘平の手記――波瀾万丈の生涯』(翻訳、藤沢町文化振興協会、2004年)。

狐崎知巳(こざき・ともみ)[42, 43, 44]
専修大学経済学部教授
専攻:開発経済学、ラテンアメリカ地域研究
主な著作:『ハイチとドミニカ共和国』(共著、アジア経済研究所、2018年)、『グアテマラ内戦後――人間の安全保障の挑戦』(共編著、明石書店、2009年)、『グアテマラ　虐殺の記憶』(共編著、岩波書店、2000年)。

小林グレイ愛子(こばやし・ぐれい・あいこ)[50]
タペストリーアーティスト。グアテマラの民族衣装のコレクターでもある。日本、スペイン、グアテマラなどに住み、現在北カリフォルニア在住。ウェブサイト:www.aikokobayashi.com

小林致広(こばやし・むねひろ)[1, 2, 40, 41]
神戸市外国語大学/京都大学名誉教授
専攻:エスノヒストリー、メソアメリカ地域研究
主な著作:『メキシコ・ラカンドン密林地域における先住民族の自治・自立の試み』(神戸市外国語大学、2009年)、『老アントニオのお話し』(翻訳、現代企画室、2005年)、*Tres estudios sobre el sistema tributario de los mexicas*, CIESAS, 1993.

近藤敦子(こんどう・あつこ)[22, 23, 24, 25, 26]
グァテマラ・マヤ文化友好協会理事
専攻:グァテマラ共和国現代政治史
主な著作:『グァテマラ断章――現代史の襞の中に隠されたエピソード』(エクセルシア、2009年)、『グァテマラ現代史――苦悩するマヤの国』(彩流社、1996年)。

榊　玲子(さかき・れいこ)[15, 16]
たばこと塩の博物館主任学芸員
専攻:ラテンアメリカ植民地時代史、ガレオン貿易史
主な著作:「東西を結んだ海上の道　ガレオン貿易」(日本メキシコ交流400周年記念特別展「ガレオン船が運んだ友好の夢」図録、たばこと塩の博物館、2010年)、「ヌエバ・エスパーニャのたばこ関連史料についての一報告」(『たばこと塩の博物館研究紀要第9号　開館30周年記念論集』たばこと塩の博物館、2009年)。

***桜井三枝子**(さくらい・みえこ)[4, 7, 21, 訳38, 45, 訳46, 47, 52, 53, 54]
編著者紹介を参照。

◉ **執筆者紹介**（50音順、*は編著者、［　］内は担当章）

青山和夫（あおやま・かずお）［12, 13］
茨城大学人文社会科学部教授
専攻：マヤ文明学、メソアメリカ考古学、文化人類学
主な著作：『マヤ文明を知る事典』（東京堂出版、2015年）、『マヤ文明』（岩波新書、2012年）、『古代メソアメリカ文明』（講談社、2007年）。

大木雅志（おおき・まさし）［8, 27, 33］
デロイト トーマツ ファイナンシャルアドバイザリー合同会社 国際開発アドバイザリー シニアアナリスト
専攻：国際政治学、中米地域研究
主な著作：『現代スペインの諸相──多民族国家への射程と相克』（共著、明石書店、2016年）、『マドリードとカスティーリャを知るための60章』（共著、明石書店、2014年）、『スペインのガリシアを知るための50章』（共著、明石書店、2011年）。

大越　翼（おおこし・つばさ）［17, 18, 19］
京都外国語大学外国語学部教授
専攻：マヤ地域の歴史人類学
主な著作："Construcción del 'futuro pasado': una reflexión sobre la elaboración y traslado de los títulos de tierras mayas coloniales," *Cuadernos de Lingüística de El Colegio de México*, 5(1), 2018; "Espacio, tiempo y escritos: los títulos de tierras y la red de comunicación entre los pueblos de indios de Yucatán," *Indiana* 34(2), 2017; "Los documentos mayas de la época colonial," Sergio Quezada, Jorge Castillo e Inés Ortiz Yam (eds.) *Historia general de Yucatán: Yucatán en el orden colonial, 1517-1811*. Universidad Autónoma de Yucatán, Mérida, Yucatán, 2014.

片桐　真（かたぎり・まこと）［6］
グアテマラ、アンティグア市在住。Centro Lingüístico ATABAL（アタバル言語センター）経営者。観光ガイド・通訳、政府関係プロジェクトなどに随行。

加藤隆浩（かとう・たかひろ）［51］
関西外国語大学外国語学部特任教授、ペルー・リカルドパルマ大学名誉教授
専攻：ラテンアメリカの文化人類学
主な著作：『ラテンアメリカの民衆文化』（編著、行路社、2010 年）、*Tejidos de sueños: Imágenes y fiesta en el mundo andino*, Fondo editorial del congreso del Perú, 2013.

川原英一（かわはら・えいいち）［9］
外務省参与・大使、和歌山大学客員教授、前駐グアテマラ特命全権大使
専攻：外交（国際機関・経済）
主な著作：「トランプ大統領に熱く語ったマクロン大統領の米国訪問（2018年5月）」霞関会時事コラム（https://www.kasumigasekikai.or.jp/2018-05-10-4/）、「変革期のグアテマ

◉ 編著者紹介

桜井三枝子（さくらい・みえこ）
1944年生まれ。元大阪経済大学人間科学部・人間科学研究科教授、京都外国語大学ラテンアメリカ研究所客員研究員。博士（上智大学、地域研究）。
専攻：文化人類学、メソアメリカ地域研究
主な著作：「グアテマラ　民族の階層のくびきを超えて」「ホンジュラス　ジェンダー格差をどう乗り越えるのか」（国本伊代編『ラテンアメリカ　21世紀の社会と女性』新評論、2015年）、『ホンジュラスを知るための60章』（共編著、明石書店、2014年）、「生まれ故郷に住む外国人、メキシコ移民の足跡をたどる」（『アメリカス世界のなかのメキシコ』天理大学アメリカス学会編、2011年）、『グローバル化時代を生きるマヤの人々』（明石書店、2010年）、「民族衣装のメッセージ性を読み解く」（加藤隆浩編著『ラテンアメリカの民衆文化』行路社、2007年）。

エリア・スタディーズ　61
グアテマラを知るための67章【第2版】

2006年9月15日　初　版第1刷発行
2018年7月10日　第2版第1刷発行

編著者　桜 井 三 枝 子
発行者　大　江　道　雅
発行所　株式会社明石書店
〒101-0021 東京都千代田区外神田6-9-5
電話 03（5818）1171
FAX 03（5818）1174
振替　00100-7-24505
http://www.akashi.co.jp/
装丁／組版　明石書店デザイン室
印刷／製本　日経印刷株式会社

（定価はカバーに表示してあります）　ISBN978-4-7503-4689-2

エリア・スタディーズ

1 **現代アメリカ社会を知るための60章**
明石紀雄、川島浩平 編著

2 **イタリアを知るための62章【第2版】**
村上義和 編著

3 **イギリスを旅する35章**
辻野功 編著

4 **モンゴルを知るための65章【第2版】**
金岡秀郎 著

5 **パリ・フランスを知るための44章**
梅本洋一、大里俊晴、木下長宏 編著

6 **現代韓国を知るための60章【第2版】**
石坂浩一、福島みのり 編著

7 **オーストラリアを知るための58章【第3版】**
越智道雄 著

8 **現代中国を知るための44章【第5版】**
藤野彰、曽根康雄 編著

9 **ネパールを知るための60章**
日本ネパール協会 編

10 **アメリカの歴史を知るための63章【第3版】**
富田虎男、鵜月裕典、佐藤円 編著

11 **現代フィリピンを知るための61章【第2版】**
大野拓司、寺田勇文 編著

12 **ポルトガルを知るための55章【第2版】**
村上義和、池俊介 編著

13 **北欧を知るための43章**
武田龍夫 著

14 **ブラジルを知るための56章【第2版】**
アンジェロ・イシ 著

15 **ドイツを知るための60章**
早川東三、工藤幹巳 編著

16 **ポーランドを知るための60章**
渡辺克義 編著

17 **シンガポールを知るための65章【第4版】**
田村慶子 編著

18 **現代ドイツを知るための62章【第2版】**
浜本隆志、髙橋憲 編著

19 **ウィーン・オーストリアを知るための57章【第2版】**
広瀬佳一、今井顕 編著

20 **ハンガリーを知るための60章【第2版】** ドナウの宝石
羽場久美子 編著

21 **現代ロシアを知るための60章【第2版】**
下斗米伸夫、島田博 編著

22 **21世紀アメリカ社会を知るための67章**
明石紀雄 監修　赤尾千波、大類久恵、小塩和人、落合明子、川島浩平、高野泰 編

23 **スペインを知るための60章**
野々山真輝帆 著

24 **キューバを知るための52章**
後藤政子、樋口聡 編著

25 **カナダを知るための60章**
綾部恒雄、飯野正子 編著

26 **中央アジアを知るための60章【第2版】**
宇山智彦 編著

27 **チェコとスロヴァキアを知るための56章【第2版】**
薩摩秀登 編著

28 **現代ドイツの社会・文化を知るための48章**
田村光彰、村上和光、岩淵正明 編著

29 **インドを知るための50章**
重松伸司、三田昌彦 編著

30 **タイを知るための72章【第2版】**
綾部真雄 編著

31 **パキスタンを知るための60章**
広瀬崇子、山根聡、小田尚也 編著

32 **バングラデシュを知るための66章【第3版】**
大橋正明、村山真弓、日下部尚徳、安達淳哉 編著

33 **イギリスを知るための65章【第2版】**
近藤久雄、細川祐子、阿部美春 編著

34 **現代台湾を知るための60章【第2版】**
亜洲奈みづほ 著

35 **ペルーを知るための66章【第2版】**
細谷広美 編著

エリア・スタディーズ

36 マラウィを知るための45章【第2版】 栗田和明 著
37 コスタリカを知るための60章【第2版】 国本伊代 編著
38 チベットを知るための50章 石濱裕美子 編著
39 現代ベトナムを知るための60章【第2版】 今井昭夫、岩井美佐紀 編著
40 インドネシアを知るための50章 村井吉敬、佐伯奈津子 編著
41 エルサルバドル、ホンジュラス、ニカラグアを知るための45章 田中高 編著
42 パナマを知るための70章【第2版】 国本伊代 編著
43 イランを知るための65章 岡田恵美子、北原圭一、鈴木珠里 編著
44 アイルランドを知るための70章【第2版】 海老島均、山下理恵子 編著
45 メキシコを知るための60章 吉田栄人 編著
46 中国の暮らしと文化を知るための40章 東洋文化研究会 編
47 現代ブータンを知るための60章 平山修一 著
48 バルカンを知るための66章【第2版】 柴宜弘 編著
49 現代イタリアを知るための44章 村上義和 編著
50 アルゼンチンを知るための54章 アルベルト松本 著
51 ミクロネシアを知るための60章【第2版】 印東道子 編著
52 アメリカのヒスパニック＝ラティーノ社会を知るための55章 大泉光一、牛島万 編著
53 北朝鮮を知るための51章 石坂浩一 編著
54 ボリビアを知るための73章【第2版】 真鍋周三 編著
55 コーカサスを知るための60章 北川誠一、前田弘毅、廣瀬陽子、吉村貴之 編著
56 カンボジアを知るための62章【第2版】 上田広美、岡田知子 編著
57 エクアドルを知るための60章【第2版】 新木秀和 編著
58 タンザニアを知るための60章【第2版】 栗田和明、根本利通 編著
59 リビアを知るための60章 塩尻和子 著
60 東ティモールを知るための50章 山田満 編著
61 グアテマラを知るための67章【第2版】 桜井三枝子 編著
62 オランダを知るための60章 長坂寿久 著
63 モロッコを知るための65章 私市正年、佐藤健太郎 編著
64 サウジアラビアを知るための63章【第2版】 中村覚 編著
65 韓国の歴史を知るための66章 金両基 編著
66 ルーマニアを知るための60章 六鹿茂夫 編著
67 現代インドを知るための60章 広瀬崇子、近藤正規、井上恭子、南埜猛 編著
68 エチオピアを知るための50章 岡倉登志 編著
69 フィンランドを知るための44章 百瀬宏、石野裕子 編著
70 ニュージーランドを知るための63章 青柳まちこ 編著
71 ベルギーを知るための52章 小川秀樹 編著

エリア・スタディーズ

72 **ケベックを知るための54章**
小畑精和、竹中豊 編著

73 **アルジェリアを知るための62章**
私市正年 編著

74 **アルメニアを知るための65章**
中島偉晴、メラニア・バグダサリヤン 編著

75 **スウェーデンを知るための60章**
村井誠人 編著

76 **デンマークを知るための68章**
村井誠人 編著

77 **最新ドイツ事情を知るための50章**
浜本隆志、柳原初樹 著

78 **セネガルとカーボベルデを知るための60章**
小川了 編著

79 **南アフリカを知るための60章**
峯陽一 編著

80 **エルサルバドルを知るための55章**
細野昭雄、田中高 編著

81 **チュニジアを知るための60章**
鷹木恵子 編著

82 **南太平洋を知るための58章** メラネシア ポリネシア
吉岡政德、石森大知 編著

83 **現代カナダを知るための57章**
飯野正子、竹中豊 編著

84 **現代フランス社会を知るための62章**
三浦信孝、西山教行 編著

85 **ラオスを知るための60章**
菊池陽子、鈴木玲子、阿部健一 編著

86 **パラグアイを知るための50章**
田島久歳、武田和久 編著

87 **中国の歴史を知るための60章**
並木頼壽、杉山文彦 編著

88 **スペインのガリシアを知るための50章**
坂東省次、桑原真夫、浅香武和 編著

89 **アラブ首長国連邦（UAE）を知るための60章**
細井長 編著

90 **コロンビアを知るための60章**
二村久則 編著

91 **現代メキシコを知るための60章**
国本伊代 編著

92 **ガーナを知るための47章**
高根務、山田肖子 編著

93 **ウガンダを知るための53章**
吉田昌夫、白石壮一郎 編著

94 **ケルトを旅する52章** イギリス・アイルランド
永田喜文 著

95 **トルコを知るための53章**
大村幸弘、永田雄三、内藤正典 編著

96 **イタリアを旅する24章**
内田俊秀 編著

97 **大統領選からアメリカを知るための57章**
越智道雄 著

98 **現代バスクを知るための50章**
萩尾生、吉田浩美 編著

99 **ボツワナを知るための52章**
池谷和信 編著

100 **ロンドンを旅する60章**
川成洋、石原孝哉 編著

101 **ケニアを知るための55章**
松田素二、津田みわ 編著

102 **ニューヨークからアメリカを知るための76章**
越智道雄 著

103 **カリフォルニアからアメリカを知るための54章**
越智道雄 著

104 **イスラエルを知るための62章【第2版】**
立山良司 編著

105 **グアム・サイパン・マリアナ諸島を知るための54章**
中山京子 編著

106 **中国のムスリムを知るための60章**
中国ムスリム研究会 編

107 **現代エジプトを知るための60章**
鈴木恵美 編著

エリア・スタディーズ

108 カーストから現代インドを知るための30章　金基淑 編著
109 カナダを旅する37章　飯野正子、竹中豊 編著
110 アンダルシアを知るための53章　立石博高、塩見千加子 編著
111 エストニアを知るための59章　小森宏美 編著
112 韓国の暮らしと文化を知るための70章　舘野晳 編著
113 現代インドネシアを知るための60章　村井吉敬、佐伯奈津子、間瀬朋子 編著
114 ハワイを知るための60章　山本真鳥、山田亨 編著
115 現代イラクを知るための60章　酒井啓子、吉岡明子、山尾大 編著
116 現代スペインを知るための60章　坂東省次 編著
117 スリランカを知るための58章　杉本良男、高桑史子、鈴木晋介 編著
118 マダガスカルを知るための62章　飯田卓、深澤秀夫、森山工 編著
119 新時代アメリカ社会を知るための60章　明石紀雄 監修　大類久恵、落合明子、赤尾千波 編著
120 現代アラブを知るための56章　松本弘 編著
121 クロアチアを知るための60章　柴宜弘、石田信一 編著
122 ドミニカ共和国を知るための60章　国本伊代 編著
123 シリア・レバノンを知るための64章　黒木英充 編著
124 EU（欧州連合）を知るための63章　羽場久美子 編著
125 ミャンマーを知るための60章　田村克己、松田正彦 編著
126 カタルーニャを知るための50章　立石博高、奥野良知 編著
127 ホンジュラスを知るための60章　桜井三枝子、中原篤史 編著
128 スイスを知るための60章　スイス文学研究会 編
129 東南アジアを知るための50章　今井昭夫 編集代表　東京外国語大学東南アジア課程 編
130 メソアメリカを知るための58章　井上幸孝 編著
131 マドリードとカスティーリャを知るための60章　川成洋、下山静香 編著
132 ノルウェーを知るための60章　大島美穂、岡本健志 編著
133 現代モンゴルを知るための50章　小長谷有紀、前川愛 編著
134 カザフスタンを知るための60章　宇山智彦、藤本透子 編著
135 内モンゴルを知るための60章　ボルジギン・ブレンサイン 編著　赤坂恒明 編集協力
136 スコットランドを知るための65章　木村正俊 編著
137 セルビアを知るための60章　柴宜弘、山崎信一 編著
138 マリを知るための58章　竹沢尚一郎 編著
139 ASEANを知るための50章　黒柳米司、金子芳樹、吉野文雄 編著
140 アイスランド・グリーンランド・北極を知るための65章　小澤実、中丸禎子、高橋美野梨 編著

エリア・スタディーズ

——以下続刊

◎各巻2000円
（一部1800円）

〈価格は本体価格です〉

グローバル化時代を生きるマヤの人々　宗教・文化・社会
桜井三枝子著　◎4700円

アンデスの都市祭礼　口承・無形文化遺産「オルロのカーニバル」の学際的研究
兒島峰著　◎6800円

現代アンデス諸国の政治変動　ガバナビリティの模索
村上勇介、遅野井茂雄編著　◎8000円

イギリス都市の祝祭の人類学　アフロ・カリブ系の歴史・社会・文化
木村葉子著　◎5800円

フィデル・カストロ自伝　勝利のための戦略　キューバ革命の闘い
フィデル・カストロ・ルス著
山岡加奈子、田中高、工藤多香子、富田君子訳　◎4800円

キューバ革命勝利への道　フィデル・カストロ自伝
フィデル・カストロ・ルス著
工藤多香子、田中高、富田君子訳　◎4800円

キューバ　革命の時代を生きた四人の男
スラムと貧困　現代キューバの口述史
オスカー・ルイスほか著　江口信清訳　◎9800円

中米・カリブ海、南米
講座　世界の先住民族―ファースト・ピープルズの現在8
綾部恒雄監修　黒田悦子、木村秀雄編　◎4800円

グアテマラ内戦後　人間の安全保障の挑戦
みんぱく　実践人類学シリーズ5
関雄二、狐崎知己、中村雄祐編著　◎5000円

国際開発と協働　NGOの役割とジェンダーの視点
みんぱく　実践人類学シリーズ8
鈴木紀、滝村卓司編著　◎5000円

医療人類学を学ぶための60冊　医療を通して「当たり前」を問い直そう
澤野美智子編著　◎2800円

開発社会学を学ぶための60冊　援助と発展を根本から考えよう
佐藤寛、浜本篤史、佐野麻由子、滝村卓司編著　◎2800円

難民を知るための基礎知識　政治と人権の葛藤を越えて
滝澤三郎、山田満編著　◎2500円

現代アメリカ移民第二世代の研究　移民排斥と同化主義に代わる「第三の道」
世界人権問題叢書86
アレハンドロ・ポルテスほか著
村井忠政訳者代表　◎8000円

アメリカのエスニシティ　人種的融和を目指す多民族国家
アダルベルト・アギーレ・ジュニア、ジョナサン・H・ターナー著
神田外語大学アメリカ研究会、高杉忠明ほか訳　◎4800円

移動する人々と国民国家　ポスト・グローバル化時代における市民社会の変容
杉村美紀編著　◎2700円

〈価格は本体価格です〉